会沢正志斎書簡集

大阪大学会沢正志斎書簡研究会　編

思文閣出版

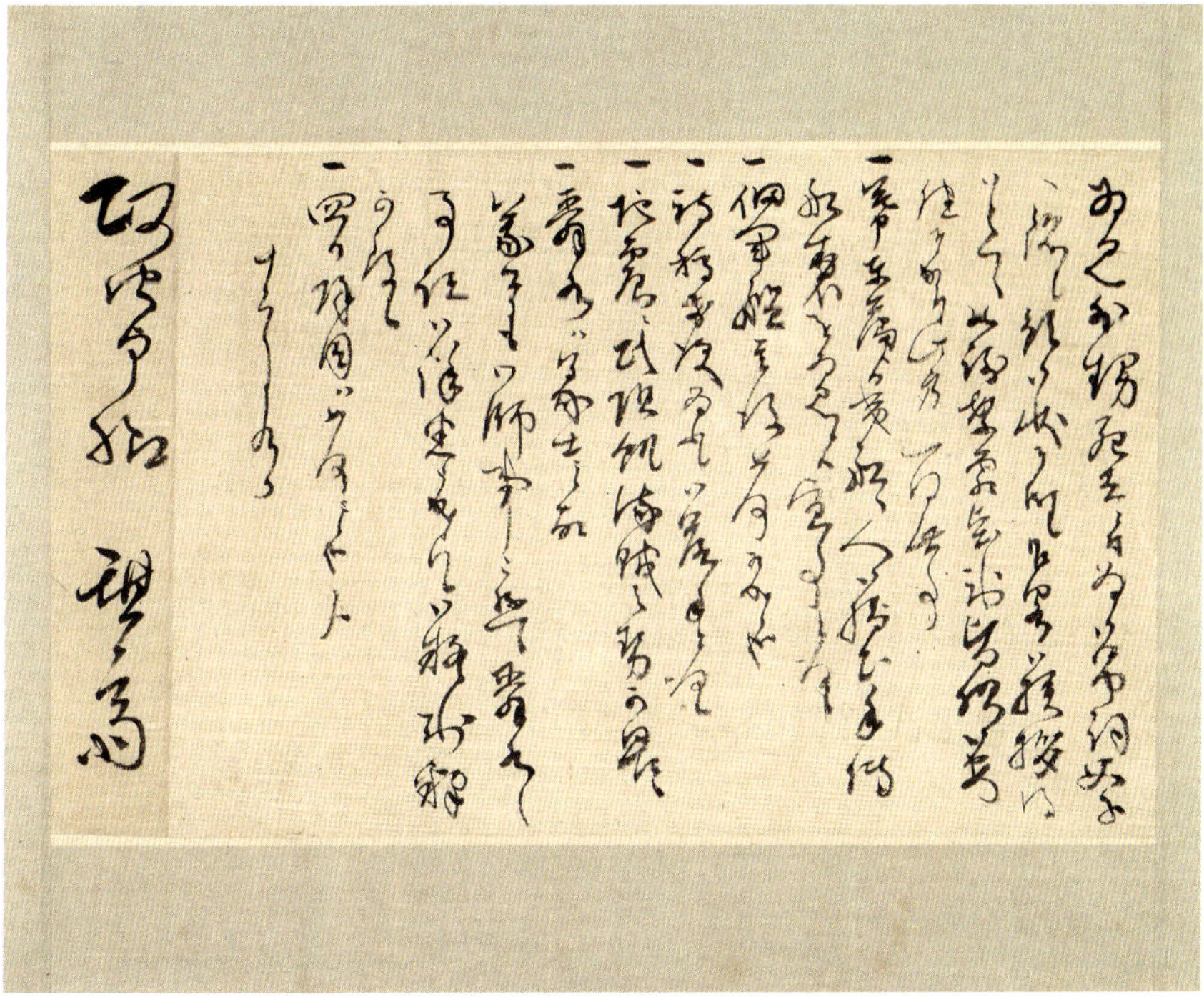

安政元年12月9日付寺門政次郎宛会沢正志斎書簡（六-10 ／ 42頁参照）

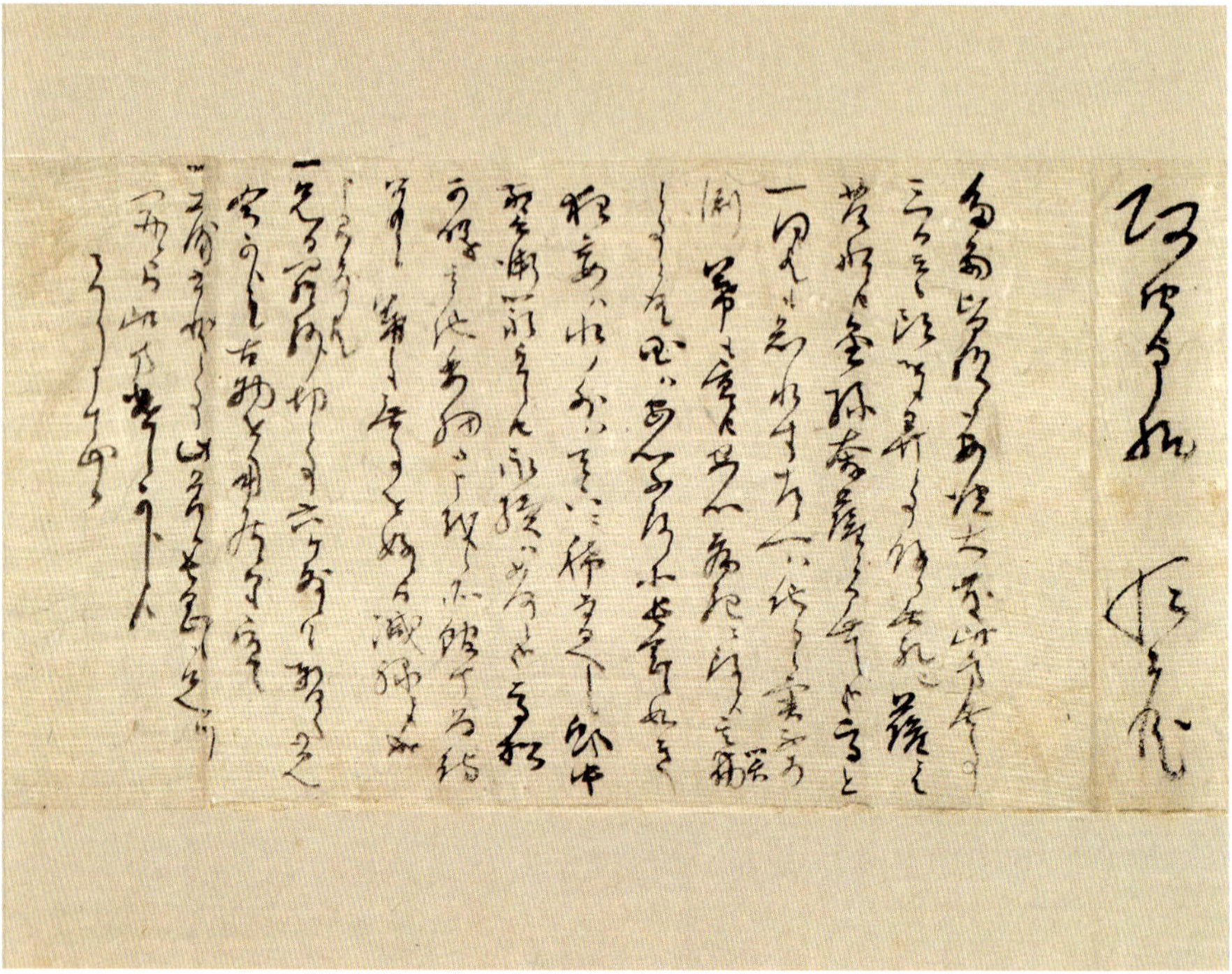

安政7年3月14日付寺門政次郎宛会沢正志斎書簡（十二-6 ／ 131頁参照）

凡例

(一)『会沢正志斎書簡集』は、大阪大学大学院文学研究科が所蔵する湯浅文庫中の寺門喜太平およびその息子政次郎宛会沢正志斎書簡を主とし、東京大学史料編纂所所蔵の維新史料引継本(文部省維新史料編纂事務局旧蔵史料)中にある寺門政次郎宛会沢正志斎書簡で補った(九―34~39、十二―35~43がこれに該当する)。この内、大阪大学大学院文学研究科所蔵分については、加地宏江氏(関西学院大学名誉教授)が翻刻した原稿を基にして編纂を行った。

(二)書簡の配列は差出年月日順とした。書簡は年毎にまとめ、その中で通番号を付した。また、差出年月日の次の( )内に、湯浅文庫中の会沢正志斎書簡の巻子番号と、その巻子における通番号を示した。この( )のないものは、維新史料引継本中の会沢正志斎書簡で補った書簡である。

(三)文章表記に関しては、次のような措置をとった。

1 漢字と仮名はともに原則として原文通りとし、異体字もそのまま使用した。

2 適宜読点を付した。

3 明白な誤字・脱字については、〔ママ〕〔 カ〕〔 脱〕〔 脱カ〕で傍注を付し、訂正の場合にも〔 〕で同様に傍注を付した。ただし、当時常用されていた表現についてはあえて示さなかった。また、衍字についても該当箇所の右脇に〔衍〕を付した。

4 闕字は、厳密に一字空きでない場合もあるが、すべて一字空きで処理し、平出は原文通りとした。

5 虫損・破損・汚損などによる判読不能箇所は、字数の明らかなものは□で示し、不明のものは［　］で示した。

6　抹消で判読不明の場合は▨とした。抹消文字で判読可能な場合は、その字句の左側に抹消符「〻」を入れ、訂正字句は原則として右側に記した。

7　書簡中の人名等についての編者注記および参考になる事項は、（1）（2）などと該当箇所の右脇に番号を付し、それぞれの書簡の末尾に注記した。

（四）　会沢正志斎書簡研究会の構成員は以下の通りである。

（代表）飯塚　一幸　大阪大学大学院文学研究科教授
村田　路人　大阪大学大学院文学研究科教授
宇野田尚哉　大阪大学大学院文学研究科准教授
奈良　勝司　立命館大学文学部日本史研究学域助教
牧野　雅司　舞鶴工業高等専門学校講師
後藤　敦史　大阪観光大学国際交流学部講師
福田　舞子　大阪大学適塾記念センター特任研究員
本井　優太郎　明石市文化・スポーツ部文化振興課文化財係市史編纂担当
久保田裕次　日本学術振興会特別研究員
平井　誠　大阪大学大学院文学研究科博士後期課程
時広　雅紀　神戸大学事務員
久野　洋　日本学術振興会特別研究員

宇垣　政寛　ヤフー株式会社
福島　彰人　大阪府立公文書館専門員（非常勤嘱託員）
前端　麻未　和歌山市職員
蒲谷　和敏　大阪成蹊女子高等学校常勤講師
高岡　萌　大阪大学大学院文学研究科博士後期課程

目次

嘉永六年

嘉永七年・安政元年

安政二年

安政三年

安政四年

安政五年

安政六年

万延二年・文久元年

文久二年

会沢正志斎書簡集

弘化元年

一―1　弘化元年月日未詳（三一―九）

天狗中一紙

謹奉捧一書候、此節御國之模様追〻入　御験候儀ニハ奉存候へ共、愚者之千慮乍恐申上候、御慎被為解候御儀、一統奉恐悦候ハ勿論ニ存候所、御政事ニ御携り不被遊之儀、（士民共有志之者ハ盡く憤り、）畢竟前執政之餘毒、公邊へも　御連枝様方へも通り居候而御在職中之御政事不宜候様ニ取成之故と申候儀、何レも憂憤仕候、右之餘毒を除申度存入、夫〻手寄を以議論仕、其餘風少年輩迄推移り、少年にハ無用之事ニ候へ共、其本ハ政府監察等ゟ激成仕候事と奉存候、當時右枢要之職ニ居候者ハ、皆〻寅寿(1)同意之者ニて、是迄之御善政を破度者共ニ御座候間、是御善政ニ奉感服居候者をハ追〻相除き、（十六年之）御善政、残少ニ相成、此様子ニ而ハ行〻水の泡と可相成と残念ニ存候ゟ起り候儀ニ候へハ、其本を治め不申候而ハ、士民共治り不申儀指見候事と奉存候、尤是等も既ニ御承知被遊、猶又人物善悪等之儀も御承知被遊候哉と奉存候へ共、寅寿餘類之論　御連枝様方へも先入と相成　尊慮之様ニ計も被遊兼候哉と奉恐察候、乍然俗ニ一方聴の片道理と申候様ニ而ハ、御國中治り不申、此上（万一）争論ニも相成候而ハ御家中二分レ之姿ニて　御連枝様方　公邊ニ御對御済不被成候間、事ニ不相成候内ニ、忠志之者存意をも御聞届、雙方御勘考之上御取計之儀ニ相成候様ニと奉存候　御連枝様御合点被成候様ニ被遊方ハ有御座間敷候哉、右一方験と雙方御聞届との所二ツ一て、國家安危の分り候儀所と奉存候事

一、近比道路之説ニ、石見守執政ニ可相成との儀、江

戸之沙汰ニも御座候哉、承及申候、定而無根之事とハ相見候へ共、石見守人物之儀ハ本ゟ御存知被遊候通り、頑ニて旧弊を固執仕、頗苛にして剛愎《慾心深く手前勝手計仕候》、世俗ニ申候シチクドクウルサク面倒なる事限りなき、貴賤賢《性質ニて》愚となく人皆厭ひ申候人物ニて、既に弟の扱も宜にも無之、家臣之拵《扱》も無理の事而已ニて、離心仕候ハ　誰《世之中》も存知居申候、論語にも驕且吝と有之候所、驕慢にて吝嗇、丹朱と象との悪も傲の一字ニ候所、倨傲ニ而尊大を好み、家格を引立、公室を蔑如し、第一ニ御善政を甚不帰服ニて、既ニ當五月も公邊ハ御尤之御次第、御明なる御儀と賛美仕候事、世人も皆存知候事ニ御座候、ケ様之者執政抔ニ成候へハ、士民帰伏不仕計ニ無之、行〻有志之者を遠さけ、御善政を打破り候ハ必定ニて、其時ニ至り候而ハ士民共有志之者、如何程暁喩仕候而も中〱承知仕間敷、相論ニ至候ハヽ、前申上候通、安危の係る所と奉存候、右之如く衆人の厭ひ候人物を推挙仕候者も無之筈ニ候所、疑察之様ニハ候へ共、寅之餘類抔自分之方を固め候策ニて　大塚君抔へ御説込申上候歟と被存候、乍恐此節　御遠《万端》慮ハ可被為在候へ共、安危之機、誠ニ國《社稷之》大事ニ御座候間、何レと歟御工夫被遊候様ニ奉存候事

一、讒人共近比天狗と申儀を唱へ、少しも志有之者《御善政を奉服候》を《ニ》ハ天狗と名付申候、天狗と申候儀ハ赤林抔跋扈仕候比、歎息仕候者、夜談之席へ同志之者抔参《落合》候へハ、天狗来候抔と戯候のみニて、譯もなき事ニ候所、夫迚も其節一時之戯ニて、天狗組抔と申候儀《次第》にハ無之、跡迄左様之名残り候筈ハ無之候、然所　御初政以《近比ニ相成》来、旧弊ニ泥み、御善政を誹謗仕候者ハ、御善政に服し候者を指て天狗と称候儀、結城・平尾等専ら唱候事と相見申候、古より正忠臣を讒候にハ、罪ニ可致事無之候へハ、黨と申名を付候事、後漢之世、宋明之時抔何レ《古今》も一轍ニ御座候、明の姦人阮大鋮、海内の名士を打落し候策に、十八羅漢五十三参等の名を付候類ニて、人ニ名を付候者ハ、古今讒人の所為

ニ御座候所《間》、小人ハ利を目當ニて、（名を付候と付られ候と二て忠邪ハ相分り申候、）柔弱なる者も御候《付》さ候所、忠臣ハ義を目當ニ仕候者《間》、無理ニ押へ候へハ益〻激し候而、如何様之事ニ至候も難計候、真の大忠ハ遠識有之、危き事も不仕候へ共、左様之人ハ何程も無之、義勇の《み》心掛候者多く候間、何程取鎮候而も静り不申、土浦・笠間等の如く相論出来、訟ニ《相》成候而ハ万一　公邊ゟ御沙汰ニ而も有之、猶〻起り立候様ニ而ハ、先日　御意も御座候通、危亡之勢可畏奉存候、古より忠邪並立候而治り候事決而無之候間、此上忠士を御用不被遊候ハヽ、不残押込後にハ殺候程之事ニ相成候共不得已候へ共、左も無之候ハヽ、天狗等之讒説御打破、是迄御善政を守り候者を御引返し被遊、人材御揃へ被遊候様ニ無之候而ハ、永〻動揺相止不申候儀と奉存候事

属稿至此聞石州執政之　命今日當降而止

（1）水戸藩の執政結城朝道のこと。

嘉永三年

二―1　嘉永三年五月十三日（二七―一）

以書付致啓上候、薄暑之節御座候所、愈御佳健被成御勤仕奉遙祝候、然ハ榴次郎事御祭礼後ゟ不快ニ而相引候所、當月二日三日ハ出勤仕、四日五日休日ニて、六日ニハ出仕之積り之所、俄ニ相引、其後不宜、尤例之持病と存居候由、九日ニ至療醫へ為見候由之所、陰症傷寒と申事ニて調薬致候由、私方ニても一向存不申、十日ニ相成下谷ゟ沙汰有之、早速参り候所、寂早人之見分も無之、九ツ過事切レ申候、去冬ゟ當春ハ持病も格別快候而安心仕候所、扨〻不及是非事ニ御座候、依而明十四日弘之筈ニ仕候所、様子一より十五日ニ相成候歟も不相知候、其段ハ下谷ゟ為御知指出候筈御座候、

右ニ付候而ハ跡之儀如何相成候ものニ御座候哉、何レ系纂方御文庫役ゟ御扶持方願候由、何卒相済候様仕度奉存候、尤以前之御扶持も御救扶持ニハ無之、榴次郎名前ニて父半兵精勤ニ付、格別之儀を以弐人御扶持被下置候旨被　仰渡ニ候へハ、少しハ御次第も遠可申候哉、素人ニて相分不申候へ共如何ニ御座候哉、右御扶持も相済候ハヽ、何卒下谷ニ是迄之通り居住ニて、鈴木銀右衛門惣領内蔵之介夫婦ニて、同居為仕候様ニも可致歟抔と先ツ内談も御座候所、貴意如何ニ候哉、私心得ニ御相談申置申度奉存候、扨夫ニ付而も御扶持方急〻ニハ安心不仕候間、夫迄之飯米買立より外無之と相見候所、銀右衛門も御存之困窮、持切之様ニも安心不仕候間、御申合申候而少〻ツヽも合力不仕候而ハ相成間敷候哉、おやす事も私方へ引取と申程ニも届兼可申哉ニ候へ共、折〻ハ泊リニ参り居候位之事ニも可仕候哉、熊三事も御扶持計ニて存候様ニも届兼、扨〻指支申候、猶追〻御相談可仕候へ共、先ツ不取敢右之荒増得貴意置申候、猶又御了簡之上、可然様被仰下候様仕度奉存候、今日も只今ゟ下谷へ参り候間、出前草〻得貴意候、已上、御家内様へも宜奉願候、已上

五月十三日認置

尚〻、政次郎様ゟも御状被下候所、今日ハ御答間ニ合不申候間、宜相願申候、已上

喜太平様　　　　甜斎

二―2　嘉永三年五月十四日（二七―二）

書添得貴意候、下谷弘めも愈明十五日ニ相定候由、只今銀右衛門申聞候、委細者川崎方ゟ書状仕出候由ニ候所、万一延着等も難計候間、為念私方ゟも得貴意候、跡同居等之儀昨日書状ニ相認候所、未取極之程ニも至り不申、何歟色〻相談、決定仕兼候様子ニ御座候間、猶又追〻御相談可申奉存候、暮之方等之儀も昨日書状相認候通、御了簡次第可被仰下候、川崎迚も家内大勢ニてあてニ相成兼候事と相見申候、何も期後便草〻申残候、已上

五月十四日

喜太平様　　　　　　　　　甜斎

二―3　嘉永三年五月二十三日（二七―三）

十七日御認之御答書致拝見候、如仰薄暑、今日抔ハ快晴ニ御座候所、梅雨も寂早晴候哉、愈御佳健奉遙賀候、榴次郎跡之儀ニ付委細被仰下候通、是迄精勤も不仕候間、如仰安心不仕奉存候、何卒少しも相済候様ニ候へハ難有事と奉存候、私事も例之通世事不案内ニて、存分指図と申程之儀も出来兼、且又當時ハ銀右衛門事万端立入世話仕候間、先ツ大抵ハ相任せ置申候、跡取計方之儀御別帋委細被仰下御蔭故目當も相立大慶仕候

一、御救扶持若相済候ハヽ、おやすへ聟ニて系纂方へ指出候様相成候ハヽ、無此上候へ共、御扶持安心不仕候間、相含居候而追て相談可仕奉存候、尤鯉渕へハ早速罷越、相談仕候事ニ御座候、是又小子ゟ宜貴答申候様申聞候

一、右様相成兼候ハヽ、分散方之義被仰下、御尤至極、鯉渕迚も御同意ニ御座候、尤富寿事も我侭育立ニて、急ニ母之手を離れ候儀安心不仕候へ共、御扶持願之儀、否相分不申内ハ先ツ是迄之姿ニて指置不申候而ハ相成間敷、其内ニハ何欤致方も可有之候哉、猶又追ゝ御相談可仕候

一、飯米代之儀鯉渕も御同意ニ御座候、乍去當月分ハ先ツ弘め以前ニ御扶持相渡候事と相見申候、尤雨天旁ニて一両日以前迄ハ未付来り不申候所、今程ハ参候哉ニ候へハ、先ツ宜敷事と相見申候、其外ニ月賦金を脇合へ口合置候而、月ゝ三斗者申参候筈之由ニ候間、當分ハ先ツ壱分ツヽも助力仕候ハヽ、取續ニ可相成候間、来月ゟ月ゝ被仰下候割合之半限ニて、少之間凌ニ相成候事と奉存候

一、御香奠入御状早速忰ニ為持相届申候、外ニ葬送等入用金壱両御指下、御厚義之至奉存候、尤葬送入用之儀ハ榴次郎所持之着具を質入仕、三両借用ニて間を合候由ニ御座候間、先ツ當座之儀ハ相済申候、依而鯉渕江も相談仕候所、（右金子を只今遣し候而ハ）譯なく遣ひ込ニ可相成候哉ニ付、先ツ鯉渕へ御預りニ仕り置申候、然所右着

具高利ニて質入之儀故、此後取戻之儀も安心不仕、尚又所詮末〻持切候力も無之候間、此節外ニ望人も有之様子ニ付、引戻し候而拂候方可然哉と相談仕候、依而ハ御指下之金子へ鯉渕と小子方ニても少〻者才覚仕候而、引戻可申欤と相談仕候、扨着具拂候ハ、、十金餘欤、何レ十金位ニハ主付可申、右金子を直ニ銀右衛門方へ渡し候ハ、、是又遣ひ込ニ可相成候哉、実ハ鯉渕へ頼置、無拠入用之節遣し候様ニ候へハ（宜候へ共、）左候而ハ銀右衛門方にてハ面白からす候哉、弥張おなをへ渡し候而、已前之通り質之元手ニ為仕候方可然候哉、おなを繰り廻しハ上手にも無之候へ共、榴次郎家内之者ニ任せ候而、遣ひ込ニ相成候事ハ致方も無之様ニも被存候、若し又外ニ御心付も御座候哉、御相談申度奉存候、何欤色〻相認度様ニ候へ共、老衰存出し兼草〻申残候、皆様へも宜奉願候、已上

五月廿三日認　　憇斎

喜太平様

二—4　嘉永三年五月二十八日（二七—四）

質物を取候世話抔、お松之時ゟハ不得手之様子ニて、所詮質物ニて取續候様にも安心不仕候様子ニ御座候間、一度ニ金子立廻り候も却而跡之ゆるみニ可相成候哉

寸楮致啓上候、薄暑ニ相成候所、愈御安全被成御勤仕奉賀候、小家一同無事罷在候、然者先日得貴意候下谷ニて質入之甲冑、先引戻申候、先ツ一通り之品ニ相見申候、毛引胴威し餘程古く少〻切レ相見申候、何卒十枚位にも相成候へハ宜候所、如何可有之候哉、扨右ニ付先日御指下之金子へ、鯉渕と私所ニて少〻足し候而取戻候付、其節銀右衛門へも貴家ゟ御下し被成候金子之旨、相咄可申奉存候所、家内之者申聞候にハ、右甲冑主付候へハ俄ニ金子手ニ入候而、却而手□〔破損〕ゆるみにも可相成候哉、尤（脇合ゟ）質物（ニて他借）五両程之分有之由、右を受候而も手元ニ有餘有之、暮し込ニ相成候而も如何ニ付、此間御指下之金子ハ何欤追而指支之節之手當ニ致置候

方可然抔と申候間、先ツ御指下之儀ハ咄不申候而御相談申候、尤折角御心入ニて葬送入用として御指下被成候を、中途ニ而扣へ候儀ハ如何ニ候へ共、何を申候も下谷之為ニ相成候方と存候へハ、如何取計可申候哉、先ツ御相談申候、尤當時ハ右甲冑取戻シ之方へ相廻し置候所、実ハ貴家ゟ御指下之旨、銀右衛門へ申聞候而も宜候へ共、左候へハ甲冑主付候節、夫丈餘計ニ下谷へ相廻り候間、一度ニ金子澤山ニ成候而も、とかく暮し込ニ相成勝歟ニ候間、猶又否被仰下候様仕度奉存候

一、飯米助力之儀も先日得貴意候通り、銀右衛門へ相咄候所、お直へも相談之上、挨拶ニ御役介〔厄〕ニ相成候而ハ恐入候へ共、折角之思召ニ候間、月□〔破損〕弐朱都合にも御助力被下候へハ、先ツ凌きニ可相成候由申聞候、尤右引當ハ長屋等借し置屋賃も壱朱餘ニ相成候間、麦ニ而も買入候へハ、取續ニ可相成候由ニ御座候、左候へハ助力迚も餘り少々之儀ニ相成候所、弥張壱分都合ニ遣候方可然候哉、又下谷ニ而も如何様ニ歟凌き可申との事ニ候へハ、任其意ニ而、月々弐朱ツ、遣候而、七月暮抔ニ壱分と歟弐分と歟遣候抔も可然候哉、是又御了簡被仰下候様仕度奉存候、猶又追々得貴意可申候、乍末御家内様へも宜奉頼候、已上

五月廿八日認

喜太平様　　　　憇斎
要用

二―5　嘉永三年六月四日（三〇―一）

廿八日貴書致拝見候、如仰日々不定之空合、退屈仕候、愈御佳健、下谷之儀又々被仰下拝見仕候、助力割合之儀ハ先日又々御相談仕候間、又々被仰下候儀と奉存候、着具拂代、尚又往々暮し方等之儀被仰下、早速鯉渕へも相談可仕候所、御状一昨日相届、昨日ハ客来ニて罷出兼延引仕候間、とかく相談之上後便貴答可仕奉存候

一、着具取集ものニて餘り宜敷品共相見不申候、毛付為登可申奉存候所、今朝急き相認候間、間ニ合兼申候、此次為指登可申奉存候

一、御指下金子之儀、此節ハ着具引戻之方へ遣置候所、主付候而代金参候へハ引落し可申候間、月々御出銀之方へ引取可申候哉、尤着具主付候迄之内ハ此方ニて取計置可申候間、別ニ御指下ニハ及不申候、拂代引落候而も月々御出銀之方ハ少分之儀ニ候間、半金も御預り、半金ハ為指登可申奉存候、右金子之儀、葬送入費持寄にも相成候哉と思召、御指下被成候由承知仕候

一、娘事海保帆平へ縁邊之儀内談仕候、尤外ニ可然方も可有之哉見合居候所、御承知之通罪人之娘ニ而、此節相談致候方も少く、其内相應之所有之候而も、血筋等とくと不仕、旁ニて段々相談後レニ相成、次第ニ年計取申候間、先ツ相談可仕哉と奉存候、帆平儀他所者ニハ候へ共、板倉侯之家老抔相勤、武鑑へも出候者之次男ニ候へハ、身元も相分り候事故内談仕候、三人御扶持計ニて、暮し方ハ太儀ニ御さ候へ共、外ニ人別も無之、先ツ當分凌き居候事と相見申候、石川等へも相談申遣度候へ共、今朝急き相認候間、次便申遣候様仕可申候、若御逢被成候ハヽ、宜奉頼候、御家内様へも宜御相談被下候様奉願候、已上

六月四日

政次郎様へも書状間ニ合不申候、宜奉願候、已上

甜斎

喜太平様
要用

二―6　嘉永三年六月七日（二七―五）

廿八日之貴簡、前便草々貴答仕候所、猶又三日之貴書拝見仕候、両三日暑氣ニ相成俄ニ凌兼申候、愈御安全奉遙祝候、下谷之儀被仰下候件々、鯉渕へ相談仕候所、如仰おなを事繰廻し不得手ニ御座候間、持寄請出候入費ハ引落し、残金ハおやす入目ニ預り置候様仕度候所、是迄質入之品葬送入用共にハ四五両も御座候由、是ハ受戻し申度候由、尤右質物之内、品ニより候而ハ賣拂可申との事に候間、質ニて流し候よりハ金子にも相成候半、乍去是又遣込ニ相成候事ハ指見候様ニ候へ共、何を申候も万事銀右衛門事持切世話仕候事故、此方ニ而

申候様ニ計も相成兼候半、何レ質物受候ハヽ、おやす縁組之節入用之衣類ハ引取申度《預り置》、金子も金子も割合ヲ以預り候様之事抔より外ニハ致方無之候哉と相談仕候所、尚又御了簡相伺度奉存候、助力之儀も御同様永くハ相届不申候間、何と欤仕法相立不申候而ハ相成間敷候旨御同意奉存候、御救扶持不相済候節ハ、先日も被仰下候通、分散より外有之間敷奉存候、若又御扶持相済候ハヽ、助力にも及申間〔敷脱カ〕、是又御同意奉存候、入聟を取候へハ至極宜候へ共、當時可然人物も見當り不申、何を申候にも此方ニ株無之候間、屋敷位見込ニて役介〔厄〕引受候義、好人も少く候半と鯉渕も申聞候、且又史館へ指出候儀も御扶持にても無之、素浪人ニ而ハ相成間＊敷、尚又小子事當時之身分ニ而ハ史館ニてもよく世話致候哉安心不仕、養子仕候而も御用部屋小僧抔之見込なりては相成間敷候哉、夫迚も人物見當り候へハ宜候へ共、先ツ心當り無御座候、且実子を指置養子仕候而ハ、おなをと突合不宜相成候間、別竈にて為暮候様ニ而ハ暮し方多分相掛り、助力も届兼可申、旁鯉渕迚も同様ニて了簡決兼申候、先ツ當分之所ハおやす事聟を取候にも、他へ出し候にも、縫物等更出来不申候間、私方欤鯉渕之内へ引取候而、仕事ニ而も教不申候而ハ相成間敷、尤永く居候様ニ候ハヽ、月々助力も下谷へハ不遣候而も宜候事と存候、其内にハおなを事再縁仕候而も宜敷心にも相成候ハヽ、取扱も格別致能候半抔共申居候得共、猶又御了簡被仰下候様奉願候

一、月々助力之儀おなを方申聞ニ任せ、弐朱ツヽニて、七月暮等餘計ニ遣候にも不及候由承知仕候、先日御指下之分両人之内ニ而御預り、月々之方へ指引可申旨承知仕候

一、富寿事、如仰同居ニ無之候而ハ安心不仕候様奉存候、尤おなを事も拙宅へ通ひニ遣度とハ申候へ共、通ひにてハ届《兼》可申、且富寿事も少々氣六ケ敷生付之様相見、縦令小子引受候而も安心不仕候、如仰入聟ニて為継候ハヽ無此上候へ共、前文之通ニ而甚指支申候、猶又御了簡奉待候

一、甲冑之儀、先日荒々申上候所、今日毛付為指登候

間、宜御了簡可被下候、右荒増貴答仕候所、認落も御座候哉、宜御見分可被下候、何も草々申残候、已上

六月七日認　　　　甜斎

喜太平様
要用

〔注〕＊付紙

「北條物五郎忰、実子ニて比立候へ共、手習指南ハ致居候へ共、史館へも出不申ぶりニて罷在候、時世之風ハ色々変候事ニ御座候」

二―7　嘉永三年七月十六日（二七―六）

小楮致啓上候、残暑強候所両三日暮能相成申候、皆様御安全奉賀候、此方一同無事、野拙義も中暑之處、持病ニて不相勝候所、快相成候間、乍憚御安慮可被下候、乍然認物なともの草ニ相成御無音仕候、先達而下谷之儀委細被仰下、鯉渕江も相話候所、何レ様子次追々御相談可申候旨申聞候、甲冑望人有之、十枚位ニ可相成候、如仰手下り之品有之候間、先右位之直打欤と奉存候、先達而ハ松田ニて八枚ニ付、九枚迄ニハ〔ママ〕調可申抔と申候由、其節十枚にも成候ハ、鬼之首也）（乍去安心不致、と申候由、先ツ品相応之直段と相見申候、右金子受取候ハヽ、下谷ニて質（甲冑）受之分、利足共にハ五両餘ニ相成候由、外ニ質受指替之分弐両引取、残三両不足ニ相成候所、御心付之通おやす縁付等之入用ニ預り候儀、小子ゟ申候而ハ預り度候様ニ取レ候而ハ氣受も如何と存、川崎松吉心付ニて（下谷へ相話候所）先ツ受けも宜敷候由、猶又鯉渕へも相談之上、取計可申奉存候、おやす事も五六日以前小子方へ参り申候、是も銀右衛門お直と相談ニハ、脇合へ片付候相談抔仕候由之所々々、少々も仕事覚不申候而ハ、何方へ参候而も落付相成不申旨申聞置候事ニ御さ候、冨寿事も如仰榴次郎の如く不相成候様仕度奉存候、猶又追々御相談可申候所、先ツ當時之様子荒増得貴意候、他期後便候、已上

七月十六日認　　　　甜斎

喜太平様
要用

二―8　嘉永三年八月二十七日（二九―一）

拝啓、朝夕涼氣相成候所、御揃愈御安康被成御起居奉遙賀候、此表一同無事罷在候、老拙儀も全快之様ニ候而も、とかくとくと不仕、別而筆物くさニ相成、大御無音仕候、甲冑之儀も先日之望人相違無之筈ニ候所、賣替之積り之所、先き方者つれ候而残念がり申候、此節も少し口有之様ニ候所、十枚にハ安心不仕候、是迄甚ねむく御座候所、此間来春ハ着具改御さ候旨御達出候由、左候へハ此先き相手も格別有之哉、何卒十枚位ニハ拂申度奉存候、婚礼も愈明晩遣候筈ニ指か丶り候へハ、何欤事忙敷罷成申候、遠方ニてハ手傳被下候儀も不叶候旨被仰下候所、却而調物等相願、大御手傳ニ御座候、榴次郎刀之儀被仰下、流ニハ不相成候由、何卒急ニ埒明不申候共、長き内にハ相分候儀と奉存候、此方ニて是迄指候大小抔も私方へ預ケ置申度由申聞候、手狭ニて入物等ニも指支候へ共、預り置候様可仕奉存候、何も跡ゟ可得貴意候所、久々御不沙汰仕候間、御申譯旁草々如此御座候、御家内様へも何分宜奉頼候、

已上

八月廿七日　　甜斎

喜太平様

二―9　嘉永三年九月二十八日（二九―二）

小簡致啓上候、秋冷之節例年ゟ暖氣御座候、皆様御安全奉遙賀候、小家一同無事罷在候間、乍憚御安慮可被下候、下谷甲冑之儀望人有之、九両弐分迄ニ付申候所、十枚ハ抜不申様とハ奉存候へ共、長々抱居候而も下谷質物之利方も次第ニ多く相成候、其上時分柄質之入替等ニも指支之旨申聞候間、右直段ニて相拂申候、尤右之内壱分者世話人へ礼ニ遣、手取九両壱分、右之内弐（利銀弐匁）両ハ五月中質請之節、指置候分引取（是ハ壱両御預り之分引繰、壱両鯉渕と私方ニ而指出、置候分）残七両壱分之所、下谷ニて質物請候ニ五両程之由、左候へハ残金弐両壱分程、先達而御相談中候通り、猶又鯉渕へも相談之上、様子次第御相談可申奉存候

一、榴次郎五月迄御雇相勤候ニ付、御心付之儀、其砌

史館ゟ願出候由之所、昨日森藤十ゟ冨寿方へ手紙ニて申来候ハ、榴次郎致太儀候付、冨寿へ金壱両被下候旨申来候、當坐凌ニハ難有候所、何卒御扶持方之儀、御沙汰御さ候様仕度事ニ奉存候、右之外期後便候、乍末御家内様へも宜奉頼候、已上

九月廿八日認

尚々、家内ゟ買物之儀相願候由、度々乍御面倒何分奉頼候、已上

喜太平様　　甜斎

二―10　嘉永三年十月二十三日（二九―三）

啓上、日々之様風立寒冷相成申候、愈御安全奉遙賀候、下谷質物之儀請戻ニ相成、おやす品長持ニ入、私方へ預り申候、尤榴次郎大小是又預り之事ニ御座候、御扶持方之儀、再應願出候方可然候由被仰下、御尤之御儀御同意奉存候、其砌何となく川崎悴へ話合候所悴之方親ゟも話相分候故、其比森藤十ゟ話ニ、其筋役方申聞にも近く相分可申、尤弐人扶持ハ安心不致候へ共、何レ近く御沙汰可有之と申候由ニ付、其鼻へ再願之儀も申聞兼、少々相待候所、今以埒明不申、依而ハ先ツ私ゟ森へ何と欤近日之内話し置候而、川崎ゟ内談之方可然候哉と奉存候、調物之儀御世話共ニ相成、度々相願、御面倒之御儀奉拝謝候、中町御屋敷も、岡井屋敷拝領ニ相成立可申奉存候所、未立不申由、先日中ハ帆平事上町好候由、拝借可仕哉抔と申合も仕候處、未決着も不致、又此度助川又兵衛事、御郡手代ニ相成引移候ニ付、拝借之由ニ付、南町へ御掛合申候、乍去岡井今以立不申候由、委細者南町ゟ御文通御座候と奉存候、乍然岡井立候哉否、相分不申様子ニ御座候、今日も急き相認申候間、政次様へも此度ハ書状為登不申候、宜奉願候、何も跡ゟ可申上候、已上

十月廿三日認

喜太平様　　甜斎

二―11　嘉永三年十月二十九日（二九―四）

啓上、次第ニ寒氣之趣ニ候へ共、弥御安健奉遙賀候、

此表一同無事罷在候、下谷御扶持之儀も去廿六日左之
通御達、

系纂方御雇
故小林榴次郎
妻
悴

一
榴次郎儀致病死候ニ付、御救扶持被下置候様願之趣
も有之候所、近き由緒も有之候ニ付、難相濟候へ共、
極窮成者ニ付、役〔厄〕介行届兼難儀之趣、無餘義相聞候
ニ付、別段之義を以、當戌年ゟ五ヶ年之間、為御救
壱人半扶持被下置候条、其旨可申渡者也

御同様難有安心仕候
一、右ニ付御預り金子壱両之内、六月ゟ當月迄五ケ月
分助力、弐朱弐百文引残之分、為登可申候哉、先達
而御申合之通、先ツ當分ハ月々助力ニも及申間敷候
間、御程承知仕度奉存候、猶色々得貴意度候へ共、
今朝急き相認候間、何も草々申残候、政様へも間ニ
合不申候間宜奉頼候、御家内様ニも嘸々御安心と奉
存候、已上

十月廿九日

喜太平様　甜斎

二―12　喜永三年十一月三日（二八―五）

御答書拝見仕候、次第ニ寒氣ニ趣候へ共、愈御安全奉
賀候、中町御屋敷之儀被仰下奉拝謝候、又兵衛事急き
引越不申候而ハ不相成候由ニて、下谷御宮下へ借住之
筈ニ相成申候、磯濱役屋ハ跡役引移候故、是非早速明
ケ不申候へハ不相成と申事ニ御座候、帆平事も内町ゟ
同くハ外町之方好ニ御座候間、未たしかと拝借とも決
兼候由、外ニ中込御座候ハヽ、其方御相談も可然奉存
候、若又外町ニ相應之所も無之候ハヽ、拝借仕候歟も
不相知候所、先ツ不定ニ御座候、外之儀ハ追々可得貴
意、今日も急き草々相認申候、皆様へ宜奉頼候、已上

十一月三日認

喜太平様　甜斎

此書状四日ニ為登可申と相認候所、仕出後れ候間、

今日為指登、日付相違仕候
九日（1）

（1）末尾二行は、十一月三日付書状の後ろに、別紙に記されて貼り付けられている。

二―13　嘉永三年十二月二十三日（二九―六）

十九日貴書拝見、次第ニ押詰り申候、皆様御安全奉賀候、下谷之儀委細被仰下、大破ニ相成不申内取ひしき候方、仁恵之筋ニ御座候旨被仰下、御尤至極奉存候、此間鯉渕へも相談仕候所、鯉渕事何分御心得居、おやす迷惑ニ相成不申様ニ銀右衛門へ相咄候筈ニ御座候、猶又此度貴書之趣も御座候間、委細鯉渕へ相談可仕奉存候、侭（ママ）母之儀ハ世間にも数多有之事ニて、とかくおやすへ當り宜敷も無之様子ニて、此後共熟和之程何共安心不仕、両人之男子も我侭育立ニて、如何様ニ出来可申候哉、何卒小林之家、首尾能相続為致候様仕度候へ共、長き月日之儀、如何ニ可相成候哉、扨ゝ苦労仕候、此上何分御心添被下候様奉希候、とかく御存分ニ如何様之儀も被仰下候様仕度奉存候、猶追ゝ可得貴意候、已上

十二月廿三日認

喜太平様　　　　憇斎

二―14　嘉永三年月日未詳（二九―一一）

拝啓、寒前甚寒ニ相成申候、皆様愈御安健奉寿候、此表一同無事罷在候、然ハ御預り之金子、目貫入ニ仕而も手重ニ相成候間、為登延引仕候、今日箱為指登候ニ付、内へ入為指登申候、御入手可被下候、壱両之内五ヶ月分弐百文ツヽ、都合壱貫文之所、先ツ弐朱引ニ而三分弐朱為登、残弐百文ハ御預り置被下、追而何欤調物ニ而も相頼可申奉存候

〔後欠、年欠〕

喜太平様　　　　憇斎

嘉永四年

三―1　嘉永四年一月十八日（二九―七）

拝啓、昨日者餘程之雪ニて、積りハ不致候へ共、余寒相増申候、皆様御安全奉寿候、此方無事、熊三風邪ニ候へ共、流行と相見候間、近日快相成候事と奉存候、おやす事も此間下谷ゟ迎ニ参、帰リ中候、先ツ暫く宿へ指置候と申事ニ御座候、左候へ者預り置候品も、定而追〻引取之事と相見、金子も鯉渕へ頼置候所、銀右衛門方ニて高利之金を借用致置候ニ付、御扶持通ニ而も下谷へ預ケ、右金了ヲ鯉渕ゟ引取、借用致度候由、是も遣ひ込ニ可相成とハ存候へ共、自分之金ヲ自分ニ而自由ニ致候事故、此方ニ而存候様ニ計ニも相成兼可申、其上おやす事も甘き詞ニ而も掛られ候哉、下谷ニ而申候通り之心得ニ相成候様子ニ相見、貴所様ニ而此方御住居にも候ハヽ、御相談之致様も可有之候へ共、此様子ニ而者私方計如何様ニ存候而も、此先き世話も届兼可申哉と奉存候、猶又鯉渕へも相談可仕候へ共、御便日ニ候間、一先ツ得貴意候、何分御了簡之上被仰下候様仕度奉存候、おやす事ハ御家内様へ宿ゟ申遣候由ニ御座候間、夫ニて御承知可被下候、世話届不申候而ハ、誠ニ不本意至極ニ候へ共、當人〳〵之心得一致ニ無之候而ハ、何レ共致方無之、不得已次第ニ御座候、夜中眼鏡ニ而も見へ兼、草〻得貴意候事ニ御座候、已上

正月十八日　　甜斎

喜太平様
　用事

三―2　嘉永四年一月二十三日（二九―八）

拝啓、春寒退兼申候所、皆御安健奉賀候、下谷之儀、銀右衛門参候而申聞にハ、助川家中ニ斎藤要人と申、

廣式と竕勤居候由、其悴七郎と申、徒目付相勤候由、父子ニて五人扶持、尤半扶持も借上御座候哉、近比嫁不縁ニ相成、其跡へおやす事を世話致候者有之、右世話人ハ銀右衛門姪聟之由、斎藤宅ハ其隣家ニ而心安く致候所、勝手も相應ニて人分も随分宜、両親も宜と申事ニ御座候、家内人別も兄弟ニ而も有之候哉、銀右衛門も心得不申由ニ候へ共、多人数にハ無之由ニ御座候、遠方ニハ候へ共、榴次郎存生之節も、銀右衛門姪聟へ娘事相應之所も有之候ハヽ、世話頼候趣申聞候由、申聞候、依而妻へも相談仕候所、おやす事、未手仕事等ろく〳〵出来不申、落着之程も安心不仕候へ共、柔和ニて性質ハすなおニ候間、舅姑之心ニより候而ハ氣ニ入候竕も不相知、遠方へ手離し候而ハ時〻対面も不相成候へ共、下谷迚も先日得貴意候通之様子ニ候へハ、早く縁付候も可然候哉、御挨拶次第、銀右衛門助川へ参候而相談取極め可申候由ニ御座候間、此段御相談仕候、色〻得貴意度候へ共、風邪ニ而手ふるひ認兼候間、用事而已草〻申残候、已上

正月廿三日

下谷ニ而もおやすへ申聞候程にも無之と相見候、旧冬ハおやすへ下駄鹿皮紙ぎん出し等遣候へき、更ニ構不申積りにも無之と相見申候、色〻御心配ニ相成候間、委細之儀ニハ候へ共、一寸得貴意候

恬斎

喜太平様
要用

三―3　嘉永四年二月四日（二一九―九）

拝誦、如仰此程者春色相催申候、皆様御清健奉恭賀候、御地風邪寂早相済候事と奉存候、此方も迯候者稀ニ御座候所、大抵末ニ相成候、老拙義も今少しニて全快位ニ罷成候、乍憚御安慮可被下候、おやす相談之儀、可然被思召候由、鯉渕へも風邪ニ付未相談も不仕候所、是又存意も無之事と相見申候、尤御承知之通り、おやす事未仕事一向出来不申候間、先方ニ而も其段承知之上ニて仕込候心得ニ無之候而ハ、参候而も提通り安心不仕候間、銀右衛門江も能〻申聞候積りニ御座候、如

仰下谷ニ居候而も、銀右衛門田畠之手傳位習候而、次第二年を取候而ハ行先安心不仕候間、何卒先方ニ而仕事仕込呉候へハ、何ゟ宜候事と奉存候、今日ハ外ニ用事も無之候間、右之段草々得貴意候、已上

二月四日

喜太平様
要用

甜斎

三—4　嘉永四年二月十八日（二九—一〇）

拝啓、今日抔少々春暖之様ニ相成申候、皆様御安健奉賀候、然ハ此間銀右衛門事介川へ参候由、おやす事相談取極罷帰候由、四月比遣候筈ニ仕候由、委細者御家内様へ家内より文ニ相認候由ニ付、相略申候、右ニ而落付ニ相成候得ハ御同様安心之事ニ御座候、今日者外ニ用事も無之候間、右之次第而已草々得貴意候、已上

二月十八日認

喜太平様

甜斎

三—5　嘉永四年五月四日（三二—四）

貴簡致拝見候、如仰軽暑之節ニ御座候所、被成御揃愈御清健被成御起居奉遙祝候、然ハ政次郎様久々ニて御下り被成、緩々得拝面候段、大慶此事奉存候、乍去何之風情も無之、御麁末而已仕、止宿日数も存之外少く、御願日数之内ニて御登りニ相成、餘り草々之仕合御残多奉存候、廿九日四ツ半時比、無御滞御上着被成候由、皆様ニも嘸々御安心之御儀と大慶仕候、乍去御道中雨天ニ而大御難儀被成候半、御噂申候、被入御念御丁寧御銘し被仰下奉拝謝候、従是ハ早速御様子承知可仕候処、却而貴答ニ相成、背本意候段何分御用捨可被下候、家内へも御傳意被下奉謝候、是又宜申上候様申聞候、右御報尚又御様子承知旁如是御座候、乍末筆御家内様へも宜奉願候、已上

五月四日

尚々、御連銘ニて略儀之段、何分御用捨可被下候、已上

喜太平様
政次郎様
恬斎

三―6　嘉永四年七月四日（三二―七）

貴札致拝見候、如仰酷暑之節ニ御座候得共、愈御佳健被成御起居、珎重御儀奉存候、暑中為御尋問御丁寧預貴書忝仕合奉存候、右貴報得貴意度如此御座候、恐惶謹言

七月四日
会澤熊三
璋（花押）
會澤恬斎
安（花押）

寺門喜太平様
同　政次郎様
参人御中

尚々、如仰前日之冷氣と逺、暑中打續甚暑ニ御座候、寂早雨相待候様相成申候所、中々左様自由ニも参兼候事と奉存候、御勤向御替り、日々御心忙敷御座候由、炎暑之節と申旁御察申候、御役所者風ニ而も参り候所ニ御座候哉、彼是仕候内土用も半ニ相成申候間、何分御凌可被成候、本文御尋問御丁寧被仰下候所、従是ハ先日紙尾ニ相認、略儀之段何分御用捨可被下候、皆へも御傳意被下奉拝謝候、猶又乍憚御家内様へも宜奉頼候、已上

三白、書状五通上置申候間、可然御便之節御届被下候様奉願候、何レも暑氣見舞挨拶等ニ御座候間、必急不申、緩々相願申候、已上

又啓、政次郎様へ数度之御返事認可申奉存候所、客来ニて間ニ合不申候間、此次相認可申候、段々延引御用捨可被下候、已上

嘉永五年

四—1　嘉永五年一月十八日（八—二）

薫誦、如諭日ゝ薄陰暖ニ候所、一昨日ゟ今日迄三日雪
降續餘寒難湛候、皆様御佳健奉賀候、小家無事
一、當地除目始如例ニ相見候、貴地之事被仰下、先ツ
多分此位之事と相見候、旧臘廿八日御用不平ハ有之
候へ共、慰人意之様子相見候、八島船中教経尚存候
而ハ、白権未全振之事如諭と存候、何にも致せ御登
営も被為済候へハ無復遺憾奉存候
一、信州又ゝ大震之由、御同意可懼奉存候
一、剱菱春澤山御恵被下、毎ゝ御厚意不堪感銘候、御
書状ハ昨日相達、樽ハ弘道館御門番へ置候由小遣申
聞候間、今日引取候所、桐油等も破不申、候間無難ニ相
届候事と奉存候只今口を開候所、無難ニ御座候乍去遠方御心配ハ勿
論、御門番當番之人物にもより可申候間、此後ハ御
押申候
一、著書之儀追ゝ進恭へ廻し可申候、龍川集地図いつ
ニ而も宜御座候
一、駒へ何卒早く被為入候様奉祈候、清水邸中へ学校
出来候事、美事ニ御座候
一、六日御状大場融氷、御同意慶賀仕候、村上傳ハ曲
筆有之歟、肥後荻角兵衛ゟ詳悉申来、傳之寃を清《雪》め
候様被存候、脇へ借し置候間、返り候節為登可申候
一、念八熊三云ゝ被仰下候所、是ハ不足論、一同啓愁
眉候様ニ成候段難有奉存候
一、神庫之賊處罪、神速御同意敬服仕候、勢州可賀候、
本丹多幸之事ニ御座候
一、拙書御注文承知、春暖御待可被下候
一、原任ゟ来書、今日ハ返書間ニ不合、宜御頼申候、
外ニも御答申候事有之様ニ候所、雪中手凍候而認兼
候間、草ゝ中残候、已上

正月十八日認

政次郎様
御答

甜斎

一、中山氏出勤之由大慶仕候

一、尊王攘夷、少年ニ誨候ても強過候次第ニハ有之間敷、却而少年ゟ其旨を為知置申度事也、但し申聞方ハ其人ニより候而浅深厚薄有之可然被存候

一、大森演銃場愉快ニ御さ候、東藩ハ此間中角力有之、又浮世話大入、近〻芝居も来候由也、貴地九日御用如何、相分候哉

一、唐宋詩之事、人之所見も一様ニ無之候所、詩之品格ハ盛唐之詩ニ可有之候、中ニも李杜絶倫に候段ハ古今の定論也、尤唐宋共互ニ得失ハ可有之候、放翁ハ如仰忠憤人心を感發候事不少候、宋ニ而ハ蘇陸匹儔ニ候事、唐宋詩醇ニ所論卓見ニ被存候、已上

二月十三日認

政二郎様
御答

正志

四―3　嘉永五年二月十九日（八―四）

〔前欠〕

周礼ハ此節入用ニて手離兼候間、先ツ令義解二冊為登申候、追〻引替可申候

四―2　嘉永五年二月十三日（八―三）

如諭此地も朔雪之所、一寸四五分程也、七日雨、今日も雨也、貴地如何、皆様御安健奉賀候、朔日御放鷹、久〻ニ而御慰奉恐悦候、朔　八郎君御講釈之所御英邁之由御申越、恐悦之事ニ御座候、御詩作九日為登候様被仰下候所、御状昨十二日相届候間延引ニ相成候、絶句ハ大抵宜候所、律ハ對句調ひ不申、惣而律を作候ニハ、對句之所ハ主意よりハ先ツ對ニ成可申事を御工夫被成候方可然候、〔ママ〕」因州不穏之由、可嘆事ニ御さ候

一、九日御状只今着、五日御放鷹之由承知

一、尾州之儀、如仰一通ならすと相見候

一、及門并孝経考御落手可被下候

一、此度海保帆平貴地へ脩行願出候所、外ニ三四人も同様願、（逗留中他所ニてハ物入多ニ付、）両邸之内ニて御長屋拝借之事願出、尤刀槍諸指南も願出候由、如何様なる所ニ而も宜候由、其段石川へも頼申度候旨帆平ゟ申聞候、當人へ直ニ申越候而も宜候へ共、何程間柄ニ而も役柄ニ候間、面談と遠書面ニて申遣候も致遠慮候、足下ニ而も尊人ニ而も可然と思召候御方ゟ何となく御話被下候様御頼申候、前例も無之候哉、乍去拝借ニ成候へハ此後修行之者之為にも宜候事、執心之者勵にも可相成候間、願くハ相済候様致度候、宜御頼申候、大急き草々申残候、已上

二月十九日

四―4　嘉永五年閏二月二十三日（八―五）

両度之御状薫誦、度々雪ニて今以峻峭、皆様御安健奉賀候、増田封物落手、猶又一封遣候間宜御頼申候、閏月十三日發途之由、乍御世話十日前ニ届候様御頼申候、聖像之儀原主一郎蔵板之所、近比ハ板木人〔破損〕□借候事堅く止候由、才覚六ケ敷、やう〳〵三枚出来ニ付増田へ遣し、熊澤書ハ一枚ニて代料五匁之由、高料ニて如何と存候所、夫ニ而も御調被成候哉、十枚ハ多過ハ不致候哉、如何、村上傳増田ゟ到来、讀過遺憾々々

一、辭命蓉代へ尋可申、近日承候様可致候、會津侯物故[1]、可惜事ニ御座候

一、老公礫へ被為入、其後今公駒へ被為入候由、御同意恐悦

一、眼鏡輪至極宜敷品手ニ入大慶、代料御入手可被下候

一、變體之平仄之儀御申越之所、変体〔虫損〕□定り候事無之、圏も付兼申候、乍去〔虫損〕□□ハ名人藝ニて初学之人ハ不用、〔虫損〕□□と存候、西土之人賦候ニハ、変体ニ而も吟候而宜敷事と見へ候へ共、此地ニてハ先ツハ変体ハ不致候事可然と被存候

一、御詩作御遣ニ付為登申候、律詩對句〔虫損〕□□遣候、趣向ニてハ八ケ敷様ニ候、何と歟〔虫損〕□□御工夫可被成候

一、五郎君御就藩(2)御延引、奥津勝五郎下り候事御申越、謝〻、鼠山甲冑愉快ニ御座候、此他閏月中御鹿狩御座候、已上

〔破損〕□二月廿三日　　甜斎

政次郎様

(1)松平容敬、嘉永五年閏二月三日没。
(2)斉昭五男、鳥取藩主池田慶栄の養子となり、嘉永三年八月二十五日封を承け、同五年閏二月十六日就封。

四―5　嘉永五年三月十八日（八―六）

如諭陰冷未除、暖和之候待遠ニ御さ候、皆様御安健奉賀候、宜御頼申候、老夫病後全快、氣力も大抵ニハ復申候、某〻人物被仰下、いかさま想像いたし候

一、御登城大雨ニて御帰ニ相成候由、御同様遺憾、老公御放、陰雨折悪敷事ニ御座候

一、御字之事承知、心付次第可申進候、夫迄之内ハ先ツ信郷とか信甫と欤ニて御指置も可然欤、西肥米藩書生ハ誰〻ニ候哉、拙書御遣ニ付又〻認候様御申聞、幾度ニ而も無御遠慮可被仰下候、忼〔ママ〕慨之作御懇望之由、老衰之上致仕之身分故(1)、忼〔ママ〕慨候事も多分相止、楽天居候、近来憂憤之作不多候、若又他へ被遣候を焼き返しニ而も可認候哉、左候ハ、何の作と申事可被仰下候

一、田猟云〻被仰下、凱旋之時半渡之所、大風ニて渡舟留り、一番二番手ハ先渡候故、後陣を捨て柵町迄引取候由、扨〻氣の毒なる事ニ御座候

一、八日御仕出、御答延引、五日ニハ　一橋君駒へ被為入候由、如仰南北原主ニ仕度候

一、七島図此地ニて先日致借覧候、三國通覧図者疎略ニて不足観候

一、幕ニて大礮出来候由(2)、如仰大艦も同断ニ致度候、左傳ハ所蔵本書込も無之候、卜筮も跡〻附会も中ニハ可有之候、但古人之象を取候所を見るに足候事と存候

一、邇言落手、又〻為登可申候、麾下講武立附ニ成候

由大慶、此地冑〔甲〕改も姑息之事ニ候、追鳥狩ニハ至
り不申事と相見候
一、斎藤順次物故、徳蔵にハ無之由承候、此外以前之
御状、今日も御答間ニ合不申候、已上
一、御詩作詠相計先ツ為登申候、外ハ今日間ニ不合、
後便為登可申候、已上
　三月十八日認　　　甜斎
政次郎様
　御答

(1)嘉永六年復職、従って本書簡は五年と推定した。
(2)嘉永五年一月二十六日、上田藩主松平忠優、鋳砲を幕府に稟す。三月二十六日、幕府、小姓組下曽根信敦の浦賀における砲術教授の労を慰す。嘉永五年六月二十八日、阿部正弘・大岡忠国等に大砲鋳造の労を慰す。

四―6　嘉永五年四月十二日（八―八）

一、九三郎へ書状、御用部屋ニてハ間遠等有之由ニ
候間、乍御世話何方へなり共御頼御届可被下候
一、御詩稿先ツ一枚為登申候、外ハ後便ニ致候也
九日御仕出披誦、皆様御安健奉〔衍〕奉賀候、此地無事、皆
様へ宜御頼申候
除目書付御示被下謝々、内も近々下候由、近も不遠登
りと相見候、今書落手、誤字多く相見候、御写本へ書
入候様可致候、玉匣御示被下謝申候、如諭本居ハ名家
ニ候所、右書指て卓見も無之候、〔ママ〕」油御下被下奉謝候、
鎌倉漬蛇御投恵、充晩酌申候、度々御厚意致感謝候、
学校へ不時ニ被為入候由恐悦、金騰御同意ニ御座候、
藤先生書簡見當り次第為登可申候、蒲生詩文遺稿之外
ニも少々ハ有之候、龍川集詩之所、玉匣返完〔ママ〕之節為登
可申候、葦原集ハとふ〳〵出来不申候、諸戎記少々立
稿ヲ少年之時一覧候へ共、其後見へ不申候由也、俊右
衛門事未對話不致候、泉町芝居も此間仕舞ニ成、御祭
礼七軒町踊大そう成沙汰ニ御座候、已上
一、以下四月三日御状御答、尾藤閑地ニ就候由遺憾御
同意、跡ハ未出来不申候哉、小柄之儀承知、俊右衛
門先年ゟ承及申候、此外ハ前文ニて大抵相済候様也、

此外ニも御答之負債有之候所、薄暮間ニ合不申候、
已上
四月十三日認
政次郎様　　　　慭斎
御答

四―7　嘉永五年五月九日（八―九）

数度御状拝見、御答堆積御海恕可被下候、梅天皆様御安全奉賀候、此方無事、皆様へ宜御頼申候、四日除目書付御示被下謝〻、此方も先日奥津隠居、筧大寄合頭、定而御承知と存候、御往来側耳申候

一、異船之沙汰其後如何候哉(1)、とかく静謐〱と相見候、〔ママ〕」士道要論之義致承知候、」古事記・書紀等云〻御尤ニ存候、」九ニ八傳之事御尤ニ御座候、精忠泯滅ハ遺憾之事ニ御座候、」戸祭賀之事何レ募候様可致候、」五色漬御投被下度候、御厚意致痛却候、」浦賀も碌〻之由御同感、」仲町云〻、書名御申越いつか寓目致度候、」去月念九御申越日札之事、浄写出来次第為登可申候

一、神器所在　正統云〻、御尤ニ存候

一、越前侯一同綿服サイミ之由、前ニハ人羨我、今ハ我羨人申候、」中川云〻、如諭愉快〻〻、」右以前之御答も可認候所、風邪ニ而鼻涕如泉認兼候間、期後便候、已上

五月九日
政次郎様　　　　安拝

(1)嘉永五年二月二十二日および二月二十六日、外国船一艘が伊豆国大島、相模国城ヶ島沖合を航行。

四―8　嘉永五年六月八日（二五―六）

両度之御状拝誦、陰晴炎涼不定候所、皆様御康健奉賀候、大槻策御急不被成候由ニて心弛み、四日ニも為登後れ申候、何レ近日為登可申候、蒲生之書、心尋致候へ共未見當り不申候、近く虫干ニハ見付候事と存候、頼朝論貴地好学之人数多有之事と致大慶候、近日批評

可致候
一、梅芠草叢落手、外にも少ゝの物ハ有之、見出し次第為登可申候
一、駒公礫邸ニて弘道館武藝、両公御揃ニて其後諸流勵候由、且尊體御健ニ被為在候由、旁奉恐悦候
一、備邊須知御覧被成候由、大部ニて寓目も成兼候事と相見へ申候
一、廿日御用被仰下、如仰婦人ニハ勝レ不申候
一、長島ニ左衛、元ハ百姓、近来土浦ニて士ニ成候様ニ承候へき、大銃家ニハ無之候
一、本所物騒、近郊盗蜂起、如仰流賊之術寒心之事ニ御座候、群盗ハ如何之様子に候哉、所ゝ開張例之通繁盛と相察候、此地祝町ニ角力、夫ゟ縫殿左衛門ニて今明日抔始り候由
一、駒邸天文臺御慰之事と奉存候、草ゝ、已上
六月八日認
皆様へ宜御傳可被下候、已上
〔宛名・差出人名欠〕

四—9　嘉永五年七月九日（三二—八）

拝見、如諭日ゝ雷氣、御清健奉賀候、此方無事、下谷建碑云ゝ被仰下、御尤之御次第ニ候間、御申聞ニ従可申候、乍去此方ニ而も折角御乗合可申存候事ニ候間、別而おときの碑を立候と欤申様なる事ニ而も可致候、川云ゝ、此間中公私指かゝり候事有之、且風邪等ニて致延引候
一、寿永正統ハ勿論に候へ共、清盛ハ僭乱悖慢の臣也、此時之情実一概にハ難論、少ゝ愚見も有之候へ共、事長く候間、短簡中ニハ認兼候、是ハ老人を如何と御せり被成候よりハ、先ツ足下ハ如何申所を御考之上ニて御質問之方、長幼の道ニ可有之候、但ケ様之事を論候も宜候へ共、餘り如束湿薪ニ成候而ハ、其蔽也絞と申様ニ成可申候而、毎事寛厚之意を不失候事、古意ニ叶可申候
一、廿九日御登営如何之御沙汰ニ候哉、如諭平穏二字期天下了候事可慨候、風邪草ゝ、已上

七月九日八日認

政次郎様　　　　甜斎

四―10　嘉永五年七月二十四日（二五―七）

度々貴書拝見、従是ハ御無音打過申候、愈御佳勝奉賀候、左傳之儀先日も失念延引、今日別帋相認候、貴意ニ満不申候ハヽ、又々可被仰下候、尚書御講被成候由大慶存候、典謨述義此節手元ニ無之候間、返り次第懸御目可申候、古文尚書ハ後人之偽作之段、定而御承知と存候、如何、太田錦城之書、貴地ニて御才覚出来候哉、壁経辨正ニ委細ニ有之候、小子之蔵本ニ無之候、慷慨有志之文集さしたるものも無之、先年龍川集抔写候所、大切之上書之所紛失いたし候、三蘊論策等ハ御覧被成候事と存候、如何、朱子封事抔先年写候へき、獻芹微衷御示可被下候、濱野不快之由今程如何ニ候哉、憂念いたし候、宜御致意可被下候、雨晴貴作致感吟候、鈴木石橋と申ハ鹿沼《野州》住四郎兵衛と申豪家ニて、蒲生抔を留置致世話候、温厚之長者ニ好施甚得人望候、幽谷先生所草碑文有之候、遺文此節手元ニ無之候、十九日御状村上事残念無申様候、委細之沙汰御聞被成候ハヽ、可被仰下候、周礼ハ先ツ古注ニて宜御座候も、実ハ三礼義疏宜候所、蔵本之人少候半、とかく注ハ何注にもせよ、第一本文を前後照し合せ、大體之所をくり返し〱見候方宜候、浦賀御船蔵焼候由、餘程之御失墜と奉存候、艮斎防海策御写被成候哉、林鶴橋へ紹介之人ハ住谷へ御相談可被成候、小子ハ未書通不致候、急き草々、已上

七月廿四日

〔宛名・差出人名欠〕

四―11　嘉永五年七月二十四日（二五―八）(1)

宣榭ハイカサマ講武ノ場ニモ可有之候、尤宣榭ト名ツケ候譯ハ、宣ノ榭と申事ゟ出候歟も不相知候、ケ様之大義ニ関係無之事ハ、先ツ大抵旧説に従候方可然被存候

丘甲ノ説モ実ハ古き事ニて詳にハ分り兼候、杜説ハ古

ハ丘ゟ馬一疋牛三頭計ニて甲士ハ出不申候、甸ゟ甲士三人出し候所、丘甲と申ナレハ丘ゟ甲士ヲ出スと見テ、四丘ノ分ヲ一丘ゟ出ス割合ナル故、譏重歛と申、四倍於旧制ト申説モ有之事と相見候、丘乗と申ハ周礼稍人ノ所掌にて、古法ナレハ弥張甸ヨリ甲士ヲ出スノ法と相見候、此時ハ作丘甲トアレハ、丘乗ヲ改テ丘甲ト致候事と見へ申候、是又旧説ニ従候ゟ外ニハ考様も無之候所、大切なる所ハ周家ノ軍制斉語ニ管仲内政ニ軍令ヲ寄候と同意ニて、當今の制にも似寄候事有之、徂徠等士着ノ説ゟ《ハ》遙勝り候事有之様被存候、是等之意味御考被成候方、実学之専務と被存候事

政次郎様
　御答　　　　　　　　　　　　正志

（1）四―10の「別帋」に当るか。宛名・差出人名も四―10を切りとったものか。

四―12　嘉永五年八月四日（八―一〇）

致拝誦候、秋氣皆様御清健奉賀候、老恙御尋被下謝候、指したる事ニハ無之候へ共、脾胃ゟ出候事之由、隙取申候、段々順快御省念可被下候、」（ママ）剱菱春之事御心頭ニ御掛感謝、乍去実ニ此節酒相止居候間、折角御指下被下候而も只一見候のみニて無益ニ御座候、全快ニ成酒用候様ニ成候ハ、、其節可申進候間、夫迄ハ御無用可被下候、」豈好辨・十島異聞・修史始末、御落手可被下候、」両田入替り、金縢云々、御尤奉存候、」漂民計ハ橋船ニ乗せ着岸之由（1）、貴地ゟ来候者之話、如何

一、去月四日御申越米早春之事、此地も同様ニて他所ゟ参、薬方教候者及穀屋・酒屋抔入牢、定而御傳聞と存候、貴地ニて達書之写御手ニ入候ハ、、御示可被下候、小田原抔ニてハ死刑之者出来候由、御聞及被成候哉、如何

一、典謨述義為登申候、下学邇言也

一、右以前御申越　西城御手傳御（2）免達書御手ニ入候哉、」著書目録熊ゟ為登申候、」

上公駒へ被為入云々、恐悦、」礫邸近臣会讀云々、恐悦、」琉球云々、（3）其後如何ニ成候哉」

右之外御答申事有之候へ共、客来ニて薄暮ニ成草々、
皆様へ宜御頼申候

八月四日

欣賞

政次郎様
御答

(1)嘉永五年六月二十四日、ロシア艦船下田に来航、漂流民を置いて去る。
(2)嘉永五年五月二十二日、江戸城西丸焼失、同年十二月二十一日落成。
(3)嘉永五年三月十六日、英船八重山島来航。同年四月四日、米船八重山へ来航し、清国人四十余名を捕える。同年六月二十八日、島津斉彬が八重山上陸の清国人の動静を幕府に報じる。

四―13　嘉永五年八月十四日（三一―六）

九三郎書状、御用部屋へ指出可申候所、御屋敷遠候事故、御手元へ御頼申候、急き不申候間、何方へなり共可然所へ御頼可申上候
一、此地穀屋・酒屋等入牢之者、此間出牢ニ相成候、寛なる事ニ御座候

御別呑薫誦、秋色愈御佳健奉賀候、此度御　召出(1)、御謙辞被仰下候所、御両親様御満悦之段慶賀此事ニ御座候
一、下田之事御申越奉謝候、尾州愉快ニ御座候
一、畿内大災(2)、如諭此地ハ免災申候、」（ママ）久留米酸鼻之事也、村上之忠も著候事也、」七日御用談、邸中失色之由、如見ニ御座候、」久保田訓導外之者ゟハ宜御座候、」熊三へ御致意申通候、猶又宜得貴意候、今日も大急き草々相認候、何も申残候、皆様へ宜御頼申候、
已上

八月十四日

悳斎

□〔政次〕郎様

(1)政次郎、嘉永五年八月六日、小十人組に召出さる（『水府系纂』）。
(2)京都烈風大雨、諸国被害大。

四―14　嘉永五年九月二十八日（二五―九）

削寸楮候、度々御状被下候所、乍例御無音仕候、追々

御申越之件〻陳、龍川集之内上木《藤森》之分、只今ハ直段何
程位に候哉、」〔ママ〕九経談ハ何程位ニ候哉、」外史活字板ハ
其後御見當不被成候哉、」論大疏不残ニハ無之候へ共、
よほと写置候所大抵亡失、近日見候ハヽ、為登可申候、」
獻芹微衷延引ニ相成候所、近日態ミニ為写候而御返可
申候、」下学邇言浄写埒明不申候、出来候ハヽ、為登可
申候、」朱子封事も見出し候而為登可申候、」大学或問先年所蔵之所亡失仕候、」蒲生書近〻
見出し候様可致候、」堂記も先ツ立稿、近日為登可申
候、」今日も急き先ツ草〻相認候、」海保章次郎(1)と歟申
人、上総出生ニて当時下谷三線堀邊ニ居候由、是ハ錦
城門人ニて錦城著述之書大抵ハ所持候由、森豹蔵抔も
講釈聞にか参候由、格別才氣も無之候へ共、錦城之説
をハ守り居候由、講釈御聴聞被下候歟、又ハ錦城之書
御借り被成候歟、若又森抔写候物も有之候ハヽ、御借
被成候様之事も可然候所、如何に候哉、已上

九月廿八日認

憇斎

政次郎様
御答

（1）海保漁村（章之助）のことか。太田錦城門人。

四―15　嘉永五年十月四日（二五―一〇）

如諭寒冷、皆様御安康奉賀候、此方無事、老拙復常、
先日南遊、御降心可被下候、杜康ハ今以用心いたし候、
南遊にハ少〻用候所、平日之一分〔にも不至〕位也、其後宿ニ
而も三四盃位ツヽ、用申候而、やはり禁盃同様也、飲食
ハ甚用心致候

一、久留米侯云〻、全く虚説と相見候、順蔵西帰候由、
御離恨致遙察候、拙書御求、慷慨之作御好に候所、
愚意にハ慷慨よりハ國體を天下の大本と存候間、古
詩之一を認申候、御落手可被下候

一、御草御写御示被下謝候、此方も此度ハ惣御家中ハ
拝見被仰付候、有志云〻被仰下御尤ニ候へ共、急〻
にハ左様にも参兼候事と相見候、鴨掛り云〻、預〔予〕定
御□〔ママ〕、何と歟讀め兼申候、何レ美事とハ相見候

一、火事装束之事被仰下、左様之事弥張衆に従、羅紗

類にても宜候様存候
一、廿四日御申越森文之助此間来訪候へき、佐倉非分之願之由被仰下、乍然吏政も片落無之にも非候由也
一、十九日御申越、一橋邸○〔ママ〕被為入、御同意恐悦、急き草〻閣筆、頓首
十月初四
一、正統云〻、人臣去就、源氏へ属候者とても不義と申にも無之様被存候

恬斎

政次郎様
御答

四―16　嘉永五年十月十三日（三〇―三）

如諭寒冷、皆様御安康奉賀候、此方無事、前便帛書御便行遠、御餞別ニ間ニ合不申由、遺憾之事ニ御さ候、追〻拙書御求ニ付、除杜康外云〻、斤白御投恵被下、御厚意感謝ニ不勝候、御間柄之儀、何を御贈被下候ニ不及候處、御丁寧之至、且御頼之書も夏中ゟ不快ニ而未為登不申、緩稽多罪、此程追〻旧債を拂候間、何レ近〻為登可申候、鈴鴨入替云〻奉謝候、除目御申越、如諭傍観にてハ悠〻御尤ニ御さ候、乍去畢竟悠〻故ニ催春色候事ニ成候事と相見候、御入輿十二月之由(1)、貴地御取込奉察候、御婦徳御座候御沙汰ニも相伺候所、何卒実事ニ仕度候、十一日ハ弥御放鷹御座候哉、初四御状拝誦、○○〔ママ〕御悔悟云〻御申越、御同意奉恐悦候、廣東へ諳船英字美称ニていまく〳〵敷候間、諳とか漢とか御認可然候参り戦闘、明年ハ向
神州云〻、此地ニ而も追〻承候　幕ニて秘候事不可解候、川路云〻、御同意可賀奉存候、鹿島札之事承知、何レ才覚可致候　三公子御放鷹御延引、遺憾奉存候、鶏卵手ニ入候間、先日之御祝儀旁進上、皆様へ宜御頼申候、已上
十月十三日認

安すし

政次郎様
御答

(1) 徳川慶篤、嘉永五年十二月に結婚。

四―17　嘉永五年十二月三日（三二―一三）

一、九日御状、廿五日小梅云々、御同慶

如諭寒威、皆様御安健奉賀候、此方無事、賤恙御尋被下、先ツ此間ハ全快ニ相成候、此間　一橋君駒邸へ御出

上公戸塚へ御放鷹、奉明躍候、尚又恐悦之御沙汰も有之由、実事ニ致度候、雪寃之段ニ而云々御尤奉存候、紅葉山神庫火災之由、可懼事ニ御座候、一説ニハ富士見御宝蔵とも申候所、是ハ間遠と相見候、陽氣後宮之害、人事毎々如此ものと被存候、和言[1]静神社ニて蔵板に候間、摺本ハ一冊ならてハ手元へ参り不申候、近々延帋ニても遣し、少々引受可申と存候間、夫迄御待可被下候、右廿九日之御答

廿三日御申越、御登城云々、御同意恐悦無此上、如諭九載之鬱悶一朝氷釋、至慶々々

一、隠居三人不時登城、今程壱人相分候哉、吉田氏御同慶、戸澤御同意氣之毒、杜康少々ハ用候へ共、水國ハ水國之品ニて事足候間、御休念可被下候、右廿三日之御答

一、十八日御状、十四日十六日十八日御往来恐悦、御詩歌感吟、但し掩ふれるの語如何、拙作草稿見出し後便為登可申候

一、四日御状、熊三好之書籍云々感謝々々、追々申進候様可致候、内々交易之儀達書御示可被下候、杉室大雄院ハ大姦物と承及候、公実詩集手元ニ無之、誰か写置候事と相見候間、追而為登可申候、此外以前之御對追而可申進候、戸祭へ乍存無音宜御頼申候、

一、戸祭之寿詞[2]不快ニ而延引、老父か母か六十と覚候、如何、とかく近日為登可申候、帖抔ニ致候ハヽ、帋之寸法可被仰下候、薄暮閣筆

十二月三日　　　　甜斎

政次郎様
御答

（1）『草偃和言』のこと。
（2）四―7（二六頁）と関連、嘉永五年五月九日。

嘉永六年

五—1　嘉永六年九月三日（三二—一一）

御状致拝見候、秋凉御朦中御障被成候御事も無御座候由致降心候、倏忽踰半月[1]、寤寐在月之段、御中情致遙察候、御家祭御問合被成候儀、御尤至極御座候、御母堂様御傳意申通候所、猶又宜得御意候様申聞候、此間中取紛御無音打過候段、何分御海恕可被下候、右御答猶又御様子草畧申進候、他期後便候、已上

九月三日認　甜斎

政次郎様

(1)喜太平、嘉永六年八月十六日没。

五—2　嘉永六年十月十八日（三〇—四）

御別帋拝誦、増寒之節皆様御佳健致降心候、如諭日月如流倏忽五旬を過[1]、感愴之至奉存候、御哀情實致遙察候事ニ御座候、老恙御尋被下謝候、先日冷氣に障り又〻下痢、昼夜二三十度位之事も有之、四五日伏枕候所、十餘日快候而此度こそ全快と存候、被掛御心頭珍異之佳品御投、御厚意不勝肝佩候、食事ハ平常同様之所、用心候而少〻扣へ目ニ致居候、蛎御下可被下候御心組に候由、蛎ハ此方へも賣物参り、既ニ先日も調候而此間迄相用候、却而珍物と申、猶又砂糖も何より重宝ニ而別而大慶致候、近来ハ別而甘きものを好候事ニ御座候、杜康もやう〱此節小盃ニて四五盃位用候所、此地之物ニて事足申候、砂糖何よりニ御座候、右御謝辭旁及御報候、已上

十月十八日認

能三へ御致意申通候、熊三事も八月中旬ゟ瘧ニてやう〱此節落申候、夫故ニ不沙汰いたし候、猶

又皆様へ宜御頼申候、已上

一、以封中鮮魚人ニ贈候事なるたけハ御避被成、他品ニ御換被成候方可然、乍去不得已次第も有之候ハ、、時義ニより《候て》可然候

一、先日御申越之儀、御誌文不勝感涙候、右ハ蓮華寺へ御埋被成候哉、又ハ御改葬之時之事ニ候哉、如何

一、常磐原〔ママ〕ハ宜候へ共、御改葬表向ニ而ハ不相成、内〻之事ニ候間、常磐原へハ六ケ敷候半、弥張蓮乗〔ママ〕寺内ニ而可然欤、老夫先人をも千波へ葬候事ニ御座候、碑材根府川石、貴地霊岸島ニて調候へき、石問屋ゟ船積ニて小梅へ廻し、小梅ゟ御船頭ニ頼引取申候、鉾田ゟ常葉河岸迄之送り《帳》を付候而頼申候、根府川石ハ此地ニ賣物無之候、御碑陰之儀承知、御示之御草稿ハ御墓誌ニて、御碑陰ハ別ニ認候事ニ候哉、如何、依而御草稿ハ先ツ御預り置申候、短文なれハ碑面計り、長文なれハ両面ニて随分宜事と存候、已上

甜斎

政次郎様
御答

(1)喜太平没に関わる。追筆の墓碑埋葬に関わる件も喜太平のものか。

六―1　嘉永七年三月四日（三二―二）

不時之雪、春寒相増候所、皆様御安健奉賀候、此方無事、異船今程如何候哉、城下之盟ニて石炭御渡しと承候、御同意不勝切歯候、屋敷〻〻固人数為御引候号令にも平穏之旨被　仰出、是程之陵辱を受候而も平穏と可申候哉、扨〻意外之世の中ニ御座候、今日別ニ封物為登申候、御落手可被下候、賢北堂御様子如何候哉、御申越可被下候、次に足下御事も当時酒肉御絶被成候を、賢北堂にハ甚御苦労被成候由、御老人ニハ御尤至極御座候、御勤向御心労も有之、北堂御不快中御苦心被成候而ハ、御障り被成候も難計、魚肉位ハ折〻御用被成候而も可然候哉、寂早發書刻限ニ相成、草〻、已上

三月四日

政次郎様　　甜斎

六―2　嘉永七年三月十四日（一六―一二）

去ル七日南町楊進介屋敷引移申候、前便申進候様ニハ覚候所如何候哉

拝誦、今以寒暖不定候所、賢北堂御平常通り、其外皆様御安静之由致降心候、北堂御用心に御服薬御尤至極、此上何分御用心被成候様致度候、烟草ハ強く御用被成候由、不得已御事と存候、魚肉等全く養生而已ニハ御見計も不得已、若又牛酪抔御用被成候而ハ如何、何レ毀滅性之様ニてハ却而不孝ニ當り候間、随分御用心可被成候、此方一同無事、御安慮可被下候、墨夷愈出帆候哉、石炭云〻、御同意不勝切歯候、鄂も入替り乗込候事と相見候、折角長崎にてハ出帆之所(1)、右之事を承候而ハ是迚も辱國體候事ニ至可申候

大将軍家にも遠物御覧之由、平穏之二字ニて上下を誤

り、天下の士氣萎靡候事御同感此事ニ御座候

一、御若黨此地之者ニ而御指置被成度候由、先達而北堂ゟ御申越之由に候所、此節奥州界こつ田村之者、弊廬へ来居候所、二十五六歳位実情、氣軽にてよく働候様相見候、弊廬ニ而も指置度人物と存候へ共、其以前少僮を指置候間、今更残念ニ存候、若又貴家ニ而御召仕にも可相成候哉、御程合後便可被仰下候、外ニ用事不心付候、已上

こつ田ハ他領に候へ共、御領内相田村と隣村ニて、御領中も同様至て質朴なる土風ニ御座候

三月十四日

甜斎

政次郎様
御答

(1)プチャーチン、嘉永六年十二月五日長崎来航、翌嘉永七年一月十八日出航す。

六―3　嘉永七年三月二十八日（三一―一）

一、詩歌御示被下謝々

一、拙書之事御申越、承知

昨十七日〔ママ〕大雷雨、貴地ハ如何、愈御安健奉賀候、墨夷云々、名ハ異なれ共、実ハ割地納歳幣候事ニ相成(1)、貴喩秦檜(2)の嘆御尤至極

神皇在天之霊如何、御同感、如右ニ而ハ交易より百倍之國恥ニ御座候　尾公御正論之由、何卒少々も正氣御挽回相祈申候、上覧も相済砲術御嫌之由、墨賊にも為打不申候様致度候、南上之者近々北帰可相成候由、是も清人の氣を賦し候よりハ帰候方可然候

一、若黨前便申進候通り、年長し候計にも南上ハ好不申由、又々外ニ見當り候ハヽ申進候様可致候

一、拙作為登候様

八君にも云々、承知仕候、今夕抔認候へハ宜候所、他所より来訪之者有之候間、後便之事ニ可致候、急き草々閣筆、已上

三月廿八日認

甜斎

〔政次郎〕□様
御答

（1）嘉永七年三月三日締結の日米和親条約を指す。
（2）南宋の政治家。岳飛ら主戦論者を謀殺。

六―4　嘉永七年四月七日（三一―二）

今日ハ暖和、愈御安健奉賀候、此方無事、三日にハ甲冑謁見千馬　上覧等御座候由、依然として太平之武備ニ相成申候、此地は逐鳥狩も當年ハ御止ニ相成申候、近日宮女下りニ付　御祭礼も華美ニ成候由、先日桜山看花も美服ニて、麁服之者恥てこそ〳〵帰リ候由
一、阿閣朔日出仕と承候、如何、下田ニて墨虜陸梁之由可悪、伊澤罷越、如何處置致候哉
一、下谷云〻、建碑二百疋落手仕候、熊三も董〔カ〕事可致候
一、林云〻、鼓舞士氣、御尤ニ御座候、少間を得今日認置候、已上
四月七日　　甜斎

皆様へ宜御頼申候

六―5　嘉永七年（カ）年四月二十九日（三一―五）

如諭此地も陰雲晴兼候所、数日来好天氣、皆様御佳健奉賀候、此地一同無事、此間ハ蓮池ゟ御出、二三夜御止宿、大慶致候、錦處〻御尋被下候由、先年ハ隨分容易ニ調候所、近来細裁不致事相見、御煩し申候、御用達へ御頼被下候由、重〻御心配ニ相成申候、尤弐寸弐分と御頼申候所、夫ニ而も宜候へ共、同しくハ弐寸四分、又《ハ》幅一寸弐分、長サ壱尺八寸にても裁合次第、何レにても宜候、此書状間ニ合不申候ハヽ、二寸四分ニても宜候、とかく可然御頼申候
一、西城御手傳、大岡侯も地下ニ不瞑事と存候、竹ゟ蓮へ廻し候筈ニ致候
一、薩州大艦可羨候、伊豆七島諸侯被下候議有之由、餘り物ニ（福付と申）俗語難信候
一、撃剱場へ被為入候由、恐悦、除目御示被下、定式ものと奉存候、（此方も太田丹州時服拝領）

一、十陵五墓之事諳記不致見合候書、人ニ借置候間追而可申越候、十陵ハ近陵御七代歟、其外天智天皇等ハ百世不改候様覚申候、五墓ハ大職冠等五人と覚候所、不詳之間跡ゟ可申進候

天皇御諱闕畫之儀　天朝之礼ニ非、公式令ニ闕字之式ハ有之候へ共、闕畫ハ無之候、西土にも聖人の世にハ無之、後世諂諛之風より起り候事と存候故、老拙ハ闕畫不致候、他期後便候、已上

四月廿九日

原任蔵へ一通急き不申、いつにても宜候間、御届可被下候、已上

正志安

〔政次郎〕□様

六—6　嘉永七年八月十三日（八—一一）

拝見、御安健奉賀候、此方無事

一、八君御機嫌能御引移(1)奉恐悦候、乍遠方懐然御座候、御出勤、大関も通勤致大慶候、藤建も出候由、如何、

御序文正大之御論致感心候、乍去一篇之著述ニハ宜候所、議論多端且長文ニて送序之體を失候間、なるたけ切詰申候、折角御骨折ニて許多之議論御取列候所、切詰候にハ餘程骨折、御襟胸にハ満不申事と存候、刪正ニ而もまだ長過候へ共、先ツ〔送〕序之體らしくなり候哉と存候、扨御序列條〻も可惜、何歟別ニ御立論被成候而ハ如何

一、先君子御小祥(2)ニ付、佳品御投恵被下、不勝感懐之至候、如諭歳〻石火、長嘆此事ニ御座候、麁紙ニて右礼申進候、一同も宜御致意申候、皆様へも宜御頼申候、有為之君ニ御別、加之以罔極之哀御中情致遙察候、何歟薄品為登申度候所、九ノ日ニ付期後便候、已上

一、八君拙詩御欲被成候儀様子之由、今日ハ間ニ合不申、期後便候、已上

八月十三日認

御序文御浄寫被成候ハヽ、字體正敷御認可然候、なるたけ奇異之字體無之様、古来通用之字體を御用被成候様存候、已上

政次郎様
　御答　　　　　　　　　　甜斎

(1)斉昭八男。川越藩主松平典則の養子となり、嘉永七年八月十三日承。
(2)喜太平一周忌を指す。

六―7　嘉永七年八月二十九日（三二―九）

拝見、昨日ハ俄ニ暖氣、今日ハ又〻冷、皆様御安健奉賀候、此方無事
一、御送序眼目之儀御申越之所、眼目ハ先日改竄候ニ而大抵宜事と存候、何も別ニ申進候事も無之様也、如何、御詩久〻ニ而拝見候所、甚宜候様被存候、評語等今日間ニ合不申、期後便候
一、先日之御褒賞、文士も随分相應ニ出来候へ共、人数少きにハこまり申候
一、石徳へ書状御世話ニ相成候
一、川君側讀書士少く候由、何卒此上はり込候様致度候、正氣無し、文武不振之由致想像候、段〻御引立相祈申候、三美事可賀、乍去御妙齢之御儀、なるたけ御韜光御持置被成候様相祈申候、奨順匡救、何分御尽力可被成候
一、認物之事御申越致承知候　公子御懇望之儀、幾度ニ而も無御遠慮御申越可被成候、此間中取込、今日ハ間ニ合不申候
一、俗事御頼申候、花色秩父絹壱反調度候由申聞候間、御出入之者抔へ御申付可被下候、金弐分御入手可被下候、不足候ハヽ、跡ゟ御勘定可申、宜御頼申候、已上
　八月廿九日　　甜斎
政次郎様

六―8　嘉永七年十月四日（三〇―一）

此間中御状之所、文武見分及内外取込、御不沙汰いたし候、御安全奉賀、此方無事、川越浪士譴責之事承候様可致候、炳〔カ〕鑒云〻承知
一、御詩篇子書等承知之所、何レニも間ニ不合

一、長崎諳夷之事(1)御同意幽憤、加之浪華之事(2)不勝長大息候、猶又追々事情御示可被下候
一、貴地形勢可慨、邸中も音楽流行之由、御同嘆、学校御開ハ宜候へ共、肉食之子弟如何候哉、可憂候
一、菅公危石之令詩見出次第為登可申候
一、短冊ハ此方宜候歟、短冊ニ縁を取候も不似合歟、上下計位ハ可然歟
一、念四御状　川君御傳意奉感佩候
一、森文頼之書、海保登り候時(3)取落候間、今日為登申候、外ニ而先達而頼候分も同断
一、念九御書御放鷹、熈したる事ニ候
一、大坂異船之事、代銀納度候由、今程実説相分候哉
一、御鷹野御供立付ニ成候由、是迄ハ如何候哉、今日も大急き草々、已上

十月四日　憇斎

海保登り之節も北堂にも御出被下候由、於老夫奉謝候、宜御頼候、已上

政次郎様
御答

(1)嘉永七年閏七月十五日、英の東インド船隊四隻長崎来航。
(2)嘉永七年九月十八日、プチャーチン大坂湾に入る。
(3)海保帆平、嘉永七年四月十日江戸馬廻役に任ぜらる。

六―9　嘉永七年十月二十九日（一六―一一）

拝見、増寒御安健奉賀候、此方無事、乍去川崎惣蔵次女廿四日死去、廿六日弘めニ而熊三事昨日迄忌引致候、別ニ為御知申候而宜候所、乍畧序ニ為御知申候
一、新臺場ニ而大砲御試有之候由(1)、毀損等も無之、無難ニ出来候事と相見大慶ニ候
一、下田之消息今程相分候哉(2)、川等大城より直ニ發候由、前日より心懸候事とハ相見候所、さすが川氏ニ御座候
一、御床机廻等調練御座候由、実用ニハ如何候哉、乍去無きニハ勝り可申、九五様之御為ニも音楽等ニハ勝り候事と奉存候
一、詩稿之事今日こそ為登可申存候所、出仕前急き候而忘却、此次為登可申候

一、近藤物故、不勝痛惜候、江館無人、扨〻こまり申候

一、此地錮舎出来候と申ハ訛説也、已上

十月廿九日

恬斎

政次郎様
御答

(1)幕府は嘉永六年八月二十四日、品川台場築造を開始し、嘉永七年七月二十一日、三基竣工。同年十月十九日、品川第三砲台にて大砲の試射あり(『維新史料綱要』)。安政三年四月十四日、川越藩、警備の品川台場で実弾射撃。

(2)下田開港以後の状況を指すか。嘉永七年九月二十九日、川路聖謨・筒井政憲らが、ロシア応接のため下田派遣を命じられる。

六―10　安政元年十二月九日(三一―七)

拝見、外甥死去ニ付、為御吊詞父子へ銘し預御状奉謝候、乍略御挨拶得御意候、如諭繁霜堅氷、皆様御安健奉賀候、此方一同無事

一、幕、東藩ゟ夷船へ人御指出手傳船製を為見候ハ宜事と存候

一、佃軍艦其後如何相成候哉

一、詩稿前便為登、御落手と存候

一、地震(1)ニ此頃飢、流賊之勢可畏候

一、舜水ハ義士ニ候故義公にも御師事被遊候、舜水之事跡御詳悉被成候ハヽ、御疑氷釋可致候

一、四日除目ハ如何ニ候哉、已上

十二月九日

恬斎

政次郎様

(1)嘉永七年十一月四日、安政東海地震、翌日に安政南海地震。

安政二年

七—1　安政二年三月十九日（八—七）

當月九日
松宮[1]ゟ御親書御下ケ、一介之武役ニ用候積りニハ
無之、学校本開[2]之上、文武実用申付候[3]との　思召
難有仕合、末へ悊斎事恒蔵と被遊、此度参政ゟ達
にも恒蔵と改候様との事に候所、改名届今日抔指
出候積り、先ツ悊斎と認候、石川吉等へも御話可
被下候
今日弥届候筈ニ致候間、恒蔵と認候
両度御状薫讀、賢北堂其後御障り不被成候哉、此方無
事、御遠馬如何相成候哉、遠方憂懼仕候
一、除目被仰下、石川安心ニハ存候所、如何之わけニ
候哉、其他ハ吉兆と相見候
一、梵鐘之令[4]御同慶、頗覚眠可申候
一、川崎如仰隨分好人物ニ御座候
一、両地復明御同慶、士氣不振ハ氣運とハ乍申、餘り
なる事に御座候、幕ニ而も平穏を唱候而ハ振候筈
も無之様也
一、十四日御状、神奈川へ被為入候由、御疲労被遊候
筈之御儀奉恐察候
一、四日墨船云々被仰下、諳佛の傲慢可悪[5]、其後如何
相成候哉
一、綿服之令御地ニ而も出候哉、如何、御会講奉賀候、
此方講武も少々ハ改り、長柄御止、鉄砲御増位之事
也、已上
三月十九日
政次郎様　　悊斎

（1）斉昭夫人。
（2）安政元年十一月、斉昭、安政二年春に弘道館開館式挙
行を望み、執政等に学制に関する衆議を徴せしむ。

同年二月、武田正生を大番頭兼学校奉行、会沢を小姓頭教授頭取に復職。大地震のため延期、安政四年四月二十九日開館。

(3)弘道館督学に復す。

(4)安政二年三月三日、幕府、諸国寺院の梵鐘を鉄砲に改鋳することを命ず。

(5)安政二年三月四日、フランス艦隊下田へ入港し、上陸及び欠乏品の給与を請う。同年三月十二日英艦箱館入港。欠乏品を求める。

七―2　安政二年(カ)四月四日　(六―一四)

不順之寒冷、愈御安静大慶、此間中賤息ニも御状感謝、風邪順快ニハ候へ共、今以小半日位ハ伏枕、先日中追々候、御答も未仕候、先日ハ賤息難有候所恐入申候、勉力把筆、草々申残候、已上

四月四日

水野西宮ゟも来書、病中返書も延引之段宜御頼申候、已上

政次郎様　恒蔵

七―3　安政二年九月九日　(三二―一〇)

一寸認候、此間ハ遠方御見送奉謝候、昨夜着、届ハ明日昨夜と申出候積り也、逗留中(1)ハ千万奉謝候、千住ニて御許借奉謝候、御蔭ニて道中心強くニ下り候所、嚢中も少々ハ餘り申候間、先日之分其儘返完〔ママ〕御落手可被下候、客来ニて何レにも認兼、草々申残候、皆様へ宜御頼申候、已上

九月九日

政次郎様　恒蔵

(1)会沢江戸へ上る。安政二年八月十五日、将軍家定、会沢らの篤学を賞して謁見す。

七―4　安政二年十一月十九日　(三二―一二)

九日十四日御状拝見、皆様御安健奉賀候、此方無事

一、幕ニ而も諸侯云々、梵鐘云々等少々ハ決断ニ成、何卒大果断ニ致度候

一、川侯地震之節云〻、敬服仕候、葬祭之儀大慶仕候、喪祭式之儀、老夫著述ニハ無之、官府之令の草稿也、手前ものニ写置候ハ東湖へ遣置、宿ニ有之候ハ館本故、別ニ写候而為登候様可致候、尤藤家ニも紛失も致間敷候間、静ニ成候ハヽ見出し候事も可有之候、扨右ハ士大夫之式に候間、諸侯之式ニて可然候所、水藩御代〻様之御喪式ハ、慎終日録と申候者有之、是を御願ニて御拝見之上、國友へなり共、右よりハ手軽く大夫士之喪礼と参考斟酌ニて、御行候方可然と存候

一、紙帛之事致承知候

一、佐倉侯蘭癖こまり物ニ御さ候

一、桜任感心之事ニ御座候

一、結黨今ハ何事も出来不申候へ共、日夜窺伺間隙候間可戒事ニ候　九五御正論奉抃躍候、両田挽詩之事致承知候

一、公子云〻、扨〻可嘆候、御免之儀御尤之次第、いかさま不得已候様原へ申越之儀承知、今日ハ間ニ合不申、此次ハ可申進候、國へも今日申遣候間、宜御相談可被成候。今日も急き草〻申残候、已上

十一月十九日

皆様へ宜御頼申候、已上

恒蔵

政次郎様
無事

(1)安政二年十月二日、安政の大地震。戸田忠敞・藤田東湖死す。

(2)斉昭が教職の者に命じて撰述させた書。開版は明治四年(『水戸の文籍』二三頁)。

(3)初代藩主頼房の発病から薨去・葬祭までを記し、葬儀の方式を定める。光圀の命により小宅生順が録す(『水戸の文籍』八頁)。

安政三年

八—1　安政三年（カ）八月八日（二一—八）

石河之御用如何ニ候哉

拝見、凄冷御安静大慶、此方無事

一、京都書状御世話ニ相成候

一、御讀書十日ニても以前ニ比候へハ結構也、御上達ニ随、御はり込被遊候様奉希候、三度之会講も宜候、偏武ニ成候釣合、奉行も熟知之様致度候、御責ハ宜候所数斯疏無之様致度候

一、鮭魚之事承知、とかく他邦へ計出候由也

一、豈好辨之事承知、敬神録大慶

一、墨夷之事、都下ニてハ話候人も無之由、可想、已上

八月八日認

大獄も相決候、是ニて一國平穏相祈候

政次郎様　　恒蔵

八—2　安政三年八月二十九日（九—一）

如諭秋冷、愈御安静降心致候、此方無事、廿五夜貴地も大風之由(1)、宮殿ハ御無難之由奉恐悦候、御長屋もさしたる事無之様ニも承候所、如何、此地ハ癸巳ニ伯仲(2)、時刻長き故歟、倒屋等ハ癸巳より多く、郷中壓死人数多候沙汰、秋収も少しハ障り、畠ハ餘程の障りと承候

一、先年之拙毫御入手之由、其外ニも箱入絹又其外ニも有之様ニ候所、其節趣好も有之所忘却候間、又〻御申越可被成候

一、邸外説御申越大慶、天定勝人之事も有そふなもの也

一、墨夷云〻可慨

一、上公文武上覧御同意奉賀候

一、姉川生之事、縷〻御申聞、足下御迷惑被成候次第

ニも不及存候、本間の醫案にも先ツ苦労にも不成、治可申との見込、此節ハ癇疾の治療薬力大應候而惣身へ發候、飲食も甚減候へ共、少しの間之事と相見候、本間も様子次第ニて加減可致、癇疾治候へハ留飲ハさしたる事にも無之、治可申との事、癇疾も是迄當坐ニ直し置候間、次第ニ深く成、終身の患ニ候間、此度ハ病根を絶候様療候との治方之由、先ツ心強くハ被存候様也、本間ハ右様之治方ハ長し候事と見へ、去年も越後ゟ来候而、癇疾を療候所全癒ニ而、帰國後も壮健ニ成候由也、米藩へも右の意味宜御通し、雙親抔半安心候様宜御頼申候、先ツ當分之様子ニ而ハ帰邸之事御申遣ニも及申間敷、様子ニより候而追而申進候様可致候、草々、已上

八月廿九日　　恒蔵

政次郎様

(1)安政三年八月二―五日夜、暴風雷雨、東海・東山地方を襲い、殊に江戸の被害大。

(2)天保四年八月、関東大風雨。

八―3　安政三年十月四日（九―二）

葬祭辨論承知、此節見分ニて日々疲労、時々指掛り候事も出来候間、急きと申候而ハ安心不致候拝見、此地ハ繁霜薄氷、愈御安静大慶、栗原今程達直り被成候哉、如何

一、浪華浦河云々、可悪、如諭浦河ハ浪華ニハましなるへし、切歯々々

一、御鷹云々、夫を御導申上候者多候半

一、尼子云々、御讀書之御妨ニ成候由こまり申候

一、國女四宮之一件とハ如何之事ニ候哉、心得ニも成候間、大意御申越可被下候、同志中ゟ識を来候も右之事ニ候哉、若又外之事左様ニ候哉、承度候

一、姪之事、今日ハ間ニ合不申候、是ハ公式令を御書抜、夫へ御不審之廉々御添ニて御申越可被成候、急き草々、已上

十月四日

政次郎様　　恒蔵

八―4　安政三年十月九日（九―三）

如諭寒冷、皆様御安静、北堂も御快之由大慶、此方無事

一、佳品御恵被下感謝候、痛却ニ候、桜任ゟ水飴被恵、宜御謝辞御頼申候、此方ゟハ何も贈不申、氣之毒致候、老衰ニ而ハ義理合へ世話も届兼、実ハ迷惑也

一、此度之辞命ハ貴地も銃陣之事ニ候哉、夫なれハ一喜一憂也、其上如諭偏武之釣合也

一、國友順快大慶、大方之譏とハ如何之事ニ候哉、心得ニ成候間御申越可被下候

一、西野ハ明倫之由、敬神之事、國友なとの了簡ハ如何候哉

一、虜情其後如何、諳ハ願とハ申候へ共使令位也、馬頭踏絵実ニ難題也、如何御處置候哉　京地如諭と相見候、浪華富商感心之事也、姓名分候ハヽ御申越可被下候、江南ハ必生の策と相見候、岩瀬等へ辞命、偶筆中へ御封之由、忙敷時ニ開、封紙等へ紛込候事と相見候、尤此方ニ而も手ニ入申候、急き草々、已上

十月九日

政次郎様　　恒蔵

八―5　安政三年十月十三日（九―四）

如諭寒冷、皆様御安静大慶、此方無事、七日之地震（1）餘程震候所、大震と申程にも無之候、御地ハ大震之由、年々之事可畏　神州も古の神州と変候時節、天変も有そふなもの也、國も歩中庭候由大慶、四宮云々、今便御申越に候哉と存候、吝之譏之由、守銭家之子ハ夫も不免事と見へ候所、識見も有之、忠國愛　君の志ハ可称也、周公の驕吝ハ君徳を以被仰たる也、下位之人ハ夫ニて棄候事ニハ無之、君子成人之美、不成人之悪、人を使ふニ求備候ハ小人の所為也、隠悪揚善ハ舜の大知也、吝之実事を承り不申候而ハ何レとも申兼候へ共、手の付様無之と云ハ甚敷様也、如何

一、除目御示、荻信結構、能州も得其所候而安心なる
へし、草々閣筆、已上
十月十三日認
責人の厚キハ當今の弊風也、薄責於人の訓、服膺
すへし、今世ハ君ニ背く心なきハ誰ニても善人と
すへし

政次郎様　恒蔵

(1)安政三年十月七日、江戸地震。品川台場（第二・第五）破損す。

八―6　安政三年十月十九日（九―五）

如諭寒冷、御佳健大慶、此方無事、岡田話委細御申越
事情相分申候、乍去聞けハ聞く程手の付様も無之次第、
廟議不協、下田墨夷の情も可悪(1)、北地ハ為叢駆雀の勢、
一として莫不可嘆、噫
一、御放鷹・児輩銃陣等こまり申候
一、四宮之事心得ニ成候間御申越可被下候、過失を聞、
不面白候へ共、却而〔心得居候ハ、〕成人之美の一端ニもなるへし
と相待候
一、敬神之事、國へハ何と欤申遣見可申候、日〻の見
分ニて大疲労、草〻、已上
十月十九日

政次郎様　恒蔵

(1)安政三年十月二日、下田奉行井上清直・岡田忠養、玉泉寺にハリスと会し、米艦の沿海測量を拒否し、領事館の建設を商議す。同年十月一日、ハリス、応接の際、吏員の立会を嫌悪して、廢止を幕府に建議す。

八―7　安政三年十月二十九日（九―六）

如諭寒冷、御安静大慶、此方無事、貿易辭命一見、國
體も烏有と成候、御同感
一、水谷之事、兼而竊聞候所、何卒此上得要領候様相
祈候、秘之事承知
以下廿四日之御答
一、下田魯船之事(1)、其後相分候哉、如何

一、國之事〔御申聞心得ニ相成申候、〕御同意こまり申候、乍去先日も申進候通、悪きハ悪きにして置、其善を取度事也、何程無疵ニても郷原ハ君子の所悪也、忠誠ニて國事ニ尽心候者、且才藝も有之者ならハ、大抵の瑕疵ハ不容候而ハ有用之人ハなくなり申候、とかく責人ハ薄く致度事也、輿論ニも無疵を好候ハ郷人ハ郷原を愛候故也

一、風説御示謝〻、前便為登候へき

一、桜任ゟ地図投恵感佩、宜御頼申候

一、兒輩銃陣、如論風俗之害ニ可成候、已上

十月廿九日　恒蔵

政次郎様

(1)安政三年十月十一日、ロシア使節ポシェットが下田に来る。同年十月十六日、ポシェット、玉泉寺に米国総領事ハリスを訪う。下田は貿易港に適さずとして代港を求めることを決議し、協力を約す。同年十一月十日、下田奉行井上清直、岡田忠養、ポシェットと条約本書を交換。同年十一月十七日、下田退去（『維新史料綱要』巻二）。

八―8　安政三年十一月三日（九―七）

如諭暖氣、今朝ハ相應之寒也、御安静降心、此方無事

一、鷹鳥等之事、餘り御窮屈ニ御責申候様にも成兼候半、餘計之御物数奇ハ無之様相願候

一、魯船此度ハ先ツ宜候へ共、此後如何成事を願候哉難計候、瑞穂貴農之國〔書付御示感謝〕も貴商之國と成、蘭家種〻之事を仕出候半、勢州束手旁観可想、噫

一、國も出勤、大慶〻〻

一、姉川生へ金子入等相届候、つまらぬ人ニも無之、志氣有之好人物也、篤疾之時ハ心配候所、病ハ不得已候、今ハ病癒候事故西帰も惜別申候、急き草〻、已上

十一月三日認

葬祭辨論、熊澤之書とも見へす偽作歟と存候所、人の讀候ニハ随分宜候様也

政次郎様　恒蔵

八—9　安政三年十一月二十日（九—八）

如諭増寒、御安静大慶、此方無事
小君御違例委細被仰下、扨〻憂懼此事ニ御座候、流言
も可想之所、何レニも早速御全快奉萬祈候、水婦も松
小君御周旋候之由、御果断ハ奉敬服候へ共、其後之御
様子如何被為入候哉、小君御平癒御立生も被為在候様
奉祈候
一、西洋遊学之事驚入、魔鬼之所為無所不至候、人名
　等分候ハ、承度候
一、御入輿如諭昇平風之冗費可想、小梅之土木も御同
　嘆之事也
一、國出勤大慶、一謗議ハ掩候事も出来兼可申候へ共、
　同志之人ハ不善ハ不善ニして捨置、其善を取て受候
　様致度事也、草〻、已上
　　十一月廿日　　　　　　　　　　恒蔵
　政次郎様

（1）安政三年十一月七日、慶篤夫人幟子（線姫）逝去。

安政四年

九―1　安政四年二月四日（六―七）

恒三郎君當月末御下り之由、貴地ニて御附抔申事ニ成、御供ニて御下りニ候へハ都合ハ宜候へ共、只今ニ成候而ハ寂早御附も出来候事ニ候哉、如何

如諭暖ニ候所、昨日之雪ニて又ゝ峭寒、愈御安静安心、此方無事

京師書状御世話ニ相成申候、桑原も未逢不申候、貴地御讀書も未御始不被遊候由、何卒御始奉祈候、夫ニ付而も杉山可惜

一、令姉御離婚(1)驚入候、挙家御心配致遙察候、寂早御申出ニ成候事と相見候間、外ニ致方も無之、色ゝ御噂のみ申居候、愚弄なと如何御次第ニ候哉、同志中可悪抔何欤遠方ニて分り不申候、扨此地御奉公と御尤ニ候所、御少姉も　松宮へ御上ケ、御姉妹共入宮於情不忍云ゝ、御尤ニ御坐候、実ハ御少姉御嫁、御長姉御入宮なれハ宜候へ共　松宮之方弥御定被成候哉、左候へハ御長姉之方、何レ共貴地ニて御母子御相談次第と被存候、小家へ御下り候事も御相談次第ニて何分致承知候、嫁と入宮との所ハ急ゝニも不及、緩ゝ御熟談之御決被成候方可然候、此地ハ宮女の員も少く、明きも少く候半、乍去何レとか出来可申、是又誰ぞへ問合、委細跡可申進候、御状昨夕着、今日も客来、草ゝ申残候、已上

二月四日

香堂へ御致意致承知候、已上

恒蔵

政次郎様

(1)政次郎の姉は、古川茂右衛門・住谷寅之介と結婚するがいずれも離婚。慶篤夫人（梅御殿）に仕える（『水府系纂』）。

九—2　安政四年二月十四日（六—八）

如諭度々之雪、昨夜も初雨後雪、愈御佳健降心、此方無事、御長姉云々、委細御申越御苦心遠察、且北堂の御心御慰被成候事致想像候　恒君之方如何候哉、若し弊廬へ御下りニ成候ハヽ、是又致承知候、此地後宮ハ人少ニて明きも少く候半、乍去間もよく候ハヽ、明きも可有之候、御少姉之事委細相分申候、小瀬之事ハ如何相成候哉、市村も御相談ニ成不申哉、何レなり共大抵之事ハ御決断ニて御相談被成候方可然被存候、縷々認度候へ共、学校御開前大ニ疲労、何も申残候、已上

二月十四日　恒蔵

政次郎様

九—3　安政四年二月十九日（六—九）

御入宮之事分り兼候由、今程ハ如何

如諭雨風両三日別而暖和也、愈御佳健大慶、此方無事

一、安中侯中風(1)、天下之不幸御同意、浩歎之事ニ御座候、今程如何候哉

一、風邪流行、貴家御無難大慶

一、海保御金子御廻被下候由、一朱計之事ニ候所、金子ニ而御廻ニ而ハ貴家へ御頼申候買物之方、不足ニ成候哉と存候、何程位ニて宜候哉、御申越可被下候、学校御開(2)ニて大慶也、大疲苧々、已上

二月十九日　恒蔵

政次郎様

(1)上野安中藩主板倉勝明のこと。将軍継嗣をめぐって、慶喜を支持する。安政四年四月一日没。

(2)安政四年五月九日、弘道館開館。

九—4　安政四年二月二十四日（六—一〇）

如諭春暖、愈御安健、風邪ニも御感不被成候由大慶、此方無事

一、御長姉之事最早御分被成候哉、御少姉之事何分心を付可申候所、例之不働ニハこまり申候

一、安中如何候哉
一、御開云ゝ、御尤、老人抔衰耗難奈何候
一、川上へ御状、庄七薗部へ同居故頼申候
一、北蝦云々可憂、赤川ニ御廻候ハヽ、宜御頼申候、唱
愉快通不申様御同意也
一、常山御文集ハ御拂本之事と覚候、如何、此節疲労、
草ゝ、已上
二月廿四日
恒蔵
政次郎様

九—5　安政四年二月二十九日（六—一一）

御風邪如何被成候哉、何分御加養可被成候、此方無事
一、赤川ゟ金子入落手、早速相届申候、今日御返書間
ニ合不申候、御逢被成候ハヽ、宜御頼申候
一、掛物箱落手
一、秋葉之事此地ニてハ安心不致候、取込、草ゝ申残
候、已上
二月廿九日
恒蔵
政次郎様

九—6　安政四年（カ）三月四日（六—一二）

御風邪如何候哉、急き書状間ニ合不申候、已上、除目
御中越感謝
三月四日
恒蔵
政次郎様

九—7　安政四年三月九日（六—一三）

御縁談（1）之事石川ゟ申来、長太郎之意ゟ出候ニ非と
申事も相分候事と安心致候
如諭春寒、御風邪御快候由最初御出勤と存候、北堂抔
ハ御引不被成候哉、小家無事、風ハ引《軽く》申候、熊三郎ハ
よほと引込申候、秋葉此方なれハ宜候所、政府ニては
り込不申、外之者落札ニ成、當時ハ相応之明きも無之
候間、貴地も不得已候、國友と御相談可被成候
一、御文集之事承り候様可致候
一、陋之事少ゝ計故、油ニても何ニ而も宜候由

一、中西大慶、長太郎〻へも《老夫》出勤之節可話候
一、鞠獄大抵相分候様ニも承候、已上
三月九日
政次郎様　　恒蔵

(1)政次郎は、初め西郷剛蔵の妹と結婚するが離婚し、のち横山縫殿蔵の娘と再婚（『水府系纂』）。この「縁談」は、次の五月四日に「御再娶」とあるので、再婚の方を指す。

九―8　安政四年(カ)四月九日（六―一五）

御伏被下候所、風邪瘧之様ニ成、又々疲を増候間、期後便候、已上
御中越之事妻方ゟ申遣候
四月九日　　恒蔵

九―9　安政四年五月四日（六―一六）

社廟御開も九日ニ相成候
熊三郎へ御状拝見、不時之冷氣且大雨、愈御安健大慶、老夫も順快、乍去認物ハ骨折候間ざつと認候、大雄如諭可憂
一、御再娶恐悦、御守故ニ無之様致度候
一、四公子御閑話御同慶
一、俗参佞臣等可憂、大獄決議不容易と相見候、重典ニ過不申様致度候
一、松魚脯御投恵感謝、御拝領之御菓子同断、老夫も此間老公御手製之截〔カ〕唐拝領難有候
一、久保田治部衛門と申ハ如何なる人ニ候哉
五月四日
政次郎様　　恒蔵

九―10　安政四年五月十四日（六―一七）

如諭陰冷、両三日少々直り申候、御佳健大慶、賎恙も順快、近日出勤ニ存候、社廟御開、都而御都合宜相済奉恐悦候
一、大雄近き所ニ潜居、今日不居候由、都下へハ未出

候哉ニ相聞候、吟味中出奔、罪名顕然
一、霜港云々、且邪教之事、本より其勢ニハ候へ共不堪切歯候、会計之事亦可想見、桜候〔侯〕(1)の相業如此、福候〔侯〕(2)も潜候事と相見候
一、小國之話如御申協力ハ勿論、此邊貴書讀め兼候所、大意ハ分り申候一體善人ニて君子之人とも可申、門戸の見ハ家風ニて小々免れ不申事も有之候へ共、其位之事ハ寛恕不致候而ハなり不申、筆之事もはり込薄く畢竟遠識無之、讀書さへ致候へハ誰も同事ニ存居候間、筆抔をも深くハ知不申事不及是非候、老夫も長き事ハ無之候間、何卒学へ入申度候、御周旋可被成候由、大慶
一、久保田治部、好人物と相見候、貴書讀め不申所有之、遺憾
一、東湖遺墨半切《ハンキリ》ハあるかも知レ不申候、半切《ハンセツ》唐帋等ハ無之候、已上

五月十四日

政次郎様　恒蔵

(1)佐倉藩主堀田正睦か。安政二年十月九日から同五年六月二十三日まで老中。
(2)福山藩主阿部正弘か。天保十四年閏九月十一日から安政四年六月十七日の没時まで老中。

九―11　安政四年五月十九日（七―一）

如諭少々薄暑らしく成候所、又々昨日風雨より寒冷位也、御同意寒心、賎恙順快十六日ニ一寸出勤、両三日中真の出勤ニ存候、諸制度達書等國友迄為登候筈之所、當時両人共頼合中ニて埒明不申候、学則も同断、此他割據之勢と申程の事も無之、只是迄之舎長ハ訓導に成、跡舎長ニ可致人物ハ皆々編志之方へ擇り抜れ、無人とハこまり申候、貴地畧式如何様ニ出来候哉、此地無御滞社廟共御都合宜御済、諸士神酒頂戴拝礼等有之、十日ゟ三日之内農商等迄拝見相済、夥敷人数之由、其後講習生ハ毎日百人餘也(1)
一、土木金碧云々、當年寒心之年柄と申候、旁如何
一、霜港云々、邪教ニ至而ハ殊ニ甚し、大事去矣
一、畫賛之事何と欤工夫可致候、急き草々、已上

五月十九日

政次郎様　　恒蔵

(1)安政四年五月九日、弘道館開館。

九―12　安政四年五月二十四日（七―二）

如諭温冷屢変、昨今ハ時氣直り申候、皆様御安静大慶、此方無事、老夫事も十六日一寸出仕、一昨日ゟ実の出勤ニ候所、障りも不致候

一、茅之事今日も外ニ申上候序有之
御火中
老公へも申上候足下計ニて他へハ、御話御無用、一御工夫有之、近日御申聞可被成候由相待申候、外一人客癖可惜候へ共、一長一短ハ誰も有之、一長さゐ有之候ハヽ、無短無長の人ニハ如何程の《か》勝り候也、足下なと人ニ御話ニもなるたけ捨短取長候様可被成候

一、東湖遺墨御手ニ入候由大慶

一、奸僧如諭潜匿ハ俗ゟ深く可有之

一、浪華警固之事(1)ハ承候へき、高松進階、當時之勢ニ而ハ其位之事ニ相見候、五郎次ニハ未逢不申候、昨日九三郎ニ逢、頗る異聞を得候

一、御詩作随分宜敷存候、銃陣結句并為を好為なとニ被成候方可然候、先達而ゟハよほと御上達に御座候、

已上

五月廿四日

政次郎様　　恒蔵

(1)安政四年五月十二日、幕府が大坂安治・木津両川口台場の警備を高松藩主松平頼胤・松江藩主松平定安に命じたことをさす。

九―13　安政四年（カ）五月二十九日（七―三）

今日之書状間ニ合不申候、羽倉へ一封宜御頼申候、水野哲へ御相談被下候而も宜候、水へ書状間ニ合不申、宜御頼申候、已上

五月廿九日

政次郎様　　恒蔵

九―14　安政四年閏五月四日（七―四）

両度御状被遣候所、前便社廟詩浄写ニて遅刻、書状仕出不申候、皆様御安健大慶、此方無事、當年之不氣候ニ土木不知為何謂、伊十先ツ宜事と相見候、鳴鶴ハ以之外也、撃剱へ御臨、是も先ツ宜候、是を拡充、文へも御臨ニ仕度候、御定見不被為在候ハ可憂、何卒慫慂候様致度候、邇臣大切也

一、二公子御出　松宮独木（1）へ御出、宜かるへく候

一、雲丹《胡瓜》御恵感謝、度々色々御下、此方ゟハ何も無之候

一、墨夷云々可悪、すきのやうにこねくられ申候（2）、邪教願も実かもしれす、よく御探可被成候

一、江南署式開館、随分宜候事と存候

一、文献志無人の御沙汰不得已候、青山へ御尋抔も可然か

一、桜風云々、蛮陣云々、槍剱寥々故、解臺不及是非候、此地蛮陣ハ精々御世話有之、今日も諸有司見分也、乍去槍剱も随分出精之人有之候

一、茅之事御尤ニ存候、御下札之《義》別帋ニ申進候、已上

閏月四日

政次郎様　　恒蔵

（1）一橋慶喜のこと。

（2）安政四年五月二十六日、ハリスと日米約定（下田協約）調印。

九―15　安政四年閏五月十九日（七―五）

又々冷氣御佳健大慶、此方無事、茅之事何卒出来候様致度候　一橋公云々御同慶、福山可憂（1）、川路寵遇たけ之事有之様致度候、急き草々、已上

閏月十九日

政次郎様　　恒蔵

（1）阿部正弘の病状に関わるか。安政四年六月四日付書簡参照。

九―16　安政四年閏五月二十四日（七―六）

如諭冷氣、今日も朝ハ袷衣着致候、愈御安健大慶、御長姉様後宮へ御引移、御安心之事ニ被存候、愴然ハ不得已候、此地無事、除目御申越、三輪之事御同意可賀存候、乍去茅ハ此節ハ先ツむつかしそうニも聞覚申候、

十六日

上公一橋邸へ被為入候由、如諭美事也

一、常山御文集〔御〕板木拝借之積りニて御拂ニも出候由、摺はなしニて三朱位ニ存候、已上

閏月廿四日

政次郎様　　恒蔵

九―17　安政四年六月四日（七―七）

如諭此地も風雨、廿八日ニハ加波諸山積雪之由、笠間人説、九五御讀書奉敬賀候、福山脱病床大慶、何卒全快相祈候、大震可恐、御文集之儀承知、今日ハ間ニ合不申、此次為登可申候、茅之事も此節ハ政府も無拠様ニも相聞候、宜御計可被下候、已上

六月四日

政次郎様　　恒蔵

九―18　安政四年六月十四日（七―八）

御讀書ハ御馬より御面倒と相見、こまり申候

如諭暑冷入交りとかく例年之暑ニハ成不申候、よほと六ケ敷年柄ニ候、弥御安健大慶、此方無事

一、久能神霊如何なる事ニ候哉、御申遣〔聞〕可被下候、駿・遠・参其外大水(1)等可恐

一、鈴藤可悪、壱人ツヽハ乞食之様也

一、茅之事当役ニ而も讀書計も出来候様致度候、御文集之事忘却、此次迄御待可被下候、老後健忘ニハこまり申候、已上

六月十四日

政次郎様　　恒蔵

（1）安政四年閏五月十七日、信濃・相模・駿河・尾張等

大雨、翌日にわたる。河川氾濫、被害大。

九―19　安政四年六月十九日（七―九）

如諭暑氣又ゝ冷氣、昨日ハ大暑雷雨、先ツ宜候所時節後れ候間、熟作ハ安心無之、御佳健大慶、此方無事、去月仙臺御風雪之由可恐、箱館繁霜之由、とかく陰氣勝候事と相見候、墨夷三所之内[1]天使館との沙汰之由、尊　朝廷之意も蕩然ニ相見候、三ヶ條[2]もとかく自為ニするより出候事と相見候

一、西郷云ゝ承知、出入之者ニ可承と存、宅へ参候様
申遣候所未来候

一、御讀書二度之由、棟上ヶ酒肴とかく太平也、福山
氣力疲候由可憂

一、御文集今日と存候間、此次為登可申候、急き已上

六月十九日　恒蔵

政次郎様

（1）長崎・下田・箱館を指すか。

（2）安政四年三月二日、下田協約交渉中、ハリス三カ条の要求を出す。米人居住権・領事旅行権など。

九―20　安政四年六月二十四日（七―一〇）

急き一寸認候、西郷之事故老之者（幸右衛門悴 会澤惣兵衛）ニ承候所、又五より外之故老ゝ故林ニ（石川惣三郎へ問合）も佐野ニも障り有之事ハ不承及候由、増子之方も同断、何も承及候事無之由、何レも次第無之と相見申候、西郷之方も横山縫殿蔵間柄ニ付、小家縁組之節[1]承候所、是も障り無之様承候、西郷弟発狂ハ内実狂ニハ無之、他所ニて何事か出来ニ付、狂と称し置候様ニも承候、如何、西郷之一類ニ狂候沙汰承り不申候、急き此事計申進候、餘ハ後便候、已上

六月廿四日　恒蔵

政次郎様

（1）恒蔵の長子熊三（璋）の妻は横山縫殿蔵の娘。

九―21　安政四年六月二十九日（三一一―一）

昨日ハ好雨、貴地ハ如何候哉、愈御佳健大慶、此方無事

一、増子系纂別帋之通、他所ゟ来候分ハ知れ不申候所、何も障りハ無之様ニ承候

一、御文集御落手可被下候、代料ハ後便可申進候、前便之御状見失候間、此次御答可致候、已上

六月廿九日　　　恒蔵

政次郎様

九―22　安政四年七月十六日（三一一―二）

如諭冷氣之所両三日残暑立帰候、皆様御安健大慶、此方無事

一、御婚儀之事御心配御察申候、其人酒癖之事ハ承候所、外ニハ善悪共承候事無之、云々御話申候ハ誰ニ候哉、随分識見有之人ニ候哉、再應申候ニハ何欤所見有之事かも知れ不申候、今更御破談も六ヶ敷候由御尤ニ御座候、折角御相談ハ候へ共、ヶ様之事ハ遠方ニ而ハ何共申兼候、熟不熟ハ御當人御心ニ安不安が本ニ候間、遠方ニ而ハ分り兼候、云々御話申候人ニもより候へ共、不安との御了簡ニて不熟ニ被成候ハヽ、なるたけ御願出以前之方宜候へ共、是非はづし難き勢ニ候へハ、一旦引取候上と申事も世間ニ有之事ニて不得已候、御相談之甲斐も無之様ニ候へ共、貴地ニて臨機應変より外ハ無之様ニ存候

一、赤川生北遊之積りニて先ツ貴地へ登り候所、金子入書状行遠、此方へ参候間為登申候、御届可被下候、扨又下学邇言同志ニ活字ニ摺候由、赤川之本一覧之上先ツ二冊為登申候、是又御届可被下候、跡一冊ハ後便為登可申候、実ハ摺候なれハ熟覧候而、人へも相談之上ニ致度候所、北遊前急さ候由故不得已候、此外之事今日ハ間ニ合不申候、已上

七月十六日　　　恒蔵

政次郎様

九―23　安政四年七月十九日（二一―三）

拝見残暑御安健大慶、此方無事、御婚議〔ママ〕之事委細御申
越御相談可被成候由、一同致大慶候
一、揮毫且中元ニ付泉州之名品御恵感謝、致痛却候
一、御侍読云々奉賀候、▨〔何〕〻分御納約相祈申候
一、練屏太平、とかく何方も太平也、今日ハ何も間ニ
合〔不脱〕、他事期後便候、已上

七月十九日

政次郎様　恒蔵

九―24　安政四年七月二十四日（二一―四）

披誦、残暑涼日も有之、廿二日夜大雨頗烈風、御安健
安心、此方無事
一、邇言正板ニ致候なれハ、餘程改竄不致候而ハ不相
成、且聖堂へ出し候なれハ、聖堂の忌ニ觸候所手入
可致欤とも存候間、聖堂へ出候事ハ少〻扣候様致度
候、赤川本ハ校合出候間、先ツ為登候所、弥正板か
活字かの所御聞被成候而御申越ニ致度候、赤川本ハ
字句之間抔少〻改候間、御蔵本も御見くらべ可被下
候、正板ニ候ハヽ、追而定本為登可申候間、聖堂へ出
し候事ハ御見合ニ致度候
一、安島学奉行ニ候へハ大慶
一、西郷之事大慶
一、和哥御はり込之由、先ツ宜候様也、已上

七月廿四日

政次郎様　恒蔵

九―25　安政四年七月二十九日（二一―五）

如諭大雨、御船入水入之由、此地ハ夫程の水ニも無之
候、愈御佳勝大慶、西郷之事御願出ニも相成候哉、赤
川金子入相届候
一、邇言原本御廻可被成候由、正板ニ成候なれハ今一
應取調不申候而ハ指支候間、御廻しハ御扣可被下候、
宋学之事抔聖堂ニ而ハ大禁物と一工夫可致、文中ニ
も前後重複之事も有之、其儘ニ而ハ正板ニハ不相成

候、御祭儀等ハ延喜式・江家次第等板行本ニ據候事故、障りも有之間敷欤、乍去原本指出候節ハ印本ニ據候事、付札ニ可致欤と存候、草偃和言の時も　朝廷御式等遠慮候様、聖堂ゟ付札ニ候間、公事根源印本ニ本つき候と付札致、指出候へハ夫ニて済候へき

一、老公海防等御免之由(1)、御隙取ニ被為成候半、乍去墨夷(2)登城と御入替り、慨歎〻〻

一、石河不勝悼惜候、急き草〻、已上

七月廿九日

政次郎様　　恒蔵

(1)安政四年七月二十三日、幕府、斉昭の願により、海防軍制の改革等への参与を免ず。

(2)安政四年閏五月十五日、ハリス、大統領の特命ありと称し、江戸で将軍に親謁し、親書を提出することを求める。以後、幕府これを諸侯にはかり、八月十四日、ハリスに上府許容を布告す。十月十四日、ハリス江戸着。同月二十　日、ハリス江戸城で将軍家定に謁し、大統領ピアースの親書を呈す。

九―26　安政四年八月三日（二一―六）

京都書状何方へか御頼御為登可被下候

冷熱入交候へ共先ツ時節相應と相見候、愈御佳勝大慶、此方無事

一、邇言随分急き可申候、豈好辨も破邪集さゑ御刻ニ成候間、随分宜事と存候所、聖堂ハ如何ニ候哉、山城屋頗氣槩之由感心、二連異称服忌之論さゑ無之候へハ次第無之、服忌計ハ聖堂の禁物也、邇言も宋儒之論ハ禁物故、削候而別ニ・書ニ可致かとも存候、祭儀ハ前便申遣候通と存候

一、放鷹之事可賀、御武藝等日割同断、御学問ハ日割ハ無之候哉、如何

一、下田云〻、御示謝〻、神州も是迄也、三百人も登城と申ハ餘り之事也、御詠二首御同感

一、荻物故可惜、次第ニ無人ニ成中候

一、鮭之事承知、朔日ニ二番迄納り申候、口明キハ餘程日合可有之、當年も青柳留メ無之、川口ゟ調候而

ハ新しきハ安心不致候、御家中殺生人なと二心安き者有之候へハ宜候へ共、左様之者ハ一人も無之、乍去何と欤工夫可致候、已上

八月三日認

川越侯ハ御在府ニ候哉、若川越迄御遣ニ候ハヽ、よほと塩を強く不致候而ハ相成間敷候、如何

政次郎様　　　　恒蔵

九—27　安政四年八月八日（二二—七）

披誦、如諭凄冷、皆様御安健奉賀候、此方無事

一、邇言いそきにも無之由、承知

一、両公ゟ京師尾紀云々、此上如何相成候哉、惣登城ニて相發可申由、登《墨》城の事ニ成候ハ此方ゟ延候哉、彼ゟ延候哉、如何、毎朝文武可賀、御詠秘候様承知

一、西郷十一月之由、御願ハ近く御出しニ候哉、已上

八月八日

政次郎様　　　　恒蔵

九—28　安政四年八月十九日（二二—九）

大坂云々、度々之災変恐懼(1)

如諭秋冷、愈御佳健可賀、此方無事、御文集代料納申候

一、墨夷云々、溜も沙汰之様ニ無之と見申候、麾下氣槩士云々、夫も不容易候、震後云々、姑息之事彼も承知と見へ申候、麾下銃陣ニて窮迫之由、製銃等より外ニ格別之物入も見へ不申様也、外ニ窮候情実有之候哉、女子を酌ニ出し候抔氣之毒千万、廉恥掃地、天下岌々、東藩岌々、握汗致候、桜も不引込、越州始め建白も無之由、手の付様も無之世界也、九月も今少しニ成申候

一、鮭十四日ニハ為登度と心掛申候

一、決獄辭命御一覧、海保・國友・竹内等へ御廻可被下候、石川吉へも館中ニ而一寸御示可被下候、不残ニハ無之候所、先ツ一見ニて廻し、写等ハ跡之事致度候、乍御面倒御頼申候、已上

八月十九日

政次郎様　　恒蔵

（1）安政四年七月二十九日、摂津・播磨・三河・遠江・信濃諸国大風雨、被害大。

九―29　安政四年八月二十四日（二一―一〇）

先日之辞命、若横山未一見不致候ハヽ、御廻可被下候、先日名前認落候歟とも存候

如諭凄冷、愈御安静降心、此方無事、鮭魚當年も青柳留無之候間、肴町へ大物と誂候所、今日ハ魚少ヽ之由ニて、先ツ中魚ニて是より（少ヽ宜方）少ヽ大ぶりの品も有之由、少ヽ蔭さし候由ニて品劣候由故、此魚ニ致候、次便とも存候所、其節無魚之時ハ噬臍候間為登申候、小魚ニて不宜候ハヽ、追而別ニ為登可申哉、乍去漁事之儀、あてニハ成不申候、代料別帋之通、日限後れ候へハ味ハ減申候間、今日為登候也、（魚拵馴候者之方可然と存、肴屋へ申付候間、塩こも等之代迄書付候間如何敷候）

一、腸醫少ヽ御分中候事ニ候所、御謝辞痛却

一、墨夷云ヽ　尾公御建議水泡、其外越肥等黙ヽ之由、不可奈何事ニ候、強兵ハ安心不致、両宮御和融、是而已奉恐喜候

一、石河感憤　幕除目一喜一憂、（後ハ憂候方勝可申様也）

一、閑聖漫録未成、両備考ハ抄録物等を集候積りニて未成、已上

八月廿四日

政次郎様　　恒蔵

九―30　安政四年八月二十九日（二一―一一）

國友へ認落候事、追書遣候間御届可被下候、已上

如諭秋冷、皆様御安静奉賀候、此地無事

一、墨云ヽ被仰聞、大廊下衆ゟ建白之説ハ如何候哉、十一月先方ハ如何之由、本願寺之由　天使之説安心不致様也　幕老女之説、いかさま其位之事ニ致置候事と見へ申候、指鹿為馬、今日始めぬ事也

一、鮭魚前便為登候所、大物一も無之不働致候、御用

ニ相成候哉、如何
一、御直書且節倹之令可賀、何〔分脱カ〕よく行れ候様致度候
一、田安銃声云々、氣之毒千万、已上
八月廿九日
御願も此間御指出と存候
政次郎様　　恒蔵
返事

九―31　安政四年九月三日（二一―一二）

如諭凄冷、皆様御安静奉賀候、此方無事
一、鮭魚如何と存候所、御用被成大慶、代百疋落手、御飛脚へ百銅遣、些少之出入之由ニ候間、御勘定なしニ致候由
一、辭命竹内へ下り申候、横山へ写御示之由承知
一、御親書命令両様御同慶、此上檀貴ニて茶抔と名付、酒禁破不申様致度候、間口の山師とか讀め兼候所、何人御召抱ニ候哉、トタンニ無之候へハ宜候、是又外ニ名を付候而実ヲ不掩様致度候
一、両寺旅宿[1]御免願之由尤之次第、方外之徒ニも正氣有之ハ　神州だけと存候、是等之事実を以墨夷へも告　神州之人情ハ如此、旅宿無之なと申事を為知申度候、越後屋具眼御同意
一、金健近く分り候事と相見候、一執政抔正法之事も如何計候哉、尤議能々之辟と申候も有之候所、正法も不失、議然之意も存候處置有へきか、已上
九月三日認
政次郎様　　恒蔵

（1）ハリス宿所は蕃書調所。そのため、同所の修行は和学所で行うことを通達。

九―32　安政四年九月二十四日（二一―一三）

寒冷絶、愈御安静大慶、此方無事、残鐚少々之所聞御調被下、且御投恵致痛却候、蜷川も平岡か類〔の脱〕人物ニ候哉、加藤山師云々、夫ニ付戸氏を思出申候
一、軍艦御乗船云々[1]、永井詩等御示謝々、艦ハ随分よ

く出来候哉、如何、貴地御用御示、荻も▨出大慶、
乍去先人を存出申候
一、十四日御状御答不申様ニも覚候、幕除目否卦之抜茅茹候勢也、夷登　城之辞命令大意御申聞全文も近日御示可被下候、神田祭云ゝ、市中不平ハ尤ニ候、前菟云ゝ御尤ニ候、武場之義、武愚ニハこまり申候、非常之思召ニて命令之事、我侭為致候而ハ実ハ不得體候所、如何之釣合ニ候哉、遠方ニ而ハ分り兼候、急き草ゝ、已上

九月廿四日

政次郎様　恒蔵

(1)安政四年九月十八日、斉昭、軍艦旭日丸に試乗。

九―33　安政四年九月二十八日（三一―一四）

如諭寒冷、御安静大慶、此方無事
一、御遠馬御乗船、雨ハ折悪事ニ候へき
一、墨夷云ゝ、虚飾唉止なる事ニ候、身延云ゝ、内外共手の付様もなき世之中ニ候
一、安藤云ゝ、今更既往を咎候事も不及歟、楊枝ニて重箱を洗候様ニも成兼可申候、不在其位不謀其政候方可然被存候
一、上田藩上野昇吉郎ゟ下学迩言為写候様、先年被頼候所、桜任なとゟ幸便可有之候哉、健蔵とか謙蔵とか改名之様ニも覚候所、是又御聞可被下候、已上

九月廿八日認

政次郎様　恒蔵

九―34　安政四年十月三日

如諭新霜、御安静大慶、此地無事
一、墨云々来書ニて見候へハ　将軍家と抗禮位之様也、遊歩ハ所々遍歴之事と相見候、能々見すかされ候事と相見候、溜問書御示謝々、別紙有之と見へ候所御手ニ入候ハヽ、御示可被下候、大廊下之書も御下しと相待申候　三藩御建議さえ水泡、他ハ猶更と相見候
一、菅野生説貶帝號との事尤可悪候、是尓答候辞命も

可有之候處　幕議ハ如何なる事ニ出候哉、右之説ハ
松宮ニても御承知ニ可被為在候哉、如何
一、ペルリ日記ハ人〔ママ〕手候ハヽ、御示相祈申候
一、貴地武場合併ハ如何之模様ニ成候哉、此地帰宿朔
ハ休日ニ付、昨二日ゟ始り申候、熊も罷出候、十人
之内五人ツヽ、半月代リ也、以上
十月三日認
政次郎様　　恒蔵

九―35　安政四年十月十九日

今日ハ風中見雪片候所貴地如何、皆様御安健大慶、此
方無事
一、賜宴御詩随分宜候
一、除目如諭茅ハ少く遺憾之様ニ候所、又何とか御處
置も可有之哉、山中御前勤之由、取替ものニハ先ツ
宜き歟
一、川越會講へ御招之由大慶、愛賢下士之御盛意敬服、
御輔導ニハ寛簡二字眼目と存候、恭寛信敏敬之中居
上不寛ハ不之観居敬行簡ハ南面之徳也、太平ニハ万
事煩碎ニ成り、猶更在上位ニハ細詳を好候事ニ候へ
共、元首叢脞ハ聖賢の所戒也、寛簡尓して大體を統
候事第一の眼目と存候、草履片方木履片方と申、又
すりこ木ニて重箱の隅を洗ふか如く申事聖賢の意と
存候、詳密ニてつぢつまを合たがり候事、大非君徳
候
一、辯命御示感謝、墨著御免被成候哉、今日御申越と
相待候、著後之様子如何、急き草々、以上
十月十九日
政次郎様　　恒蔵

九―36　安政四年十月二十九日

寒少々弛申候、御安健賀、此方無事、川越震後云々敬
服、何分御輔導
一、墨登相済剣付銃等笑止千万、浅草道普請大そうな
る事也、國書等之沙汰如何、いつ迄滞留候哉
一、村上之治策と申ハ如何なるものニ候哉、三眼考ハ

手元ニ有之候、中村某不遠面話と相見候、村上之詩文此地ニ有之候も為登候様態へ可申付候、来る中旬後也

一、所等御用今便ハ申来候事と相見候、以上

十月廿九日　急き草々

政次郎様　恒蔵

九―37　安政四年十一月九日

両度御状披誦、寒今日ハ弛之《ミ》申候、愈御佳健大慶、此方無事

一、購書御世話、何レも善本大慶ニ御座候、讀周官承知

一、原田不得止候、春暖ニ成御話衆之様ニ致度候

一、一橋君御親厚奉賀候、石吉大奥云々奉賀候、文武御張込長く御續奉祈候

一、墨夷云々両度御申越委細承知、可悪事共御同意也、猶又御異聞相待申候、市中賣物之禁不得已とハ見へ候へ共、山城屋抔も大迷惑ニ存候、急き草々、以上

十一月九日

政次郎様　恒蔵

九―38　安政四年十二月九日

五六日堅氷、愈御安静安心、此方無事、微行就捕候由可憐、國家を累候事故不得止候へ共、墨夷ニ為開候ハヽ、少々ハ吐氣可申候、相馬大作之流歟、堀閣へ夷出候由、今程ハ相分候哉如何、松河岡信云々、いろゝゝニ成候事也、昨日も隙取有之、今日草々前便之御返事期後便

一、令姉ゟ種々御投感謝宜御頼申候、猶菓子御配分是又謝候事ニ候、以上

十二月九日

政次郎様　恒蔵

九―39　安政四年十二月十九日

御状披誦、厳寒御安静大慶、令閏御引取、北堂如何程か御安心之御事と一同悦申候

一、金健不得止之辞命よく出来候と申事ニ候所、後便御示可被下候
一、林氏等西上遂事を奏候事と相見候、五所交易大坂不宜、京ハ別而也、噫、以上
十二月十九日
恒蔵
政次郎様

安政五年

十―1　安政五年三月九日（二八―一）

一、中村某可憐、斎藤新太郎不評判之由、如何
一、米客未来候
度々諸村雨雹、春寒未廻〔カ〕候、皆様御佳健大慶、此方無事、一昨日も雷雨、大串村田中ニて震死二人と申候、震実未詳、迩言校合点付等大抵出来候所、宋学之注調候て近々為登可申候
一、牛込へ御越之由、御着意何分御奉承可被成候、家臣共心中ニハ家風を挟側目之者も可有之哉、尤中ニハ帰正之者も有之候哉、如何
一、桜老進退察入申候、とかく善悪共ニ天下の大乱ハ不免候事と相見候

一、学校も埒明兼候由、當年も不氣候悪しき時節へ持
込申候、此事を以節用之政ニ致度候、已上
三月九日
政次郎様　　恒蔵

十―2　安政五年三月十四日（二八―二）

如諭此地も度々雷鳴、雹も両度程、時々寒氣、此先如
何候哉、御安健大慶、此地無事
一豈好辨須原屋ゟ為登候様可致候、二書共無名氏ニ致
候、書取首尾抔へ名ヲ書候も如何也、跋を書候程之
書ニも無之候、書中ハ無名ニて表字へ會澤先生著抔
と書候位ニて可然哉、山城屋へ御相談可申候
一北國大震(1)之由、度々之大震可惴
一墨夷来候由、桜氏留守ニて手違と相察候、桜必死之
由、善悪共天下之乱ハ難免
一公文武御勉勵之由奉賀候
一新論誤字等青山心付ニて別帋遣呉候、大抵先日御心
付ニて直り候事と存候へ共、猶又御吟味可被下候、
已上
三月十四日

（1）安政五年二月二十六日発生の飛越地震を指していると思われる。

十―3　安政五年三月十九日（二八―三）

一両日雷氣無之晝間ハ暖和、愈御安静大慶、此方無事、
迩言とかく老衰ニて埒明不申候、近く出来候而も呈
覧等ニて少々隙取可申候、此問も須原屋近く江南へ参
候間一二冊ニても持参、山城屋へかけ合申度候旨申聞
候所、新論之節之通り山城やかけ合ハ須原ゟ為致、昌
平へも山城やゟ指出候而、先日御申越之人内ニて相槌
を打候方可然□□〔破損〕書林ハ平日昌平をつなぎ置大抵書林
之願ハ済事候由、左様致候方と存候、如何
只今館丁待居候間、他ハ後便御答可申候、已上
三月十九日
政次郎様　　恒蔵

十―4　安政五年三月二十四日（二八―四）

御用之衆御中越、樫村ハ至極宜候事と存候
如諭雷氣之所此間ハ春暖相覚候、御安静大慶、此方無事、廿一日好晴、春蒐も無御滞相済大慶、満野如花、歩兵も大袖数多少婦のふり袖ニひとし
一、福井侯感服可羨、大要書京師正議敬服、乍去関東如此不勝浩嘆候
一、蘭亦驕候由、如諭自毀之上ハ必至之勢也
一、合併ちと大早計、今ニ成候而ハ不得已候へ共、斎藤妬者之説ニも可有之候へ共、其技も武士之藝ニ無之劔客風之技ニて小勝を争、人をせかし候風と承候へハ、おとなしからぬ事と相見へ候
今上御勵精之儀御敬服候、武家も激勵候様致度候、急き草々、已上

三月廿四日　恒蔵

政次郎様

十―5　安政五年三月二十九日（二八―五）

今日書状間ニ不合、釋親考不急候間いつにても宜候、已上

三月廿九日　会澤恒蔵

寺門政次郎様
無事

十―6　安政五年四月四日（二八―六）

如諭輕暑之所又々寒冷、御安健大慶、此方無事、墨夷角力見物蛇足ニ候へき、日本橋邊ニ出候時ハ土石等を擲候者有之由、如何、（夜桜之醜態如何之光景ニ候哉、分り候ハヽ承度候）
一、小物入替リニ成候へハ先ツ宜方と相見候
一、別帋二通返遣　京師ハ如何様ニ而も天下の勢如此ニてハ益可慶
一、迩言山城屋の探索次第と存候
一、又々御出生も可被為在候由、庶幾無疾病乎、今日も草々、已上

四月初四

政次郎様　　　恒蔵

十—7　安政五年四月二十四日（二八—七）

両度御状披誦、度〻之雨、愈御安静大慶、此方無事、桜老帰着と相見へ其後之沙汰如何、岩瀬年久云〻可悪天語云〻恐入候事ニ御座候、蒸氣船ハ宜候所蛮服蛮語可悪、大谷川之事先年ゟ度〻申上候所、とかく山師共持出候と相見候、又申上候而も又久しきもの也なと相成響も致間敷候所、申上候ニハ右之　事計ニてハ遺憾故多端ニ成、老衰容易ニも出来兼候所、一工夫致見可申候、書取物等も遅緩ニ成、壮年之寸陰も隙取レ候而こまり申候、已上

四月廿四日

根本等年長を辭候由こまり申候、御勤勵ニ致度候、老夫も委細國友へ申遣候

政次郎様　　　恒蔵

十—8　安政五年五月四日（二八—八）

両度御状披誦、梅大昨今ハ不雨候、愈御安健大慶、此方無事

一、廿六日云〻、交易思召云〻　尾公云〻、越土云〻、京師へ直掛合云〻、年久云〻、亂世之情態　天語云〻、奉恐入候事也、廣幡殿云〻、御妹云〻、御婦徳御継嗣云〻、御同意奉願候

一、彦根大老防御之策、福井所忌、如何

一、令閨御雅遊こまり候事也、不得已候、今やいそぎ、草〻閣筆、已上

五月初四

政次郎様　　　恒蔵

十—9　安政五年五月二十四日（二八—九）

竹内ゟ祝詞中来候所、今日ハ書状間ニ不合、御逢被成候ハヽ、宜御頼申候、已上

披誦、陰雨、御佳健大慶、此方無事、楊進之事多分出

来可申候由大慶、綿服之事後宮なりてハ勿論之所、宗
輔も迎合学士も俗見、澆悸〔季〕之世態不可奈何候
一、桜帰夷悖慢且航海之由不道卑　王親夷之策を遂候
意と相見候、内難も不可測、如何なる世ニ成可申候
哉
一、福士柳等直交易と申ハ羽倉往市之説之類ニ候哉
尾ノ御激論　水も云々、東衛〔カ〕ノ任ヲ▨ニテハ如何皆抑壓之様子、薩論も行れ
間敷、天下之事不可為の時節と相見候、噫、已上
五月稔四
第一ニ可書事、失意先日之特　命為御祝詞預御状
忝存候、御吹聴も十四日ハ間ニ合不申、前便為登
候、御挨拶も略文御海恕可被下候、実ハ武役勤り
不申所が主ニて願候所辭命ニ不出、乍去本職一同
之勤と申ニ籠り候哉と安心難有候、已上
恒蔵
政次郎様

十—10　安政五年五月二十九日（二八—一〇）

出梅と共ニ好晴、御安静大慶、此方無事、本橋此地ニ
てハかなりニ正之中之所、左様之人ニ成申候事と相見
候、不可知ものニ候
一、桜説御胸中ニ入候而も交易之外なきとの御論ハあ
まり之事恐入申候、武も引込候由尤ニは候へ共、潔
身ニハ宜候所筆〔カ〕不過側目之節、國家之安危ニ構はぬ
と申候而ハ、忠厚之意ハ無之様也、天下も如此、國
家も如何ニ成候哉、御所見案御示渇望、御服も八丈
等ニ変候由、早き事ニ候、急き、已上
五月廿九日
恒蔵
政次郎様

十—11　安政五年六月四日（二八—一一）

暑氣御同慶、御安静大慶、此方無事
一、武出勤大慶、外ニハ上田、内ハ栗、いやな事也、
学士逢迎ハ石之事ハ如何
一、関宿昇職、本多云々、可吊跡部轉補ハ宜と見、石谷藤
へ不逢ハよき様ニ候へ共、如何之人物ニ候哉、小濱
ハ如何、福士柳の論せめて其位も行れ候ハ、今ハ不

得已候へ共、夫も水泡と相見候、川路ハ御知免之事
と相見候、時勢可想
一、釋親考御世話ニ相成候、代料弐匁五分と讀め候様
ニ候哉、間遠候哉、如何、國語も如何様之本ニ而も
宜候間御頼申候、いつにても宜候
一、三眼遺聞増田忠八郎所著御入手可被下候
一、本橋井上云ゝ可悪
一、御改葬一両年も見合度様ニハ候へ共、此時勢當秋
御決断も可然歟と存候、已上

六月初四

恒蔵

政次郎様

尚ゝ、多雨御安静可賀、此方無事、両度之御答認
度候所、石吉へ暑氣見合序ニ少ゝ長文ニ成、今日
ハ間ニ合不申候、已上

十―12　安政五年六月十九日（二―一）

貞觀政要之跡指當り心付無之、名臣言行録も長過
可申候哉、十八史略なとも可然歟、猶又追而心付
候ハヽ可申遣候、已上、大谷川之事も先日申上候

三度之御状毎便遅刻、御不沙汰致候、御中暑如何候哉、
京師大火(1)驚入候、皇居御別條不被為在奉恐悦候
一、楊進大慶、十八日近寄如何候哉
一、晦除目、原田ハ宜候、三木ハ可惜
一、日本紀少しも急き不申候、三眼餘考ハ國友へ為登
候間御覧可被成候、教学解為登候
一、石谷庸人之由、とかく左様之人進用と相見候
一、十四日十五日那珂川洪水、少ゝ水落候所へ又ゝ漲
り、田畠泥水ニ長く漬り、沼河村も皆無位之沙汰、
可憂、已上

六月十九日

恒蔵

政次郎様

(1)安政五年六月五日、京都大火、東本願寺類焼す。

十―13　安政五年六月二十三日（二―二）

小林両壽難有候、北堂御悦御察申候、宜御頼申候、已上、御用部や小僧二両二人ふち、弘道館勤、俗体

如諭日〻雨氣、十四日ハ那須温泉山崩、三十軒之所七軒程餘《残り》ハ潰れ候由、壓死無数、此地ゟ参候者餘程有之由、死生未詳、右ニ付那珂川漲候由、其後もとかく雨未休候、愈御安健安心、此方無事

一、本多西城老内命之由(1)、とかく左様之人集り候事と(2)相見候、西城之事今程分候哉

一、本牧へ墨船来(3)、鄂も可来候由(4)、其後如何之様子ニ候哉、福士之人上田氏へ出候由、今程詳説相分候哉、幕吏狼狽察入候、條約等之事(5)内難も不可測候、上田ハ長談如何之事ニ候哉、天下之弊ハ詰り國家ニも及候事と存候

一、先日之御草案、前便為登候へき

一、除目御申聞、一通りと相見候、楊進引込候由、怜之事不平ニてハ楊進ニも似合不申候、聖賢之書も讀候事故、右様之事ニ不平を抱候而ハ不相済候、御忠告可然候、已上

六月廿三日認　　恒蔵

政次郎様

(1)本多忠民か。忠民は安政五年六月二十六日、京都所司代を免ぜられ、万延元年六月二十五日、老中に任命されている。安政五年六月二十五日、徳川慶福を継嗣と定む。老中脇坂安宅を西丸附に任命（『続徳川実紀』『維新史料綱要』）。忠民補任記事は記載されていないが、同日登営の慶福と対顔している。

(2)安政五年二～四月、老中堀田正睦が上洛、日米条約勅許を奏請した際、本多忠民が京都所司代として共に尽力したことを指すか。

(3)安政五年六月十七日、ハリス、軍艦ポーハタン号に乗船、下田を発して小柴（武蔵国久良岐郡）沖に来る。二十日小柴沖を去り、下田に帰る。

(4)安政五年六月二十日、プチャーチン、下田より神奈川沖に来る。条約調印を迫る。

(5)安政五年六月十九日、日米修好通商条約調印。

十―14　安政五年六月二十三日（二―三）

とかく晴兼候、御下痢之由懸念ニ候、今程如何候哉、御食氣抔ハ如何、熱田之治方ハ下劑か、如何、何分為國御自重可被成候、條約も調印

西城も御發、叔季之世如此、除目ハ宜候へ共跡之祭、此上如何相成候哉、今使所々来書、夫々一筆ツヽも返書急き、草々

一、書紀・國語何レも下直大慶、代料此通りニて宜候哉、不足ニ候ハヽ、為登可申候、已上

六月廿三日認

恒蔵

政次郎様

十―15　安政五年六月二十九日（二―四）

如諭度々雷雨、三四日好晴、相應之暑、出水ハ度々ニ候所先日程ニハ無之、擧家御安健、御下痢も大抵御復常之由大慶、此方無事

一、西城御移之由(1)、御附等之事御申越、とかく水土専権ニ而ハよき事ハ無之と相見候

一、別帋御示謝々、只今より叛字を下し候而ハ過激也、乍去つまる所如何可相成哉、不可測候、福井出張感心、水國之事御同歎

一、楊進之事こまり申候、此時節一身一家の為ニ不平を抱候事、讀書之士ニ不似合、急ニハ呑込兼候半、折を御覧、緩々御忠告可然候、熊三郎へ御致意申通候、已上

六月廿九日

恒蔵

政次郎様

（1）徳川慶福、将軍継嗣に決し、登営。

十―16　安政五年七月九日（二―五）

御全快大慶、此方無事、此度ハ何共恐入候御次第、天下之勢至外、到痛哭(1)

一、幕除目御申越感謝、念四云々皆水泡(2)、其外鄂等之事御申聞、扨々手の付様も無之候

一、家眷北移之事御尤至極、御同意ニ候所、少ゝ京師之模様御聞合之上ニ而も可然候哉、今日も甚疲労、草ゝ、已上

七月九日

政次郎様　　恒蔵

(1)安政五年七月五日、幕府、斉昭を譴責、謹慎を命ず。
(2)安政五年六月二十五日、将軍徳川家定が和歌山藩主徳川慶福を以て継嗣と定めたことを指す。

十―17　安政五年七月十六日（二―六）

九日御状着、御同意驚愕、不勝痛憤候、縷ゝ事情御申越之所、昨日ゟ風邪つよく引込把筆甚難儀故、万ゝ期後便候、已上

七月十六日

御家眷北帰之事も此節ハ不得已様ニ候へ共、他ニても願済ニて下り居候者も登り候様御願書も被成兼候哉と存候、一朱御入手

政次郎様　　恒蔵

十―18　安政五年七月二十四日（二―七）

毎便事情御示感謝、此節之儀御同意奉恐入候、天下之事至外、到而極暑、風邪日増ニ困頓、不堪把筆候、老後故如此と相見候、石吉骨折如何之事ニ候哉、御申越可被下候、何かノ時譽遣し候ハヽ、勧励之一助ニも可相成哉と存候、御家眷之事御尤也、万一騒擾ニも至候ハヽ、弓街御申合、内弟子付添なと申候事ニも可相成候哉、如何、今日も力疾把筆、草ゝ申残、已上

七月廿四日

政次郎様　　恒蔵

十―19　安政五年七月二十九日（二―八）

残炎、御安健大慶、此方無事、風邪も順快、此次なとハ書状認られ可申候、除目御同慶、姦徒も又何とか手を換候事と見へ、協同ハ無物也

一、御發表も御任官之後之由、惣而捬物也

一、只今承候ヘハ國友より御代役之由、御苦労ニ存候、茅根へ一通、御用書中へ封入候間、無浮沈届候様御頼申候、已上

七月廿九日　恒蔵

政次郎様

十―20　安政五年八月四日（二―九）

如諭秋暑、稔六以来之事(1)委細御申越、不勝痛憤候、乍去稔八之事(2)御沙汰止候由、大降心候、御答委細認度候所、老衰ハ致方なきものニて病後氣力虚耗、いかニも認物高橋へ一通認候ヘハ、もはや把筆成兼早ゝ申残候、高へ御書御届可被下候、已上

八月四日　恒蔵

政次郎様

(1)安政五年七月二十六日、三支藩主、老中に斉昭の事を嘆願。
(2)安政五年七月二十八日、幕府、水戸駒込邸の監視を命ず。

十―21　安政五年八月九日（二―一〇）

如諭残炎、起居如何、此地無事、廿九日以来之事委曲御申越万謝、暴とも何とも申様無之(1)、情義も事體も真暗之次第、然所大監之正議ニて御沙汰止ニ成候由、さすか大監之職不辱候、貴地必死致想像候、此地も近臣御床机廻り等、一左右次第ニて登り候様との事ニ候所、又見合候様との達有之、且小瀬下り御沙汰止との事相分静り申候、御發表ニてハ先ツ静と見へ候へ共、此上至憂ゝゝ、御状國友へ廻し候所、付札有之候間為登中候

一、原へ三朱早速相届申候、茅へ書状御周旋ニ相成候、又ゝ高へ一通奉頼候、鈴安へも一通同断、賤恙も順快、氣力未復、且憂念も老身へハ障り候様也、已上

八月九日　恒蔵

政次郎様
無事

（1）安政五年八月一日、斉昭、紀州藩邸幽閉の風聞あり。

十―22　安政五年八月十四日（二―一一）

乍度々高橋へ一通御頼申候

此間中三四日冷甚、昨日ハ晝間稍暑、起居如何、此方無事、近状委細御申聞感謝、六日ハ執政衆ゟ（1）願とも承候、如何、大表ニて未御沙汰無之候哉、此節ハ無事と相見候、御状昨日國友へ一寸廻し候所、未返り不申、御答もケ條も可有之候所心付不申候、何も跡ゟと草々申残候、已上

御状も只今返候所、認間ニ合不申候、福可倚頼と見へ候所、倚頼之場ニ至候事至難なるへし

八月十四日

先ツ家眷北帰之事申進候所、是迚も時之摸様ニより可申候へ共、若し弓街御申合ニも成候ハヽ、道筋ハ流山を渡り、布施弁天参詣之振ニて布施之渡しを渡り方《〻》、夫ゟ谷田部なり築〔ママ〕波下なり通り候方、関門も無之宜候哉と存候、已上

政次郎様　　恒蔵

（1）安政五年八月七日、家老太田誠左衛門・安島帯刀、老中太田資始に藩情を訴える。

十―23　安政五年八月十七日（二―一二）

茅へ一通御頼申候

如諭秋冷、晝間ハ薄暑も有之、御安静降心、此地無事、

高鈴へ書御煩申候

一、薩侯可惜（1）、天下之不幸

一、近状御申越謝候、小瀬下りも皆御沙汰止とハ不申候、辞命万一ノ字ハ、小瀬下り前御沙汰止未分事ニより、御床机廻り出候欤と知れぬ内ニ出候達ニ候所、二字ハなき方宜候也、岡本半出府後之模様分候哉、渡邊出府、是又如何之様子ニ候哉、京師勅候ハ為天下可畏、搢紳諸公意見を見候而も、何レも浮躁浅薄ニて、虜と戦も容易ニ勝候様なる見込、深謀遠慮なき事可推知、左様之人ニて妄動候ハヽ、敗事必然ニ

て徒ニ天下の禍と成可申候　勅使御扣と申事何方之《遊京師》
説ニ候哉《候者ハ誰ニ候哉》、承り度、左候ハヽ、國《家》の禍も免候歟も知れ
す、何レニも危殆無此上、日夜憂思致候のミ
一、奇病云々、(2)様々之災也、下火之由早く止候様致度
候
一、原誠大慶、辞候由、如諭政府ニ而も済申間敷候、
近来おかしな風儀流行こまり申候
一、君側を清め候事御尤、此節ハ禍機廻り、夫所ニも
なき様ニ見へ候所、貴地ニて見候而ハ夫程ニも無之
哉、如何、石吉感入候、宜御致意可被下候
一、中元ニ付佳品御恵、此節之儀感謝々々、でんぶ是
亦同断、病後少々ハ順快、老人ハ埒明不申候、發書
もなるたけ不致候様御申聞謝々
一、義民公然南上、(3)此地ニてハ相知兼候所、郡宰へハ
心得ニ申遣候、金孫豊田ハ間遠ニ相見候、已上
郡宰も心付無之、若し今井・小瀬等之供ニて登り
候者抔ニハ無之歟《と》申候
一、慧星此地も同断、可畏、已上

八月十七日認
岡本半介頗る呑込候由、桜任か誰か他所人抔ゟ此
方之事情、喬松等之事なと委細ニ呑込せ候工夫ハ
有之間敷候哉、手つるを見付度候様也、如何
恒蔵
政次郎様

(1)安政五年七月十五日、島津斉彬没。
(2)コレラ流行。
(3)水戸藩士民、幕府の水戸藩に対する処置を憤り、相ついで南上。

十―24　安政五年八月二十二日（一―三）

〔附箋〕「此度京師云々、多分吉兆ニ存候、如何之御模様ニ
候哉、承リ度存候、已上」
高橋へ一通又々御頼申候、已上
如諭秋涼、御佳健降心、此方無事
一、日々之事委細御申聞感謝　幕瓦解云々、據所有之
説ニ候哉、喬へ委任(1)ハ大憂ニ候所、まさか左様計ニ
も無之か、如何、奸投諺云々、御明断奉敬服候、二三

聯等を不入云々、よく参り候へハ宜候所餘程難物か、
若州(2)發候由如何相成候哉、窓善云々、如諭と相見候
三藩被添御心、御城書亦出候由　御遺命(3)ニも不構
候事と相見候、六月云々、四日着、六日暴發之由、
左様之事情と相見候、両度之全文御入手候ハ、御示
相待候、駒込も通勤ニ成候由、少しハ御弛候事ニ候
哉、彦ニて臣を呼寄嫌疑もなく　東藩ハ御呼寄嫌疑
ニ渉り候由ニて、甚御心配被遊候義、不得已時勢也、
左右無人も才〔ママ〕難ニて不得已之勢也
一、幕醫之説何卒世間へも為知申度事也
一、鈴木藤吉とふく〳〵陥罪之事、左も有へし
一、奇病外國と〔より〕傳染と見へ可悪〳〵
一、高之書御世話ニ可成候、御状國ニも廻し申候、いかさま篤疾見離し兼候半、乍去幸ニして免死可申歟、乍去未たどちらのものとも難定様子也
一、楊進も固執之由、一等品格を下し可惜
一、岩瀬等使命奇々、已上
八月廿二日認置
安島流行病之由、例之奇病ニ候哉、尤軽症と相見候、如何

恒蔵

政次郎様

(1)安政五年八月二日、支藩高松藩主松平頼胤、家老武田正生を招き、守山藩主松平頼誠・常陸府中藩主松平頼縄・尾張藩家老竹腰正富とともに水戸藩の藩情を問う。
(2)安政五年八月十六日、京都所司代酒井忠義、江戸を発して赴任の途につく。安政五年六月二十六日、再任。文久二年六月晦日、免。
(3)安政五年七月六日没した将軍家定の遺命。

十―25　安政五年九月四日（二―一四）

茅へ一書御頼申候、高への書御世話ニ相成候
披誦、御胸痛ハ可畏候所、熱田治療ニて御快之由大慶、今程御全快ニ相成候哉、如諭毎々御意地焼御書面ニも露れ候所、御病症へハ尤不宜候間、何分ニも御自寛可被成候

一、近状委細御申越感謝、不安心とハ存居候へ共、扨〻可嘆時勢也、其後も色〻之事有之様子、其詳如何、御至誠御貫徹、初ニ一旦御押抜ニ成候所　幕之模様中〱毎時左様ニハ参り申間敷、却而激変之事も難計、何分御恭遜を主として事理を詳悉いたし度事と存候、為憑婦候而ハ可畏事と存候、御鋭氣計ニ而ハ如何ニ候へ共、挫折ニ至り候而ハ可嘆、是ハ宋元の所為とも申候所、如何ニ候哉、宋元も昨夕着、専鎮静を説候由、跡之所作ハ如何なる事ニ出候哉、未可測候

一、國友もとう〱丁艱、氣之毒千万、今日抔發候由ニ候へき、定而發候事と相見候

一、熊三郎御傳言申通候、是も日〻奔走、此節少年軽發、昨夜下町ニて十四五人發候所を先ツ押へ(1)候由、此上安心不致候、已上

九月四日　恒蔵

政次郎様
御返事

(1)安政五年九月五日、水戸藩士民幕府の圧制に激昂し、南上する者相つぐ、同藩家老ら鎮撫。九月十九日、慶篤、家老白井久胤、同太田誠左衛門、教授頭取青山量太郎延光を小金駅に遣し、屯集士民に帰藩を諭さしむ。斉昭、近臣三輪友衛門信善を遣し慰撫す。

十—26　**安政五年九月九日**（二—五）

事情委細御申越感謝、今日ハ何レニも取込、書状間ニ合不申候

一、熊三郎同役一同登り候所、弓術へ参候事と存候、宜様御心付被下候様奉頼候、尤登り願も揃出置候所、願も済可申様子ニ候へき、草〻、已上

九月九日

高橋等へ書状御頼申候、已上

政次郎様　恒蔵

十—27　**安政五年九月十四日**（二—一六）

如諭秋冷、皆様御安静大慶、此方無事、足下も御順快

之由、早く御全快ニ致度候、除目其外縷々御申越、國
事去而者意地御焼ニ而も致方無之間、御自寛可被成候、
此節日々出仕大疲労、草々、已上

九月十四日

政次郎様　　恒蔵

十―28　安政五年九月十九日（二―一七）

勅使東下、開運ニ成候得ハ宜候所、如何ニ出来可
申候哉、至憂々々

寒冷皆様御安静、御胃痛も御快之由安心、此上御自重
可被成候、太誠云々、白氏并三連御都合宜敷大慶、今
程御離しの命出候哉、如何、此地指たる事も無之候へ
共、佐久間貞介従容就死、其外太田・立川某(1)小幡ニて
自刃、野口村民某木下風雪ニて同断、可憐

一、駒へ云々、今便相待申候

一、熊三郎御世話ニ相成候事と存候、此節何《何〔ママ〕》事も手ニ
付不申事と存候、當人へ申越候事も候所、宜御心添
御頼申候、北堂へも宜御申可被下候、已上、急き且
疲れ草々、已上

九月十九日

政次郎様　　恒蔵

(1)安政五年九月十四日、水戸藩士立川伝次郎、幕府へ抗議のため江戸へ向かうが藩吏に阻まれ自刃。

十―29　安政五年九月二十四日（二―一八）

如諭寒冷、御安静降心、此地無事、此間中熊三郎并家
来御世話奉謝候、昨夜無事帰着、皆様へ宜御頼申候

一、京師云々、本藩遠　勅之責恐入候へ共、実ハ京師
之御無理と被存候、委細國友ゟ御聞可被下候、薩長
土等守京ハ其事易為本藩ハ至難不可言、扨々不及是
非候、發書遅刻、草々、已上

九月廿四日

〔宛名・差出人名欠〕

十―30　安政五年九月二十八日（二―一九）

如諭寒冷、御全快之由降心、此方無事、日々出仕疲候へ共、氣張候故か先ツ續き居候
一、熊三郎廿三日夜無事帰着、蘇生之如くニて降心之事也、在留中色々御世話被成感謝々々、家内皆様へ宜御傳意申候
一、白宇へ有司御用思召次第云々、可悪、廿日閣老御休息之由、人間ニて不知事と相見候、夫所ニ無之の口氣、氣味悪しき事也、月末月初御無難奉祈候、喬へ御密書今ハ止候とも申候所如何、水婦之事其後如何、間閣伏見在留(1)ハ弥左様ニ候哉、拠水城ハ下之下策御同意也（追討云々ハ御尤也）、此地ニハ何も申遣候程の事も無之候、杉浦以下帰着、参政部屋賑ニ成候、已上

九月廿八日認

政次郎様　　恒蔵

(1)安政五年九月三日、間部詮勝上京の途につく。九月十七日、京都に着し、妙満寺に館す。

十―31　安政五年十月四日（一九―一）

如諭小春候、御安静降心、此方無事
一、鵜飼云々(1)、羅織之術可悪、藤桜(2)も潜匿之由、無難ニ致度候、内閣之呈書ハ宜候事之様也、幕も瓦解之勢か、如何、此地さしたる事無之候、少々静ニ候へ共今以勃々之様子
一、此節御迷惑と存候所、白銀二枚先達而笠間候(3)ゟ文草之謝礼ニ被贈候所、貴地御金方抔御心安き人へ御頼、両替ハ出来不申候哉、急き不申候間、よき時御頼申候、已上

十月四日

政次郎様　　恒蔵

(1)安政五年九月十八日、水戸藩京都留守居鵜飼吉左衛門・幸吉父子、京都町奉行所に拘引される。
(2)「藤」は藤森恭助のことで、同年十月四日町奉行所に拘引される。「桜」は桜真金のこと。

（3）常陸笠間藩主牧野貞直。

十―32　安政五年十月九日（一九―二）

如諭増寒、御佳健降心、此地無事、熊三郎時候當り、
少々ハ（よほど順快、九日改）（流行病にかすられ候哉とも存候所左様ニも無之歟、七日認）醫ハ只時候當りと申候
一、喬之密書絶候由大慶、間部も伏水ニ留候由、此上如何ニ候哉、水婦先ツ再入出来不申候由、先ツ宜候、師範床机御番ハ宜事と存候
一、幕御中陰濟（1）御放鷹も有之程、御侍讀相止居候而ハ以之外也、何卒御始ニ致度候、青山へも申遣候
一、早川之書も急ニハ参らす、守駒邸の説公を御累不申候様致度事也、當時之様子暴發も無之相見候由、夫ニて三十日も過て見申度候
一、教学解落手、此節其段ニも無之、何卒右様之談ニても致候世之中ニ致度候
一、安島より来書之由承り候所届不申候、御序ニ御聞可被下候、已上

十月初九　　恒蔵

政次郎様

（1）安政五年九月二十八日、家定の中陰明。

十―33　安政五年十月十四日（一九―三）

寒冷御安静降心、此方無事、白銀宜御頼申候、繪絹二尺八寸無之候ハヽ、三尺ニ而も宜候、大ニ御煩し申候、事情御申越感謝、二《閣》人引込候事、其後之説如何、時勢御申越之様なれハ水も無事なれ共、如何出来候哉、内ハ宜候由大慶、鷹司云々、暴亦甚矣、弓街之事累足の時節寒心、御考ハ如何、長谷川ニハ拘り無之事と存候、彼人かはつた事を仕出し候へき、今日何も間に合不申、草々、已上

十月十四日

政次郎様　　恒蔵

十―34　安政五年十月十四日（一九―四）

本文一封仕出候所、又　寸相認候、弓街之事長谷へ關係ハ一切無之候由、何も罪ニ成候事無之ハ勿論ニ候所、ケ様之世之中、幕吏ゟ猜疑側目致され居候へハよき幸ニ致、一服之程も難計様ニ候へ共、左様之患も有之間敷候哉、万一右之様なる患も可有之候ハヽ、賄賂ニてなり共免候而恥る事無之と存候、暗夜の如き世ニ候へハ、如何なる事ニても死を免、報國の志を遂候事と存候、若し賄賂ニ金子入用ニ候ハヽ、どの様ニ致候而も指出可申候間、御申越可被下候、深川住居伊藤精一郎、弓街と極懇意ニて、八町堀手先欤と承候へハ、是等より可然手つるも有之候哉、とかく遠方ニ而ハ事情分り兼候間、何分御周旋御頼申候、右様之事もなき事とハ存候へ共、ケ様之世界ニてハ油断不相成候、致過憂候事也、如何〳〵、已上

十月十四日　　恒蔵

政次郎様

十―35　安政五年十月十九日（一九―五）

被誦、寒冷御安静降心、此方無事、熊三郎へ御致意申通候

一、寺社奉行六人ハ何故ニ候哉、其地除目、苛政益甚候事と相見候、魔鍋其後如何、京地之聲、息を絶、憲府之正氣を殺候抔、とかく治世之姿ニハ無之、藤森先ツ宜候

一、弓街無罪ハ勿論之所、伊東もだめと相見候、溥情〻〻此世の中譯もなく、一服抔ニ成候事可恐、賄賂之事前便申越候所如何ニ候哉、大宰抔ハ出候而も指たる罪ニも成申間敷、呼出之事ハ不知、撃剱之事ニて他出、帰宅との様成事ニて出候も可然哉と存候所、夫ニても六ケ敷候哉、如何

一、川獻何方ニ居候哉、先日御床机廻りニ成候所、何の組ニ入候哉、未承候所、登り之組ニ候ハヽ、一旦下り候而別ニ登リ可然哉、如何

一、尾紀ハ栄、水ハ辱、御同慨

一、安之書状、香取ハ持参不致候由、如何

一、繪絹之事御忙中御世話ニ相成候、御奔走御かけ申氣之毒、今日御下ニ成候哉、已上

十月十九日

政次郎様　恒蔵

十―36　安政五年十月二十八日（一九―六）

如諭此地も暴雨、愈御安静大慶、此地無事、弓街之事如諭、千葉・井上等へ委任候而、属騎抔へ骨折賃之心ニて可然欤、大宰も御申聞ニてハこまり物ニ候、迫候ハ、馳皮自首も不得已候、夫ニハ所在不知ニてハ指支可申、如何

一、魔鍋云〻、如諭と相見候、幕ニてハ虚飾と相見候

一、桜任も云〻、何卒潜匿よく出来候様為致度候

一、安書其後相分候哉、御使之事も出来不申勢之由、こまり候世之中ニ候、勅字御厭も下よりしつこく申上候而、わざ〳〵御嫌ニ致候氣味欤、如何

一、白銀代、畫絹残銀落手、御多事中御世話ニ相成、氣之毒いたし候、葛花之代料ハ分り次第為登可申候、已上

十月廿八日認

政次郎様　恒蔵

十―37　安政五年十一月四日（一九―七）

まかのひれと申書ハ印本ニ有之候哉、印本ニ候ハ、いつニても御序之節御調可被下候

愈御佳健降心、此方無事

一、弓之事如何候哉、黄物ハ川獻ゟ申聞、先ツ十圓程渡し申候、牒右と申越候ハ蛇眼生之事ニ候哉、如何、此出不出ハ貴地ニて茅抔へ御話可被下候、辭命もなるたけ拵物ニ成不申様致度候、蛇眼参候事も監府之案内と申候も、其申聞ニ遠候而ハ蛇眼不宜候間、只沙汰を承り様子聞ニ参り、様子次第監府へ案内候共、何レニも心を付候様申付候と申様ニ候へハ、同し事之中ニも少し次第遠候様也、如何

一、近公夜談、如何之事ニ候哉、土浦今程如何

一、宇和山内致仕（1）、虚説ナレハ大慶

一、葛花御忙中早速御下し感謝、壱朱百四十九文御落

手可被下候、急き草々、已上
十一月四日
治策返遣御入手可被下候、已上
政次郎様　　恒蔵

（1）安政五年十一月六日、井伊直弼、側役宇津木六之丞を前宇和島藩主伊達宗紀に遣わし、山内豊信致仕の事を議せしめる。山内容堂、安政六年二月二十六日致仕。伊達宗城、同五年十一月二十三日致仕。

十―38　安政五年十一月九日（一九―八）

望月下り候由、何事ニ可有之候哉
如諭今日も堅氷、御安静降心、此方無事
一、京師云々、内ハ十分ニ押付奉り、外よりハ十分ニ押付られ候、世も降るものと存候
一、弓も竟之由降心、万一迫り候ハヽ、馳皮云々、不得已と存候、此地有司も色々と相見候、深く心を用不申様子、こまり申候
一、下田へ墨館取立之由、神奈川ニハ無之哉（1）、土浦未た分り不申候哉、大要水藩人へ不逢之由尤之事ニ候、
此書昨日認掛り候所、客来、今日ハ間ニ合不申、草々、已上
十一月九日
政次郎様　　恒蔵

（1）安政六年二月二十二日、外国奉行、横浜を開港場とし、諸施設の経営を稟議し、同二十七日、幕府許可。

十―39　安政五年十一月十四日（一九―九）

横井時存学校問答等も御蔵本歟と存、為登候所、間遠候ハヽ、御下し可被下候
如諭寒威寒中同様、御安静欣慰、此方無事、京師云々、浩歎
一、喬之説何卒実事ニ致度候、手ニ取不申内安心相成兼候、土浦何卒軽く致度、大要抔も無事ニ致度候、弓も同断
一、まかのひれ早速御下し、急き不申候所、煩労謝々、

代料御入手可被下候
一、級戸風御蔵本ニ候ハヽ、御許借可被下候
一、遊草御落手可被下候、日本小史も御蔵本之様覚候間、為登申候
一、石吉之事大慶、上下美服放鷹不可奈何候、國力ハ既竭候所、此上如何成行候哉
一、此地勃々も先ツ静り候様子　京辺も御盛ニても頼ミニハ成不申、却て神州の衰を増候のみと存候間、自寛待時云々、御尤至極、御侍讀之事今日も申遣候、已上

十一月十四日　恒蔵

政次郎様

十―40　安政五年十一月十九日（一九―一〇）

桐油御落手可被下候

寒氣昨夜之雨ニて弛申候、御風邪如何、此度ハ強く御引込歟とも存候、如何、青魚（1）も留り候由、如何之事ニ成可申哉、とかくいろ〳〵もめ候事と相見候、天下安危未可測候、今日何も心付不申、御様子承知迄、草々、已上

十一月十九日

政次郎様　恒蔵

（1）間部詮勝のこと。鯖江藩主であるので「鯖」をとる。

十―41　安政五年十一月二十四日（一九―一一）

如諭烈寒、御風邪も御順快大慶、此方無事、小史落手、級戸風ハ写本と相見候、如何、貴地大火（1）驚入候、度々様々之災異可畏、山城屋可憐、此地も鈴木庄蔵拝領屋敷、未引移不申畳敷込候計ニて焼失
一、宣下近寄、山邊氏も登り、愈御登　営ニ候哉と存候、御解も續而有之様奉祈候
一、御縁談之事委細承知、横山云々御尤、朝倉ハ可然候様存候所、今日ハ間ニ合不申、此次迄ニハ承候而可申進候、渡邊ハ當人ハ不存候所、家風ハ伶利偸薄欤、大場も万澤ハ養母方ニ候へハ、當人ハ何事も無

之欤、とかく承り合可申候、其分心付も有之候ハヽ、心を付可申候、よき所も江戸ニハ不遣抔申類、御便二七着、昨日も指合有之、何事も間ニ合不申候、已上、尚又家内ゟ一書北堂へ御答申候

十一月廿四日　恒蔵

政次郎様

(1)安政五年十一月十五日、江戸大火。

十―42　安政五年十一月二十九日（一九―一二）

熊三郎南上ニ付、廿四日逼塞、老夫指扣申出置候間、石川名前ニて為登申候

如諭寒ハ弛申候、廿四日夜雪、廿七日暁ゟ雪、何レも寸半位、皆様御佳健、御風邪もこじれ候へ共御順快之由、今程御出勤ニも相成候哉、寒風之節何分御加養可被成候、望月下り先例之由、今程ハ何カ御聞被成候哉、國友ゟも少〻ハ申来候、(1)魔之拘留ハ如何候哉、京の盛ハ水之患ニ成候事奇なる事也

天祖之霊次第と御あきらめ御尤至極ニ候

一、前便御申越云〻之儀、北堂御不快ニて別而御心配之由、御尤至極、御老心を御慰被成候事御孝道、是又御尤至極也、如諭正家ハ無此上候へ共、次ニハ常体之家ニ而も宜候様存候、朝倉ハ大抵宜様ニ候間、尚又承り度（会澤物兵衛也）、茲へ申遣候所未来候（病氣之由ニて）、大場も一老婆（筆婆也）ニ承候所しかと分り兼候、猶又家内ゟ一書為登候事と存候

一、國ニ七夜罷出候ハ宜候、侍讀之事も強て御勧申候而も、御居り合如何ニ候哉、少〻時を御待候も可然候哉、足下の自由ニもならぬ事を足下へさし込候ハ無理也、よき程御挨拶泰然と被成候方可然、とかく事ハ易簡ニ被成候方と存候

一、右昨日認候所、昨夕筆婆来り朝倉をも承候由、大抵ハ宜様ニ相聞候、血胤ハ未た分り兼候所、清七之妾血胤不宜候迚、由緒ゟ議論有之、指出候事も有之候へハ、多分ハ宜敷欤と存候、筆婆之話ハ家内ゟ申越候由也、已上

十一月廿九日

政次郎様　　　　恒蔵

(1)間部詮勝のこと。

十―43　安政五年十二月四日（一九―一三）

如諭嚴寒之所入寒却而弛申候、北堂如何被成候哉、御風も御快御出勤之由降心、此方無事、級戸風調候而見可申候、急き不申、何時ニ而も御序之時御頼申候

一、宇和致仕之由、山内もつまる所同様カと存候、土浦先宜候、松豊州(1)彦根親縁之由、人物如何

一、御登営金装之由、夫ニても寂然ニ候哉、廿四日除目、益〳〵左右無人ニ相成候、石も不安心也

一、宣下朔ニ相成候哉、如何、城傍却盗亦甚し

一、御縁談之事家内ゟ申進候由、今日ハ取込間ニ合不申候由久吉封物之事致承知候、他用事無之候、已上

十二月四日

政次郎様　　　　恒蔵

(1)松平豊前守信篤。丹波亀山藩主。安政五年十一月二十六日、大坂城代。万延元年十二月二十八日、老中。

十―44　安政五年十二月九日（一九―一四）

老夫指扣ハ四日夕御挨拶ニ相成候

如諭寒弛候所先日中又〻凝寒、昨今又弛申候、愈御佳健降心、此方無事

一、朔云〻、御同意愕然、山福其他不参、是亦一不詳也、依而且懼且怒も御尤ニ存候へ共、夫ニておかしく被為成候而ハ以之外也、除目云〻可歎候

一、福宇臣預ケ、扨〻根がら敷事也、京師之訛言、妄亦甚矣、乍去訛説の虚妄を知候為ニハ却而宜候、鵜翁云〻、武田ニハ感心、大かふせ可悪、雲客御滞留云〻、如諭水之禍を増候事可畏、加之水之少壮過激、此度も島執馳参南上、是も詰りハ禍を激成し、内外交敗候事、扨〻寒心ニ候

一、下田云〻、無恥亦甚矣

一、二七　小君云〻恐悦、夫ニ付候而も少壮之刻薄論

御同慨ニ候
一、四ツ目と申事ハ不存候所、朝倉ハ廿三と御聞被成候哉、年を隠して廿四なるへしとも申候、其外鮎澤之事家内ゟ申越候筈、今日寂早館丁書状取りニ来候間、草々、已上
十二月九日
蜜柑佳品御投恵感謝々々
政次郎様　恒蔵

十—45　安政五年十二月十四日（一九—一五）

如論沍寒、御佳健安心、此方無事
一、級風早速御調被下感謝、外ニ近比上木歟之由、西洋年表書名不分、年契之様ニ致、東湖之序有之由、熊三郎見たがり候間、御序ニ御調可被下候、二書代壱分為登申候、購書御頼申候へハ毎々早速御調被下候所、必夫ニ不及、春ニ成候而も宜候間、ゆるく御調可被下候
一、松豊州云々　天威可畏
一、朔云々、御氣色不宜候由こまり申候、久直[1]何事ニ候や、苦心、青魚云々、とかく六ケ敷候半、幕も云々、御申越可憂、其外色々御答間ニ合不申候
一、御老母様御傳意申通候、少々御快候由大慶、御意地御焼不被成候様致度候、先日家内ゟ申越候鮎澤妻之姉抔、御相談ニも成候へハ、其母方祖母貴地ニ居候間、北堂御相談相手ニも宜候事と存候、館丁来候間、草々、已上
十二月十四日
政次郎様　恒蔵

（1）久木直次郎か。側用人。安政五年十一月六日、出府し、慶篤に藩情を報ず（『水戸藩史料』上編坤）。

十—46　安政五年十二月十九日（一九—一六）

此地ハ微雪、御安静降心、北堂も御順ニ候哉
一、羽倉云々、西野云々、安心ニ成候へハ宜候所、幕之方ハ如何候哉、天下之勢次第ニ而吉ニも凶ニも成

候事と存候、邸中之事六ケ敷勢、□〔破損〕夫南上も実ハ少壮之徒より國家ニ禍之勢也

一、万澤之事、先ツ不宜候様承候、尤布施・小澤等へ間柄之由、此両家ハ眼前之悪系也、乍去續合如何ニ候哉、此節系局休居り、系纂を見候ニも指支、熊ハ引込老夫も多事、奔走も出来兼候所、後便ニハ何とか分可申候哉、急き草々、已上

十二月十九日

政次郎様　恒蔵

十—47　安政五年十二月二十四日（一九—一七）

如諭厳寒昨日ゟ小雪、御安健、北堂も粗御全快大慶、此方無事、暮ニ付佳品御投、此節柄致痛却候、年表早速御下被下感謝、代料何程為登候哉、しかと不覚候間宜御勘定可被下候

一、二条殿御西上、御速帰[1]吉兆かノ由、夫も事の出来次第と相見候所如何ニ候哉、先年と遠厳酷之由、時もいろ〳〵ニ成申候、鵜勝等之事此上如何ニ成候哉、今日ハ風邪ニて把筆骨折候間、草々、已上

一、大場之事、万澤之方先ツ別帋之通、万澤ハ高筒近縁之所、江戸人分り不申、布施・小澤ハ障りも無之様也、猶又よく承リ可申と筆婆申聞候、已上

十二月廿四日

政次郎様　恒蔵

（1）二条斉敬、安政五年十一月二十八日、条約に関し直弼に面会を求めるため東下し、この日江戸着。直弼これを拒む。安政六年一月二日京着。

十—48　安政五年十二月二十八日（一九—一八）

拝見、此地廿四日雪可三寸半、愈北堂も御快候哉、此方無事

一、鵜翁其外厳重之事也、何卒誣枉を免させ申度候、とかく澤山等専恣ニ候而ハ、天下安枕候事ハなり申間敷候、日下も可憐[1]、風邪未快、草々

一、大場之事前便申遣、布施・小澤も分候へハ大抵宜

様ニ候所、如何之御次第ニ候哉、尤此方も延引多罪ニ候へ共、老夫ハ病中、熊ハ慎中、旁存候様行届兼、尤前ミ便ニ布施・小澤等之事後便可申遣と申、前便ニハ分り候處を申遣候事、其位ハ御待被下候而も可然と存候所、もはや承候ニ不及と御申越ハ、御破談ニも成候哉共存候所、僅一便之事ニ而行違指支申候、乍去そこらの細なる事ハ打捨、又ミ御再談ニハ出来不申候哉、扨ミ氣之毒なる事致候、何分御恕可被下候、力疾把筆草略、家内よりも（昨夜今日之御便ニ不心付）今日大取込、文間ニ〔不脱〕合申候、宜御頼申候、已上

十二月廿八日　　恒蔵

政次郎様

(1)日下部伊三治、安政五年十二月十七日に江戸にて獄死する。

安政六年

十一—1　安政六年一月十一日（二五—二）

六日御状相達、三四日軽寒、今日ハ雪意料峭、御佳健大慶、北堂も追ミ御順快と存候、此方無事、御同様松も不立、乍去餅ハ給申候、初春も獨酌のみ也

一、大場ハ如諭帯奸之様ニハ承り候、且高筒等之類、良家と申ニハ無之欤、多賀谷ハ宜候へ共血胤ニこまり申候、沼田御世話之方ハ當人も柔順ニて宜候半

一、文武之事実ハ御慶事之上ニ宜候へ共、長く廃業も如何ニ候間、始り候様致度候、何欤右様之　思召も被為在候様ニも伺候へき、如何

是迄昨日認、客来、今朝前風木除後風、又到鼻涕如泉、草略

一、解字之事承知、國史論賛写無之候
一、京之事云〻、舞文之書御同意寒心
公之御機嫌御同意難有奉存候　長安之御盛結構ニハ候へ共、連禍不申様相祈候、桜花比愁眉を開候哉、増候哉、寒心〻〻、草〻、已上
正月十一日　　恒蔵
政次郎様

十一―2　安政六年一月十八日（一四―一六）

九日十四日御状着、良日少く候所愈御安静、北堂も御全快之由降心、此地無事
一、弓街も軽産、母子肥立候由降心
一、訊鞠之事今程御異聞も候哉　京師之事も不詳候由、土佐も乞骸骨候由、益〱甚敷候
一、御近火御混雑遙察いたし候、邸中御無難可賀、五十樽之冗費いろ〱の事出来候もの也
一、老公御強健　上公御自寛恐悦、此地先ツ鎮静ニハ候へ共、長き内ニハいかなる狂愚妄發も難計苦心千万、文武も少壮張込不申と見へ候所、十五六の少年長〻遊惰も不宜候間、始候方宜候
一、大場之事此方ニ而も左程ニ存候ニハ無之所、縷〻御申遣致氣之毒候、沼田御世話之方、北堂も御張込被成候なれハ大ニ宜候事と存候
一、長崎へ諳船数多来候由、如何之様子ニ候哉、神奈川も愈蛮夷ニ成候事と相見候(1)、長崎之事観光の説委細御申聞、以夷変交、神奈川も押付、右様ニ成候と相見、神州も如此ならんとハ思ひきやニ候
一、九日又〻東下之由、益〱甚しき事ニ候
勅を誣候事天下危胎　駒邸亦同断、痛憤〻〻、已上
正月十八日認　　恒蔵
政次郎様

(1)安政六年一月十三日、長崎・箱館・神奈川三港を開く。

十一—3　安政六年一月二十四日（一四—一七）

披誦、廿一日雪又峭寒、御安健奉賀候
一、青魚東下之筈之所、下り兼候由云々、大老も引込候由、とかくもめ候事と相見候、今程如何候哉
一、長崎の民、夷の為打殺され候所内済之由、何事も好きの様ニこねられ候事と相見候、品海へ諳夷上陸處々徘徊、婦女を愚弄等、市廛二階迄上り買物等致候由、江戸も腥風吹満候事と相見候
一、九郎公子云々、苛暴不可言、御養父もよく〳〵廉恥無之人と相見候(1)、鵜翁中風再感之由可憐、せめて邸中へ引取ニも致度候
一、御厩前之事、故障有之ニハ無之事と存候、彼妻の母大病ニて下り候所、母死去、妻も不快ニて登り延居候而、来月初ニ登り候筈ニ候間、其上ニて御挨拶申候事と相見候、妻の甥御床机廻り、是も下り居候所、忌明之節同道登りと申事也
一、金子一包壱両一分二百文也、片書ニ川献疾ニ北帰故別段御書中之儀と有之候所、仕舞置何之事か忘レ申候、何のわけニ候哉、御覚有之事と存候間、御申越可被下候
一、水野河内守と申ハ如何なる人ニ候哉、藩邸へも御出入之人ニ候哉、如何、已上
正月廿四日　廿二日認
政次郎様　　恒蔵

(1)斉昭九男。嘉永元年、武蔵忍藩主松平下総守忠国の嗣となり、民部大輔忠矩《つね》と称す。安政六年、この家を去る。これに関わるか。のち文久三年、備前岡山藩主池田内蔵頭慶政の隠居のあとを承けて備前守茂政と称す。

十一—4　安政六年一月二十八日（一四—一八）

迪彝編昨日須原屋へ申遣候所、仕立候本無之間、今日遣可申候由之所、未持参不致候間、此次為登可申候、已上
如諭薄寒、皆様御安静大慶、此方無事

一、間も東下、彦も出現之由、如何之事ニ成候哉、諳も悖慢可悪、墨ゟ宜取扱候様申候而も魯ゟも宜と申候而ハ不通之説なるへし、此度ハ如何取扱ニ成候哉、長崎特甚、殺人之事も定而江戸指揮も内済と出来そふな事也、江戸ニても諳の横肆、墨より甚く候由、実ニ禽獣也

一、佐賀連枝在國願も済可申候由、幕之處置ニて崎港も多事ニ致候故、拒候事成不申勢なるへし、大工五（自侮而後）人（人侮之也）決断可羨、夫ニ引替、礫後園諸亭再建、客冬ハ動揺ニて民窮ノ折柄、如此無人ニもこまり申候、仙臺宜候由、可賀可羨

一、横之事大抵出来可申と存候所、夫妻共是非〳〵熟談ニ致度とハ存候へ共、大金をかけ候事出来不申ニハ実ニ指支候由、近比原田抔嫁女ニも五十金も入候由承り逡巡之由、妻の登りを待と申事ハ旁観ニて察候ニ、夫妻共所欲と申内ニ、良人之方ニ而ハ衣服抔不満意候而も可然と存、妻之方ハ婦人之情ニて麁服ニてハ可憐抔と存候より、小異同有之、夫故妻の登りを待候と申候事歟と推察致候、左候へハ登り候上ニて、沼田抔夫婦之意を斟酌候而調候歟、夫ニても不調歟ニ決可申歟と存候、猶又北堂へ家内ゟ申越候間、夫ニて御承知可被下候、老夫抔之意ニハ、當人ハ柔順ニて宜敷、横も正論ニ属候人物、御話も出来可申、旁よき御相談と存候へ共、如何之御相談可相成候哉、可然御熟慮可被成候、已上

正月廿八日認

政次郎様　恒蔵

十一―5　安政六年二月四日（一四―一九）

如諭梅花纔綻不知春候、愈御佳健大慶、此地無事

一、文武此地も家塾ニて始り申候、貴地ハ館中と申も不得已候、異論も一理ハ有之候へ共、事情ニ暗く好立異候事一弊ニ候、委細善庵へ申遣候間御承知可被下候

一、水河内之事承知、其弟也とて鉄サイと申詩人、太田邊へ来、慷慨之談抔致府下へハ不出候、如何なる

人物か、御心當りも有之候哉、河内ハ　駒邸へも度々出候由、如何
一、青魚もいろ〳〵隙取、夫を手持ニ致候歟、芙蓉吏云々、様々からくり候事と相見候
一、水越之後正ニて人望有之由大慶
一、厩前之事前便大意申遣候へき、細君も朔日發途、昨今着と相見候、是も熟議ハ甚欲候へ共、大金掛り候てハこまると申、夫も昔風ニて昔の古暦抔覚居、着服等之外ニも様々の手道具抔取集め候見込故、別而費も多く候半、乍去有へき品ハなくてハ當人も氣が引ケ不便也抔申居候様子、婦女了の不決断ニハこまり申候、是ハ沼田抔ゟ何とか諭候様ニ無之候哉
一、白銀両替云々、御申越謝々、健忘御一咲、已上
二月四日
迪彝為登申候、老夫ゟ申遣候故ト料と相見候、〇〔ママ〕
政次郎様　　恒蔵

十一―6　安政六年二月八日（一五―一）

如諭雨後寒尚甚、遠山雪故と相見候、皆様御佳健大慶、此地無事
一、青魚続々酷暴之由、板倉等罷免之由(1)、幹二郎云々不忍聞候、鵜小快之由大慶、宇和島等浴湯数多之由、追々紀綱弛候事と見へ候、廣島ハ只安逸を謀候迄ニ候哉、如何、廣島薩解體、上野ハ入替り、仙臺・長州・加州在國済候由、加州ハ如何之沙汰ニ候哉、とかく天下瓦解と相見候
一、諳陸梁、与力通辞等無恥、墨縄張追々夷ニ変候事と相見候、市人も出店不願候由(2)、流石ニ目ハ見へ候事也、幕情も瓦解之由ニ候ハヽ共、天定不可期　長安不動ハ可賀候へ共、公武分争之勢ニなり候ハヽ、黠虜蚌鷸の術を可施、寒心々々
一、厩前云々、双方易簡御尤至極也、婦人古暦を覚居、薙刀さへ有之候へハ外ニなく共宜候へ共、挟箱等其〔巨〕外平日不用之品迄取調候積り故、積小成大候へハ居

多之費用ニ成り申候、弊廬《其姉》へ来り候節も細物迄持参、不用ニて今以仕舞込置候品々も有之候間、易簡ニ致、跡ハ此方ニて被成候と申事抔、今日委細横へも申遣候所、礼服其外細物等之事迄ハ書面ニも認兼候間、夫等之事ハ沼田の口語ニ御附被成候方可然歟と存候、御國《ニて》入用之品ニ而も江戸ニて不用之物も有之、旁惣而省き候様、沼ゟ寛頻候方宜候様ニ存候、北堂御張込も御尤ニ候間、何卒御熟談ニ致度候

一、佳菰種々御投恵被下感謝痛却々々、已上

二月八日認　恒蔵

政次郎様

(1)板倉勝静、安政六年二月二日、安政の大獄の志士処罰の寛大を主張して寺社奉行を免ぜらる。

(2)安政六年一月十三日、幕府、三港への出稼・移住・自由売買を許す。

十一—7　安政六年二月十三日（一五—二）

如諭多雨料峭、御揃御安静大慶、此地無事

一、河内　駒邸へハ不出候由、銕サイの意可疑、間牒歟とも存候へ共、立廻りを承候所夫ニハ拙く候へハ、やはり飯飡位之者歟共被存候

一、物価騰貴之由、交市之害追々此地其地諸國へ波及可致、天下怨咨之勢、大黄抔長崎ニてハ一片ニ付六匁位ニ蛮品を直踏致、不承知之由承候所、姦吏奸商射利ニより如此と相見候、鈴木藤吉内済、仙ニて不承知ニて幕吏頭痛之由、可咲、可弾指

一、佐信・木村・防州等罷免(1)、池播も乞免候由(2)、先達而も大監罷免、旁斉太史・晋董孤等之遺風(3)、神州之正氣凜候　徳川之餘澤未竭、是ニ反して開國元勲之子孫ハ如彼の働如何なる事ニ候哉、皇天上帝之眼も不分明候哉

一、孝経帰後繁多之様子故未話も不承候　駒へも御相談被遊候由恐悦、國之輔導も少々ハ可有之由、不倍所学と可申候、柳をも初ニハ頗るよく見て置候所、こまり物ニ御座候、誹訕の根と成候事何レ鄙劣也、忠告ニハ激し候様ニ而ハ致方なく候へ共、何分此上

御寛頬可被成候、國も可議事有之而も尽忠輔國之志ハ可称、行司の役幾重ニも御骨折可被成候
一、掛川ニて諳之無礼、人を凌侮するニ非、已が犬羊なる事顕すなり、かな川云々、同断
一、既之事易簡ニしくハなし、沼田のかけ合如何ニ候哉、是又行司役何分御委任と存候
一、迪彝代料落手、又々御入用ニ候ハヽ、幾度ニても御申聞可被成候、通鑑雁皮摺様子次第御頼可申候、已上

二月十三日認

除目御示感謝、京師云々、同断、乍省略事情相分申候、御太刀之事も分り申候、已上

恒蔵

政次郎様

(1)安政六年二月二日、勘定奉行佐々木信濃守顕発・評定所留役勘定組頭木村敬蔵・寺社奉行板倉周防守勝静、いずれも差控（寛大派）。

(2)町奉行池田播磨守頼方、安政六年二月三日、勘定奉行を兼任させて断獄に当らせる。

(3)斉の太史が権勢を恐れず史実を正しく書いた故事と、晋の董孤が理非を明らかにした態度を指す。

十一—8　安政六年二月十九日（一五—三）

如諭寒雨、此地ハ近比雪ハ無之、貴地ハ別而陰気凝結と見へ申候、御安静大慶、此方無事、青魚東下成り不申勢も左様欤も知れ不申候、宇和島ハ伊豫入道之由、廣島ハ安佚之由、加ハ旁観之由、加之流義《ハ》多く有之事と相見候、墨夷の属韃靼ハ何レ國ニ候哉、交易ハやはり墨と一同ニて可然之所、別之願ニハ何か意ある事と相見候
一、池田播广(ママ)も男子と相見候、發言満廷誰敢執、其咎今ニ始めぬ事也、林詩人心有てハ出来ぬ事也、いかさま秦檜(1)も忠と申候半
一、邸中先ツ宜候由、大慶
一、餘一公子(2)拙書御好之由承知、老人之事故遅速ハ随意ニ願度候
一、既云々、北堂御待遠御尤ニ候、沼も御疎末ニも不

致事と見へ候へ共、婦人之情急ニ決兼候哉、とかく
沼へ御依頼被成候方御尤と存候
一、或人之妬心こまり申候、何分為國御調護相祈申候、
何ぞ御心付之事も御座候哉、如何、已上

二月十九日　恒蔵

政次郎様

(1)南宋の政治家、金との和議を主張、兵飛ら主戦論者を謀殺。
(2)斉昭十一男。文久二年六月二十八日、下野喜連川藩主喜連川宜氏のあとを承ける。喜連川左馬頭縄《つぐ》氏と称す。

十一—9　安政六年二月二十四日（一五—四）

紀邸ニて土木始り候を　駒邸の為ニ営候と申流言
有之(1)、閣老ハ浮説也と申候由、実ニ左様ニ候哉、
紀邸之方を探り度候、土木を急き候哉、ゆるく〱
と営候哉を承候而もトし可申事と存候、如何
披誦、春暖、御安静大慶、此方無事、既之事弥御調大慶致候、北堂ニも御悦御察申候、荊妻へも御伝語申通
候、猶又宜申進候、北堂へも宜御頼申候
一、十三日呼出之由(2)、此後ハ如何ニ可有之哉、豆州(3)、
間之次男之由、正なれハ大慶、山口ハ吉と相見候、
実ニ吉ニ致度候

二月廿四日　恒蔵

政次郎様

(1)幕府、斉昭を紀州邸へ幽閉との風聞。
(2)安政六年二月二十六日、幕府、鵜飼父子らを評定所に糺問するを指すか。
(3)坪内伊豆守保之か、当時側用人。

十一—10　安政六年二月二十九日（一五—五）

寸楮暖和ニ成、人事と異也、御安全大慶、此方無事、
大火驚入候、天下之費可想
一、講武達ハ宜候所、如諭商館ニ成候而ハ武も有名無
実、商館ハ諳夷ニ候哉(1)、如何、神奈川同様廣大之地

ニ候哉、野之山尤至極、押出され候事と相見候、相軋之勢真ニ致度候、伯州(2)も引込可申之由、是又勢次第と相見候

一、北堂之御情御尤ニ候へ共、足下御指支も推察致候、北堂へハ家内ゟ申進候筈ニ候所、沼之方ハ國抔ゟ相談致候様ニ而ハ如何、ケ様之事ハ文通より口語之方宜候様也、國へ御相談ニ而ハ如何

一、妬心家ニハこまり申候、復故候も不得已候へ共、豹の故轍是又差支候事也、彼人の入館も國の周旋居〔巨〕多ニ候所、畜犬ニ手を噛れ候釣合不及是非候、諺云、恩を仇ニて報と云様なる意味、當人へのみ込せ候様ニハなり不申哉

一、金座の奴可悪、大下贋物ハ無事例也

一、義徒の詩御示感吟、跡も渴望

一、迪彝等之事貴地ニて（金孫へ御相談可然取次所、之事／郡廳之蔵板ニ候間）、已上

二月廿九日　　恒蔵

政次郎様

(1)安政六年三月十四日、幕府、外国人の旅寓所を芝赤羽（講武所附属調練場明地）に建築。

(2)宮津藩主本荘伯耆守宗秀か。当時寺社奉行。安政の大獄の五手掛となる。

十一―11　安政六年三月四日（一五―六）

春暖花時不知花、御同憤、弥御安静大慶、此地無事

一、紀土木詭説とハ存候所、御成り云々、安心

一、青魚東下実事不分候由、其外除目色々ニなり申候、水筑(1)も辭可申候由、左も可有之候

一、講武所商館ニ追立られ何の武を講候哉、第一それ武ハ可畏候、万里氏無恙候由大慶、互市九月を夷怒候由、偽と云れ候へハ夫ニて閉口と見へ候所、人心の所〔ママ〕不欲之所、強て致候故隙取とふせう可致と申候而も済そうなもの也、彦引込脇坂ハ出候由宜候所、夫ニて遂候へハ天下之幸也、築館の費を半分出し候も迷惑之事也、售鹿物得贋金候事可咲、今より其様ニてハ後来可想、京師織屋失業之事可憐、黒八丈直ト ケ、

八丈の羽織も着られ申間敷候、日下甲辰之事泣(2)諸有司候由、死而有霊とも可申候、預其事候をいや《か》るも尤ニ候、何ゟも諸國邪教公行可致、不勝憂憤候、下位之士何程憂候而も致方なし、一人ツヽも同志を多くして大道を明にする位より外無之候、噫、肥前邊へも波及候由、佐嘉ニてハまさかよせ付申間敷候、急き草〻、已上

三月四日

政次郎様　　恒蔵

(1)水野筑後守忠徳か。安政五年七月八日外国奉行。同六年八月二十八日軍艦奉行。

(2)弘化元年、幕府、斉昭に蟄居謹慎を命ず。斉昭支持の藩士も藩政から斥けられた。水戸藩ではこれを「甲辰の国難」という。

十一―12　安政六年三月九日（一五―七）

京人の詩歌御示感謝、梅田(1)詩ハ去夏比此地ニても見候詩也と云

貴地雹降候由、此方ハ驟雨雷聲のミ也、皆様御安健大慶、小家無事

一、講武所も墨館ニ変候由、何の為の講武ニ候哉

一、青魚東下之由、吉ニハ如何候哉、丹鬼(2)ハ得勢可申候、天夫ニて吉を生し候哉、又京地之御模様ニより凶ニ変候歟、不可測、とかく分争之勢ニ而ハ天下之禍莫大辱候、肥田水執ニ而も少壮之情願引受ニて、貴地ニ滞留と相見候、如何、太田も御勝手也

一、既云〻、北堂も御氣長之方御安心ニ存候、國《前便》へも少〻片端申遣候所、夫ニも不及候ヘハ大慶

一、妬家云〻、折を見合納約御尤ニ存候、國の力ニて入士林と申事ハどこぞニて為心得申度候也

一、羽倉翁の嘆尤至極、昌平ニて天下の学柄を握候而侮聖人之言、邪教世界と成候事可哭、已上

三月九日

政次郎様　　恒蔵

(1)梅田雲浜。安政五年九月七日捕縛、六年九月十四日

禁獄中に病没。

（2）井伊直弼。

十一—13　安政六年三月十四日（一五—一〇）

此地ハ小旱暖氣、御安健大慶、此方無事

一、青魚も愈着と存候、瓦解中暴ニハ出間敷候由何よりニ候、御登ハ可賀、御籠絡ハ可憂、阿も菟裘ニ成候事と相見候、佐賀ハ邪ニ不染之由感入候、水も左様致度候所、好異之者も有之、如何ニ候哉

一、沼へ國よりも話有之、當年中と申事ニ承知之由、事情色〻異候間、其時の様子次第と御答御尤ニ存候、手前之存込を通し云〻、人之氣質ハいろ〳〵なるもの故、御世話申候深切を御領納ニて可然候、症ニも候哉、氣分不宜、草〻、已上

三月十四日　恒蔵

政次郎様

十一—14　安政六年三月（一五—八）

両度之御状、如諭寒暖不定、愈御安静大慶、此地無事

一、青魚着、剱客郊迎ハ戒心ニて陰ニ慕り候共申候所如何、弥九[1]も其位之人物と相見候、羽州凡ニ而も報鬼[2]の勢ハ助く事と見ゆ、京人着ハ同歎、其外両度ニ色〻御申聞感謝、病中神氣虚耗、一〻御答も大ニ骨折レ候間、何も申残候、火災も重荷ニ小付可憐

一、妬家云〻こまり切申候、可然程御周旋是祈

〔後欠カ〕

政次郎様　恒蔵

（1）斎藤弥九郎か。

（2）井伊直弼。

十一—15　安政六年三月（一五—九）

笋羗御恵感謝、此方ゟ為登候品も無之、御不沙汰いたし候、已上

如諭日〻陰〻、御佳健降心、此方無事、老夫も外邪之こぢれと醫生ハ申候、少〻ツ、快候所氣力無之、少〻之事も疲申候

一、御退隠之説浮説との御考、何卒左様ニ致度候、万一実事ニ出候ハ、此地之動揺決而不可止、社稷の大変ニ至り可申、寒心〻〻

一、朝紳之暴ニ遇候事虚説之由、責〔ママ〕ても也、怪僧就捕云〻、又一憂を生し申候、平地起波瀾怪鬼輩ニもこまり申候、御同意苦心

〔後欠カ〕

政次郎様　恒蔵

十一―16　安政六年四月四日（一五―一一）

冷氣御安健降心、此方無事

一、講武所喬ニて御免願候由、如何ニ成候哉

尾公も百日市谷無御拠事ニ候、御庭八幡御参詣も先ツ宜候　勅之事其勢と相見候

一、厩之事御尤存候、北堂難眠御察申候、何レ先ツ御願済ニて半御安心ニ致度、其上ニて時宜次第可然候、鈴安ハ軍局ニ候哉、如何、老夫の症ハ少〻ニ候へ共、外邪のこぢれと療醫も申候所、微熱からまり居、且頂領へ吹出ニて氣を塞き申候、今日ハ外ニ用事無之候、已上

四月初四

政次郎様　恒蔵

十一―17　安政六年四月八日（一五―一二）

加藤木賞三[1]へ喪父之弔書遣候所宜御頼申候、若し在所ゟ未た登り不申候ハヽ、登り後御届可被下候、且鈴木安太郎[2]へ別封遣候所、管庫ニて住所分り兼候哉、御心付可被下候

披誦、とかく旱之方、皆様御佳健降心、此方無事、賤恙大抵快、一両日中休業と存候、吹出も大半快候

一、妖僧[3]等訊問相分候哉、鷹近[4]二公云〻、二公囚人ニ帰罪之策之由、奇〻

一、厩之事最初御願出ニ成候哉、早く御済之方北堂一

御安心と存候
一、風葉も先ツ枝上ニ留り候へ共、中ニハ柿葉乱飛之様なる事出来候ハこまり申候
一、熊三郎へ御致意申通候、猶又宜敷申聞候、已上
四月八日認
政次郎様　　恒蔵

(1)加藤木賞三正之。
(2)鈴木安之進豊大。安太郎、保之進、子明、蘭台。
(3)行阿(利益院)か。安政六年三月一日、幕府の訊問を受く。
(4)安政六年三月二十八日、左大臣近衛忠熙、右大臣鷹司輔熙を罷免。

十一―18　安政六年四月十四日（一五―一三）

如諭冷暖揃兼候、御佳健大慶、此方無事、吹出大抵快相成候
一、長州・川君(1)如何ニ候哉、因君(2)八月迄之由、山内在國可羨、仙臺柴田等何の過ニ候哉
一、青魚所替幸を得申候、丹鬼賜金同断、青御條目更変之事と相見候、後宮観舞少婦を募候抔、如諭唐代の蕃〔カ〕と相見候、大土木云々、茶会密議等時勢可見、此上之時勢御察之通りニ成候ハヽ、御同意寒心之事也、諳夷云々、如何様之事も許候様ニ成可申、人衆勝天も餘り之事也
一、御願書之事大慶、北堂も少々御安心と存候、家内よりも御答書認候由、何卒御寛胸ニ致度候、已上
四月十四日
政次郎様　　恒蔵

(1)川越藩主松平直侯（八郎麿）。
(2)鳥取藩主池田慶徳（五郎麿）。

十一―19　安政六年四月十八日（一五―一四）

此地抗旱程ニハ無之、小旱ニ付候方、苗代も先日雨ニて大抵ハ仕付候由、愈御佳健大慶、此地無事、賤恙大抵復常

一、三眼遺聞落手、増田著述と覚候、田中覚遠ニハ無之候哉
一、鈴安加木書御世話ニ相成候
一、水筑等公事掛り甚敷事致間敷候哉、長州感心之事ニ候、佐賀ハ智者と相見候、聲援ハ安心不致候様也、智者ハ己か田へ水を引候計か
一、都下茶綦行れ陰謀も思ふ侭と相見、赧鬼田へ媚、頻患先〻と相見候、鬼と銅鑵と議論、碧魚調停之由、此後何方が落札ニ成候哉、魚も上の方へ首が曲り不中様致度候、物価偏貴小民怨候由可嘆　九五御宜候所御働御同慶、御登ニも成候ハヽ御籠絡可憂
一、妖僧怪民之事委細御申越、民も山師ニて多言之由、如何なる事をしやべり可申哉、僧ハ何處の僧ニ候哉、京へ哀訴と申事、事情を不知妄動ニハこまり申候、奇特所ニハ無之ハケ様之事ニハ臆病と被申候方が宜候
一、厩之事御願済ニても、厩も當月中ニハ支度も間ニ不合候様ニも聞へ申候、沼も聞受候由、来月ハ何方ニ而も嫌候間、少しゆるりと成可申欤、已上

四月十八日認　　恒蔵

政次郎様

十一—20　安政六年(カ)四月二十四日（一五—一五）

薄暑、秋長下り御様子承知、大慶、此方無事、秋山老人も宜方ニ御座候
一、國氣ニかけ候ハ如何様之所を氣ニかけ候哉、北堂御心ニ不落と申所、御申出し被成候事ニも候哉、何ニ致せ酔中壮語と見へ候間、御聞捨被成候方と存候、如何之事ニ候哉、除目被仰聞、此方も今日除目有之候、不詳候、秋山ニ草〻ニ逢、肥氏ハ日〻多客ニて寛話も不相成候由也、急き草〻、已上

四月廿四日　　恒蔵

政次郎様

十一—21　安政六年四月二十九日（一六—一）

家内ゟ今日味噌搗ニて書状仕出不申候、宜御頼申

候
薄暑相催候、麻疹風之由、今程ハ御快候哉、此方無事
一、弓街云ゝ、両度共隠語之様ニて事情分り兼御答も指支候、乍去所帰宿ハ八月迄と御聞受ニ相成候由、日数も餘程有之、夫迄ニハ事柄も分り可申、実ハ寂初ゟ此節御遠慮と申事人ニ断候、御篤志ニ候間北堂も御待被成候様の御志、御尤之振ニハ申居候所、御結婚ニ而も義を失候と申候程之事無之、是迄追ゝ御申延ニて御志も分り候間、餘り深く御拒ニも不及か共致愚慮候、乍然此節之様子ニ而ハ不遠吉凶相分候哉、とかく時宜次第と存候
一、安島等之儀、情実今日御申越と相待申候(1)、御指出ハ不得已候様奉存候所、少壮之論ニハ何レも不服様子、不辨事體過激之論欤と存候、如何、とかく事情分り兼候間、来状を待候事ニ御座候、已上

四月廿九日

政次郎様　恒蔵

(1)幕府、安政六年四月二十四日、家老安島帯刀、藩士茅根伊予之介、鮎沢伊大夫、大竹儀兵衛、柏一郎を二十六日に評定所へ出頭させることを命ず。二十六日安島等を糺問し、安島を三田藩に預ける。

十一―22　安政六年五月四日（一六―一二）

如諭軽暑、御佳健大慶、此方無事
一、呼出之事委細御申越感謝、大聲嘲弄等辱めて怒らせ候術か、幕吏も多分善士之由ニ候所、扨ゝしれぬものニ候、西城之事(1)と
勅之事之由、いか様ニ鍛錬被致候哉、苦心千万、茅(2)ハ安の違、及竹(3)ハ貞一之事之由、左候へハ深き事も無之哉、実ハ内奸之所為ニ可有之候由、可悪ゝゝ、御自寛之儀、青山南上之達有之候間、何分御申合可成候、先達ハ老大書取ハ呈書ニハ無之、此地少年謬論も有之候間、全く杉執政之心得ニ含候為ニ認候所、呈覧ニ成候由ニ御さ候、呈なれハ外ニ認様も有之候所、行違ニ成候事ニ候

太公御容子云々、虚喝可悪、如諭強健ニて長き内ニ
赤心貫候様相祈候、縷々認度候所、老後憂思之事大
ニ障り、元氣虚脱精神恍惚、勉強ニ而やう〳〵認候
間草々、已上

五月四日

帆平書落手、北堂ゟ家内へ御致意申通候

恒蔵

政次郎様

（1）将軍継嗣のこと。
（2）茅根伊与之介。
（3）大竹儀兵衛。

十一―23　安政六年五月十二日（一六―三）

四日九日御状、御安静大慶、此方無事
一、安等云々、如諭一應ハ拒度候様也、九日ニ出候由、
鵜飼京因等も出候由ニ候へハ結局ニも成候哉
一、綿引（1）感入候、此度数百人激發よりも一人之忠精ニ而、君心を挽回奉り候事其功大也、棒一御用結構、小牛之御論御尤ニ存候
一、此地妄動、此上如何ニ成候哉、大害を生し可申寒心也、昨夜迄ニハ大抵出拂ひ、残り之者《多く》ハ膽氣思慮有之ものならてハ中〳〵踏留り難し、無心之者ハ大抵引引〔衍〕出され申候、前髪の少年迄駆り出し沙汰の限り也、幕へ聞へ候而も忠精ハ不貫、結黨と成可申歟、寒心、今程貴地之様子如何ニ候哉、御申越可被下候
一、横濱商館云々、委御申遣謝々、都下も七分ハ持合不申を知り、下ニハ人心有之事御同感
一、秋山も願之事御勧申由、時宜ニより来月抔御引取大慶致候、迪彝之事承知、此節郡も大混雑、少々静ニ成候ハ、承候様可仕候、已上

五月十二日認

恒蔵

政次郎様

（1）綿引宇八郎延方か。安政六年五月四日、江戸邸で自刃。時事の危急を憂い、死によって英断を促すためという（『水戸藩史料』上編坤）。

十一―24　安政六年五月十九日（一六―四）

拝見、梅天御佳健大慶、此地無事
一、安茅挙動、幕ニても称候由セめても也
一、無名妄動、今ハ訴寃の名ニ拵候由也　勅之事ハ押而傳達候へハ、公武合體國内治平の
聖意ニ奉背候事を不知、驕傲自聖之徒、國家をもみつぶしても構はぬなと丶言ニ發候、不臣亦甚、鎮静と双方割腹も出来候事不得已勢也、駒宮(1)之御親諭ニて奉命候へハ國家の幸也、左も無之候へハ宗社傾覆ニ至、其乱源ハ要路之一人ゟ發候、今ハ確證有之、
噫、此外熊三郎ゟ中進候、已上
國友へも御話可被下候
五月十九日
政次郎様　恒蔵

(1)徳川斉昭夫人吉子。

十一―25　安政六年五月二十四日（一六―五）

急き認候、北風如冬、御安静安心、此方無事、御預人へ駒込等氣を付候様との説ハ何方之説ニ候哉、傳達一挙必敗御尤也、御開諭も不用可嘆、茅指留苦心、閣老云々、禍在近坎、怪我人出来候共御尤也、高橋(1)申上候事君を奉欺候也、如見肺肝、陰ニ妄徒を激候事必定也、館丁来り候間草々、已上
五月廿四日
政次郎様　恒蔵

(1)高橋多一郎のこと。

十一―26　安政六年五月二十九日（一六―六）

拝見、両三日暖風、御安静大慶、此方無事
一、貴地之事情委細曲折御申越、詳悉相分申候、二吏(1)情実如見肺肝、とかく二吏一老の激煽ニ出候事扨々不可奈何候、當分士林ハ留り、僕従帰りと成候由之所、

此地へ帰り候事ハ不承候、尤農夫少〻ツ、帰候由也、邸中へ士ハ入候由、如諭幕への聞へ寒心也　親書も枝梧之由可悪、傳達ハ正論ニ似て其実ハ叛乱の所行也、國友へ申遣候間御聞可被成候、吏老北下之事御尤千万、何卒左様致度候、縷〻認度候所館丁来候間、草〻閣筆、國友へ申越候事も有之候

一、弓街之同論之由、何卒二吏之情実等御話可被下候、已上

五月廿九日

一、外虜来迫如何可相成候哉、至憂〻〻、縷〻御申越候所御答餘り草略候

政次郎様　　恒蔵

(1)高橋多一郎と金子孫二郎のこと。安政六年九月、会沢ら二人の行動を難ず（『維新史料綱要』）。

十一―27　安政六年六月四日（一六―七）

披誦、両三日相應之暑、御安静大慶、此地無事、妄徒傳達論不行と見候へハ宜候所、二吏輩ハ　雲上ハ御承知ニ候へ共、當路ニて支候抔申觸候由、此上安心不致候、乍去當分訴寃ニ轉候由先ツ宜候、梅民小金へ返候由、中ニハ北帰も出来候半、士林も思帰之者多く候半、先日之御諭文[1]さへ發候ハ、如決堤と見へ候へ共、夫も二吏居候而ハ行れ申間敷候、老人恩賜尤不得體、益〻犯上之風を長し可申、如御申一老二吏等之姦計と相見候、排白久の姦も両宮[2]御洞見之由可賀、掛川奥への挨拶、其勢先ツ暴も出申間敷候由可賀、何卒無難ニ致度候、丹魅等排擯ニも成候へハ天下之大幸、杉中梅へ往候而も二吏支無之ハ其筈と相見候、奥小金へ参、是ニてハ引候者も出来候様承申候、梅を礫へ入不申ハ大慶、如諭二吏分北第一の急務と存候、友五ハ牢死ニ無相違

一、廿五日諳船[3]云〻、内外之変苦心此事ニ候、三年不保左もあるへし、市人も云〻尤之事也

一、天使之事実説相分り候哉、如何、已上

六月四日

熊三郎へ御致意申通候

政次郎様　　　　恒蔵

(1)五月二十日、斉昭・慶篤、小金や江戸小梅藩邸に屯集の士民に退去の諭書を下す。

(2)斉昭夫人と慶篤夫人。

(3)安政六年五月二十六日、英国総領事オールコック、品川に来りヴィクトリア女王の書を呈し、条約本書交換の日の指定を求む。

十一—28　安政六年六月九日（一六—八）

如諭時候相應、御佳健可賀、此方無事、一老番頭美々、其地有志二吏の詐術を開晤之由大慶、山甫等ハ執迷之由、是ニハこまり申候、傳達出来不申ハ宜候へ共、二吏臍下ハどこ迄もこぢ付度候半、訴寃論も弱り候由ニ御申候所、政府抔へ其ふりを致すニハ無之哉、小金之趣神官郷士等を引留候積リニハ無之哉、御親書を廃格も奸策如見肺肝、小金も民ハ餘程帰候様子、神官郷士等ハ如何候哉、梅客引取ハ二吏居候而ハ安心不致候、足下へ談話ハ御間柄故、正志ヲも欺候積り歟、可咲、山甫翟進を除くの術も行れ不申事と大慶、妄徒二吏之煽動を悟候由大慶、何卒説客を入てなり共二吏変詐の実説を傳播為致度候、同志中ニて求候ハヽ、左様の手筋有之そふなもの也、如何、老大夫ハ厚賜ニ而も有之、昼錦して帰候様致度候所、二吏ハとかく支候なるへし、其論ハ行れす候而も、二吏ハ老人を立物ニ致、妄客へハ事可成との勢を為見候半、会信之事此地監府ニ而も心を付候様子也、屹ト詰問有之様致度候、七昼夜ハ水へ往来の日数也、二吏も梅勢挫を見て又々新手を入候策か、此地ニも少々煽動有之様子也、外ニ梅監へ断り帰候者有之両三人也、其内（金ノ間柄也）一人ハ心中難計候由ニも聞へ申候、住矢頗窮とハ如何之様子ニ候哉、梅客生帰心候ニ困候ニや、如何、竭國力取咲等之事ニて済候へハまだ宜候所、一吏の腹ハ量四の妄論ニ類したる事有、傳達違諸候（ママ）之説、乱天下覆宗社ニ可至、其腹故鎮静ハ決而不致尽力て是を妨候也、梅客之方ゟ二吏ニあきれ瓦解せしむるより外なしと存候也

一、青掛相軋非悪聲、如諭うまく出来候様祈申候
一、横濱云々、御同意長大息
一、水築〔ママ〕の歌ハきく人あらん（此方よき様也）時ニこそ鳴けと承候
一、野錫感心之事也、幕も流石有人、已上

六月九日

除目等申越謝々、平介着之由、小金ニて隙取と見へ候て未帰着不致候、切手詩梅客之作歟

政次郎様　　恒蔵

十一―29　安政六年六月十八日（一六―九）

如諭相應之大暑、御安静大慶、此方無事
一、小金之民千人餘も帰候由、少々ハ静ニ成申候、老大夫へ二吏会候由、ろくな相談ハ不致事と相見候、傳達論ハ邸中三四人位之由　駒氏之風ニ少しツ、ハ靡候哉、梅村も空嚢且暑中、大抵ハ生帰心候半、荻(1)新同意ニ成候由、梅村巨魁の應援を殺き可申候、二近二吏相抗之勢可想、如諭一處断無之而ハ國力も竭可申候

御親書拝見ニ而も割腹等有之間敷候、當今之勢國友へ申遣候、貴地ニて御覧候而も同様歟と存候、丹鬼を打抔ハ猶更出来申間敷候、休卜も一策可有之と申候由、今程相分候哉、二吏八百善云々、先達而川開之日、梅村へ小倉庵とかゟ酒肴持込、帰路大川を乗廻し候由の説承り候所、同事両説か又両度之事か如何、投遊里候者ハ糺し之上、屹と御處置ニて可然候、野竹軒丈ハ秘候ニも不及様ニ候所、同行之者迷惑故か、如何、伊孫(2)も謁見と相察候、其後之情景如何、傳達ハ出来不申由大慶　上公御悔悟等之語分り兼候所、老人恩賜ニて北帰之事ニ付御悔悟との事か、如何、條約之事傳命も受間敷との論、二吏ハとかく幕を向ふニ致し、公武合體之
勅意ニ背候心得故りきみ候哉、今ニ而ハ彼か思ふ様ニも出来申間敷ハ宜候へ共、別ニ夫ニ付横変を不生候様致度候、已上

六月十八日認

政次郎様　　恒蔵

(1)荻清衛門君寛か。吉次郎、信之介。
(2)伊藤孫兵衛忠能。孫之進、忠篤、兵左衛門。

十一—30　安政六年六月二十三日（一六—一〇）

如諭日々鬱蒸、御安静大慶、此方無事
一、小金千人餘帰郷、思帰之民如決堤帰来候由、二吏も潰散之勢を見て実ニ帰し候心ニ成候哉と存候、梅村も巨魁ハ訴寃ニ轉し居候由、先ツ宜候、丹鬼も懸皮(1)と密候由ハ宜候所、何卒間・水等に被煽不申様ニ致度候、内豊今程分り候哉、間の逆謀殺キ候様致度候、懸・青相軋の勢ハ宜候所、懸の方へ團扇を指候様相祈申候、青甑説熹亦甚矣、阿藩士云々、実説なれハ愉快也、割腹ニても致候哉、如何、梅へ賜金失體甚矣、大聿等感入候、哺蝠無所不至候、足下ニも御諫疏も有之と見へ候へ共、親密之人ニハよき様ニ致候勢也、戸側帰着、不快中故未會面不致候、長陳ニて力竭、國脉を縮候事伊も辨論之由、左袒も多く候由、其説被行候様致度候、二吏知識の妓、松岡怒りも尤ニ候、外ニハ心付無之候、已上
六月廿三日認

政次郎様　　恒蔵

(1)掛川藩主太田資始か。資始は大獄に際し、水戸藩の処分の寛大を計り、間部の賛成を得て直弼に進言、忌諱にふれ、安政六年七月二十三日老中免職、八月二十八日慎を命ぜらる。

十一—31　安政六年八月二十八日（七—一一）

披誦、暑中炎熱、一両日稍涼、昨夜好雨、尚又跡も降セ申度候、弥御佳健大慶、此方無事
一、小金云々、二利一村二人之説、五百村ニて千人也、とかく陽鎮陰動之術毎々如此、ケ様之情実も何方ゟか天聴ニ入候様之工夫ハ無之哉、買鬮の人情左も有へし、痛飲ハ三度之由、主憂死〔臣〕辱と申候所、寝食も不安被為入候所、是何の心ぞや、床机隊等も生帰心、此機ニ乗し　御親書を發申度、九郎抔も扼腕之由可想、其魁帥一術ニて奉要事可悪、斬狗ハ少年仲間ニ

て秘候共承知、老人恩賜御慙愧之所、又〻賜金欺罔之事ニ相見□〔破損〕、美新(1)云〻、河原田云〻、何事も其掌握ニ帰候事餘り無人之郷也、柳息甘粉自由〔是又〕之事也、好消息ニて足を止候事実ニ左様なるへし、醍醐も受賜之由、是〔可惜〕も左様之勢なるへし、饅饠云〻、竹籠云〻、言語道断、八幡の潜客不孫〔遜〕亦甚し、何レも九郎等へ熟知と見候へ共上下隔絶欤、如何

一、内豊詰問ニ無之様致度候、大窪いセ今程分り候哉、藤森(2)も今ニ至り暴ニ成候事か、如何、急き草〻、已上

六月廿八日認　　恒蔵

政次郎様

(1)美濃部又五郎（新蔵）か。
(2)藤森恭助のこと。儒者。安政六年六月十三日、幕府、鵜飼幸吉と藤森を糺問す。

十一―32　安政六年七月二日（七―一二）

少年度〻白氏へ出候由、青山ゟ申来候所、傳達之事抔論候哉、如何

如諭陰冷可憂、御安静大慶、此方無事

一、小金も減候へ共、此節在留たけの人数揃不申内ハ下し不申事ニ成候而、不得已跡ゟ發候由、且好音之説を唱、此節登り、賞を可受、正姦の分り候時節、此時登り不申もの姦也との説ニて、乍難儀追〻發候様子也、滞居之者、南来の少婦なとニ費し、其金ハ郷里ゟ醵してつまる所ハ公租を闕候也、梅客の劇飲、遊里等の費も郡金也と云、公帑を私候てハ礫罪也、何レも主辱臣死なと口ニハ云なから、主憂臣辱ハ何と心得候ニや、公ハ御寝食不被為安候ニ(1)、酒色の欲を極候事言語同〔ママ〕断也、御薬拝領も正坐ハ譏り、不作法を称し候類、梅客ニも歎候者有之由、人心不磨滅也、左様之人ハ不作法者と同類を恥て敬上之御盛意を奉し、帰心を生し候様御開諭候而ハ如何　太公ハ

累代敬上之御家風を、我世ニ至り我事ニて破るハ残念也との御意之由、居催促ニて要上、縦令夫ニて御慎解候而も御不本意なるへし、夫よりハ天下の為ニ御慎之方御本意と奉察候間、敬上の御盛意梅客ニも一人ツヽも暁諭為致候事、當今の急務と存候、聖堂書生之語も梅客ニ為聞候ハヽ、何よりの薬石也、少しつヽも乱心を醫し申度候、大久保(2)外補、如諭内豊も油断成り不申候、美事之説も幕ニも有之事とハ見へ候へ共、赧鬼の妨未可測候へ共、二利ハ口実ニして引留之策可悪、御國勝手ニて両人を下すの策是又可悪、傳達ハ不行を梅客粗覚り候由大慶、何卒悟り候者多く致度候、御親書御下を御頼申候者有之由、無理ニ留置、一己の私心を逞し候事、あきれ候者多く成候様致度候、藤小四黄口ニていらぬ事也、小牛云ゝ、監の持前なるへし、休病氣早く全快ニ致度候

一、除目御示謝候、二吏之耳目礫へ引付候事可悪

一、御答書随意ニ可致候由感謝、左様ニ可致存候、已上

七月二日認

政次郎様　　恒蔵

(1)斉昭、諭書を下し、鎮静退散を命じ、自らは礼服端座、幽室に閉居して謹慎す（『水戸藩史料』上編坤）。

(2)大久保甚五左衛門忠貞か。若年寄、参政。安政六年六月十五日、慶篤、忠貞を水戸に遣し人心を鎮撫させる。

十一―33　安政六年七月九日（七―一三）

友八二ノ舞云ゝ、不足介於意候

両三日炎暑御同慶、弥御安静大慶、此地無事、熊三郎事全快、御致意申通候

一、梅徒跡御移居を辞候由尤之事也、又ゝ賜金大胡等辞候由、青魚之管庫も辞候由、何レも得體之事也、此類ニ而も梅徒瓦解の形を生し候様致度候、乍去度ゝ濫賜犯上之風を長し候事可慨、小金抔ハ去留無時割合ニも困り候事と相察候、好消息ニて奉欺候所、是ゟハ又何とか説を変し候事ニ相見候、九郎是非出

勤、押込候様致度候、一角無之候而ハ難帰の説も有之候へ共、志願ハ　幕ニ而取受候間、先ツ引取相待候と申事ニ而、様子次第又〻出訴も難計と申姿ニ候へハ、却而奥深くして可然之所、二吏輩頻ニ遂非候事是非もなき次第也、除姦之事ニ而も山甫　駒邸を奉賣候由、夫ニて人臣と可申候哉、憲臺云〻感服、何卒押抜せ申度候、梅徒擲礫も甚しく候、弓街もあきれ、松岡の説も入候由大慶、妄動を不帰候事上策と申由、先ツ引取跡を含候方、奥深きをのみ込せ申度候

一、安茅礼服端坐感心之事也(1)、早く分り候様致度候

一、内豊日数過云〻、今程分り候哉

一、佳日過候所へ御申上御尤也、老人も扼腕候へ共、遠方ゟ書抔ニてハ分り不申候間　駒邸へ申上候積り也

一、南上之民云〻、汗の出候事共也、已上

七月九日　　恒蔵

政次郎様

(1)安島・茅根、八月二十七日処刑。

十一―34　安政六年七月十四日（七―一四）

如諭残暑、御佳健大慶、此地無事

一、日定云〻、委細御申越詳悉を得申候、微意有之事と相聞候、國へ認申候番頭云〻蛇足也、痛飲可悪、二吏北帰之命、國書と大同小異と申内、少〻委敷事も有之相分り申候、私情を以命を拒候事可悪

駒宮の御指図次第、白垂涙ハ真忠也、小牛離間尤可悪、大御怒ハ難き事也、又〻梅徒を動し候ハ可悪、執政以下往諭二吏同行ニ而ハよき様ニこねられ〔候脱〕事と見へ候、充國覚眠ハ何所より喚起候哉、白氏か如何、青も　勅を論候由、非其時、二吏駒邸之説、権宜之策ニハ可然、乍去其一ハ日定云〻ニて處置可然、小牛等之事國へ申遣候、伊孫ハ篤疾也、富田佐清　召命かと相察候、何レも得其人候様也、水藩取嗟候事御同様残念也、此度ハとうか参りそうなもの也、〇〔ママ〕内豊様病先ツ宜様也、市井怨嗟さもあるへし、已上

七月十四日

政次郎様　　恒蔵

十一―35　安政六年七月十九日（七―一五）

如諭秋色相催候所、御安静大慶、此方無事

一、梅状御申越謝〻、充國等帰梅色〻ニ成申候、鎮静御書拝見、無礼餘りなる事、大場あきれハ宜候、先ツ奉命之由左もあるへき事也、三侯登　城ハ御開明願とも承候所、如何、八幡も二吏参候而ハ甘言と相見候　九五御明断も又〻奉勤之由　駒宮も調停論を御用ニては不可奈何候、監府　召命抔ニて何卒分り候様祈申候、両監　召命ニてハ監も得力候間、どうか出来可申共被存候、調停ニて姑息も夫を御待被遊候歟とも奉存候、日定等之事も惣體取調候上ニて發可申か、飯側云〻、離間行れす可賀

一、内豊云〻、六ケ敷釣合と相見候

一、中元御嘉儀、且巾大へも玩物御恵、此節之儀何も致痛却候

一、富寿事御世話ニ成候由、且北帰も御勧候由感謝、此間當人母来候而申ニハ、北帰之者之話を承候へハ、梅徒之縦恣、幼年ニて其中ニ居候而ハ如何なる事を致候哉、小遣抔も遣ひ過候様存候間、早く北帰ニ致度候由、老人も足下へ申遣方ハ無之哉抔歎息、足下も御暁諭被成候而も不用ニなれハ致方無之候へ共、若又林了抔へ御談被下候ハヽ、林了ニて世話致候氣ニ成候へハ《ハハ》《〻〻》、塾長抔へ申聞、幼年《以下ノ者》且近比迄御救ニて取續候小給者迄かり催し候ハ不宜候間、下し候様取計可然、《と申候ハ》母之病氣抔ニて下り候事も出来可申候所、林了之意ハ如何ニ候哉、尤夫迄ニハ不及、近く惣人数下りニ成候歟もしれ不申候所、其母之苦労ニ存候も尤ニ候間御相談申候、已上

七月十九日

一、南郡山林斬伐、静明神の山も同様神氣を散し、是も民産を斬伐候上之事也

一、北堂御傳意中通候、已上

政次郎様　　恒蔵

十一―36　安政六年七月二十四日（七―一六）

残暑先ツ持張申候、北堂御安健奉賀候、御中暑之由今程ハ如何候哉、懸念致候、厚饗も八幡(1)ゟ被召帰り候由、如何之事を御諭候哉、大抵之事ニ而ハ面従後言なるへし、神人喬松へ出候由、是迄白氏等被出候へハ彼是誹謗いたし、神人出候而ハ仲間ニて称誉之事と見へ候、玄蕃も在金之人ハ欣然なるへし、只ハ居られぬ抔所ゟ發候哉、消日之具ニ致候位之事也、喬ニて御扱宜と申事誇候と見へたり、充國も彼か専恣ニあきれ候由、夫ニ而も小牛之私願へハ甘んして出候事と見ゆ、如何之胸中ニ候哉、一側三盜南上情景如何候哉、已上

七月廿四日　　恒蔵

政次郎様

(1)下総八幡。

十一―37　安政六年七月二十九日（七―一七）

御佳健可賀、事情委曲御申聞謝〻　幕情可畏、二李之事も大抵埒明可申歟

一、富寿之事御世話ニ相成候、委細熊ゟ申進候間、宜御頼申候、林了塾長抔ニ無之候而ハ帰り兼可申哉、何レニも宜様御頼申候、市村氏云〻承知、已上

七月廿九日　　恒蔵

政次郎様

十一―38　安政六年八月四日（七―一八）

秋暑御安静大慶、此方無事、此地も那珂・久慈餘程漲申候

一、幕も大ニ変し、此上國家天下之憂ニ候

一、魯夷云〻、如何之處置ニ可相成候哉

一、八幡へ数人發候由、ろくな事ハ不致と相見候

一、二吏も梅金を為騷候位之事、其術も古く成候様也、監之精神貫候様相祈申候、縷〻認度候へ共、三四日

又ゝ中暑、草ゝ、已上
八月四日
政次郎様　　　　恒蔵

十一―39　安政六年（カ）八月九日（七―一九）

縷ゝ御申越之所、今日も書状間ニ合不申候、何も期後便候、已上
八月九日
寺門政次郎様　　　　会澤恒蔵
返事

十一―40　安政六年（カ）八月十三日（八―一）

如諭少ゝ涼氣、御健勝大慶、此方無事
一、梅徒北帰雲邊もさそ御安心被遊候半、御同慶、跡も追ゝ為引申度候所如何候哉、厚饗潜匿之由、一説ニハ帰邸とも云、如何、八幡へ両かん一宗参候由、劫従ハ帰候哉、如何、小金もよほと引候由、林富も帰候由、壱分路費ニ御預ケ被下候由、毎ゝ御世話ニ相成候、二李之事早く分り候様至願ゝゝ
一、厩之事云ゝ、市村下り、北堂御徒然御尤至極御察申候、沼田(1)御話申候事尤と存候、不残不行共　両宮御安心被遊候御儀、下ニ而も安堵候事故、そこらニて御決断も可然候、九月ハ俗の所忌、北堂も御心掛りニてハ不宜、厩ニても支度指支可申候間、當月之内御引取之方可然候、市村下り北堂御中情御察申候、一ゝ無役か為ニ不告候て娶と申も孝の一ツニ候間、當月中と御決意宜候様存候
一、中暑快之様ニ而も年齢ハ過不申、とかく時ゝ暑を受申候、尤さしたる事ニ無之候
一、廿九日四日御状、梅状委細相分り謝ゝ、一ゝ御答申度候所、段ゝ既往ニ成候事も有之、且件ゝ溜り候ニ認兼候間略申候、二李之心跡至憂ゝゝ、乍去鬼の留守ニ洗濯被致梅も寂莫危然となり候半、此上窮吊如何なる事を致候哉、寒心ゝゝ、御果断万祈之至一候、幕状ハ如何ニ候哉
一、外夷之事御中越、横濱之事も償金の沙汰ハ如何(2)、

已上
　八月十三日認
政次郎様　　　　　　恒蔵

（1）沼田久次郎泰誨か。忠誨。
（2）安政六年七月二十七日、ロシア士官・水兵ら横浜で殺傷さる。

十一—41　安政六年九月二十四日（一四—一）

　　書状間ニ合不申候、傳
　勅論國友へ為登申候、已上
熊へ御状、秋冷御安静大慶、此地無事、老夫も大抵全快、近日出勤と存候、事情御申聞、熊ゟ御答申候、對州参殿（1）、小君移礫御同慶、駒の神人等も引候事か、妄徒下し此方ハ可恥候へ共國家の為ニハ宜候、二李潜伏之説実ニ候哉、御剛断ニ候へハ夫より外ハ無之事と相見候、小金も大恥を露し候由、御手抜け無之候様致度候、此地ゟも霜臺ゟ逮捕出候由也　君側も御處置有之事と相見候、此地近侍も今日達御用、南北相分候事か大抵得宜候歟と存候
一橋君御咏御用意感泣、此節ハ御詠歌ニ而も被成候方宜候事と被存候、急き草々、已上
　九月廿四日
政次郎様　　　　　　恒蔵

（1）安政六年九月八日、若年寄安藤対馬守、水戸小石川邸に至り藩政を聴く。八幡宿滞留の士民を退散させることをすすめる。以後藩政に与る。

十一—42　安政六年九月二十九日（一四—二）

御安静大慶、此方無事、小金云々可恥、此節宍倉へ引取候由、住谷ハ引色との沙汰也、松宮蟠踞之徒幕を責るの説頑愚亦甚、除目ハ宜候
一、奇薬御厚意感謝、奇病一町ニハ當時無之候、何事も熊ゟ御答可申候、已上
　九月廿九日

政次郎様　　　恒蔵

十一―43　安政六年十月四日（一四―三）

披誦、好晴薄寒、御安静大慶、此地無事、此度ハ御同意恐悦、御移礫之御沙汰如何候哉、執政も御免と相見候、如何、老大夫番頭北帰ハ如何相成候哉、對州参殿御登の前置と相見候、二狂　召命何とか拵候而依遠と相見候、如何、夷ハ肆ニ銃聲、幕ハ鴟聲、礫ハ蠅聲、早く鳳聲を承度候

大公御詠感泣(1)　幕抔ニて悪く取られ候而ハ如何ニ候間、なるたけ廣り不申様致度候

一、御風邪今程如何候哉、御加養可被成候、鮭魚少々御謝辞汗面、熊ハ常番ニて書状為登不申候、已上

十月初四

政次郎様　　　恒蔵

(1)安政六年八月二十七日、斉昭国許永蟄居を命ぜらる。九月一日、江戸を発するに際し詠んだ左の歌を指すか。

はれゆきて又めくりくる秋もあらハふたゝひ愛む武蔵野の月

十一―44　安政六年十月九日（一四―四）

皆様御安健大慶、此方無事

一、御登　城恐悦(1)、一應ハ御辞退候所、閣老ゟ御登城被遊候様申来、御登ニ相成候由、執政之話左様之事ニ出来候と相見候、老大夫も昨夕抔着ニも成候哉、未承候、御番頭も追々下着之由、二痢ハ未下、早く通しを付申度候、維持御奉公御尤ニ存候

一、手島某馬鹿な始末也

一、十國又々南上、是も餘程畏縮候由故、さしたる事無之と見候へ共、痢之勢をハ助となるへし、佐次も公然横行之由可悪、妄人行取、安も不来候様早く致度候

一、厩之事早く御引取ニ致度候、御出入之者沼之名代心ニ御頼ニて御整ニ候ハヽ、沼も大慶いたし候事と

存候、北堂御安心大慶、外ニ用事無之、小金之民ハ不残帰郷、八幡徒ハ宍倉ニて矢野[2]大往諭候へ共不験、其前ニ石八百ハ帰候由、民も少ヽハ帰候様子也、已上

十月九日

政次郎様　　恒蔵

(1)安政六年九月三十日、幕府、慶篤の差控を免ず。
(2)矢野唯之允常之、逸平。または矢野長九郎道、七三郎、長邦。

十一―45　安政六年十月十四日（一四―五）

多雨御安静大慶、此地無事、ニ痢初不残引拂、追ヽ帰着之様子御同意安心、大竹も帰宅之由、軽く済候様致度候、京因處置橋左・三樹等痛敷事也[1]、對州之事如諭

一、来月初御引取大慶、沼云ヽ御尤千万、館丁為待、

草ヽ、已上

十月十四日

政次郎様　　恒蔵

(1)安政六年十月七日、橋本左内・頼三樹三郎処刑。

十一―46　安政六年十月二十四日（一四―六）

如諭繁霜之所よほと弛申候、御安静大慶、此方無事、淘汰再燃御同慶、五万金之冗費汰ハ失信、可嘆

一、佐賀ハ参府、土佐ハ慎、色ヽ之世の中也、大竹[1]ハ指て重くも無之哉、吉田・藤森[2]抔如何相成候哉、十五日御居残り如何之事ニ候哉、火災可畏[3]、天下之窮可憂、都下就捕之者有之由、道路以目の世と相成候、此地も可戒事御尤也

一、沼ニ不拘、来月始御引取御尤ニ候、已上

十月廿四日

館丁為待、草ヽ、已上

政次郎様　　恒蔵

(1)大竹儀兵衛安直。十月二十九日、押込に処せらる。
(2)藤森恭助、追放。吉田は松陰か。死刑。

（3）安政六年十月十七日、江戸城本丸焼く。

十一―47　安政六年十月（カ）（三一―八）

十月廿七日之貴書、早速相達致薫誦候、時下新寒、愈御清適奉賀候、前書爰元動揺之儀、得貴意候所、其後謀主之両吏蒙譴(1)、屏居候様相成候へ共、此節静謐ニ相成候所、吠聲之徒
勅意をも不察、謀主之説而已信候而執迷候故、人心一致ニ無之、此上陰誘等之患無之様致度願居候事ニ御座候
天朝・幕府を尊敬候當家之家風、末長く貫徹候而、此先　幕府之諸有司も感動被致候様、臣下之至情御推察可被下候、前書ニも相認候通、謀主貴名を賣候儀、小梅等ニ在留之者、追々滞留長く相成候而ハ、一和不致候者も出来、両公憂慮被致候儀も粗承及候而、帰心を懐き候者も有之候を、挽留可致ためニ候哉、貴論ニも事を起し候時節との儀、小梅在留之内ニ唱居候者有之由承候間、前書得貴意候所、御驚愕被成、傳　勅并國事等、當方之者と御互ニ御談被成候儀無之候、段々委曲被仰聞、愚意ニも実ニ左様之御次第奉察候儀ニて御尤至極奉存候

〔後欠〕

（1）安政六年十月九日、奉勅派奥右筆頭取高橋多一郎（愛猪）、郡奉行金子孫二郎（教孝）逼塞を命ぜらる。同年十一月十二日、両者に蟄居を命ず。

十一―48　安政六年十一月四日（一四―七）

昨今寒氣、御安静大慶、此方無事、帆平事只今承り恐入(1)申候、夫ニ付候而もいろ〱御世話ニ相成候事と存候、何分宜御頼申候、御申越之事御答可申候所、館丁来り間ニ合不申候間、期後便候、已上

十一月四日　　恒蔵

政次郎様

（1）安政六年十月二十九日、海保帆平、山国喜八郎・加藤

木賞三と共に役儀召放、水戸表永押込を命ぜらる。

十一―49　安政六年十一月九日（一四―八）

如諭増寒之所又々弛申候、皆様御安静大慶、此方無事、賜物云々御申聞、濫吹汗面之事ニ候、弓街恐入候儀ニ存候　九五御周旋難有儀奉存候、実奉敬服候、近々對話可仕候所、此節色々御世話ニ成候事と存候、家内ハ跡ゟ下リニ相見候間何分宜御頼申候、熊も迎ニ登り候様願出申候、是又御世話ニ成候事と存候、北堂へも宜御頼申候

一、二日御引取御延六日ニ成候由、今程北堂氏もさぞ〳〵御安心御悦と存候、（1）宜御傳聲御頼申候、急《キ》草々申残候、已上

十一月九日

政次郎様　恒蔵

（1）斉昭夫人帰国に政次郎姉随従か（安政六年十二月四日付書簡参照）。

十一―50　安政六年十一月十九日（一四―九）

御安健可賀、此方無事、海保下リ御申越謝々、館丁来候間何も不認候、帆熊發途ニ存候間書状不遣候、若未發候ハヽ、宜御頼申候、先日之辭命、國ゟ御引取御覧可被成候而、帆熊へ御廻可被下候、已上

十一月十九日

政次郎様　恒蔵

十一―51　安政六年十一月二十四日（一四―一〇）

如諭寒氣、御安健大慶、帆熊無恙候由安心、此地無事、家内同道被成候由都合も宜候事と存候、熊も久々ニて拝面、少々ハ閑話も出来候哉、弓街も千葉両門引越ニ成候へハ至極宜候、熊ゟ微物懸御目候付御謝辭痛却、帖も資用出来候由、六圓御預り置追而御下し可被下候、家内ゟ買物御頼申候由ニ御さ候、駒へ被為入候儀御申越恐悦ニ候、其御心を末長く存し候様奉祈候、高金云々、國是定り候へ共辭命ハ遺憾也、此節ハ慎居候由、

陰ニ仕事を致候様子、学校抔も妨之様子也、田野へも解説を倡候事と相見候、中山御餞別御丁寧之事也、朝倉(1)可惜、外ニ用事不心付候、已上

十一月廿四日

政次郎様　恒蔵

(1)朝倉源太郎景行か。源太衛門、広高。

十一—52　安政六(カ)年十一月二十九日（一四—一一）

館丁待居書状間ニ不合、令姉御宿之義致大慶候、其外之事後便御答可申候、已上

十一月廿九日

政次郎様　恒蔵

十一—53　安政六年十二月四日（一四—一二）

海保昨夕晡時着、四日認

如諭快晴寒威、御安静大慶、此方無事、海帆今夕着相待候、熊ハ昨夜着、届ハ今日之着ニ届候筈也、弓街も千葉四郎出候筈ノ由大慶、猶又熊ゟ承候太夫人(1)も近日之御着、令姉も御着と相待候、九郎公子も御帰邸、総州薄情ハ致方無之候所、礫邸ニて御友愛ハ御同慶、鮎澤も士ニ復し候事(2)、黄金之光ハ貴きものと相見候、安茅有知ハ如何、顔向致候事ニ候哉、青魚も引込候由(3)、此上四天王抔出候而ハ丹鬼愈得意と相見候、乍然盛極之間、此上ハ一変候か

一、駒へ又々可被為入候由、猶又棠棣之御歓御同意奉恐悦候　○○(ママ)御詠哥洩候義、何とか可申上と奉存候、御用被遊候哉否や不可知、今日も来客ニて後れ草々、已上

十二月四日　右ハ両度之御答也

政次郎様　恒蔵

(1)斉昭夫人、安政六年十二月五日江戸を発し帰国の途につく。

(2)鮎沢伊大夫、安政六年八月二十七日、遠島の処断を受けるが、同年十一月十四日、お預けとなる（『水戸藩史料』上編坤）。

(3)「青魚」は間部詮勝のこと。水戸の処置の寛大を計り、また対朝廷の問題を専決せんとし、直弼と衝突、安政六年十二月二十八日老中罷免。

十一―54　安政六年十二月九日（一四―一三）

凝寒、御安静候哉、石川之嫁之妹病氣、昨夜及大切申候、右ニ付何も申残候、美新桜等宜候、御發輿前駒邸へ被為入恐悦、絹至極宜候由也、此外此次可申進候、態も書状不發候、已上

十二月九日

政次郎様　　恒蔵

十一―55　安政六年十二月十八日（一四―一四）

如諭雪上今日も祁寒、愈御安静降心、小家無事、老身腹中不和ハ常之事と相見候、鷹巻不幸ニ付御状并佳品御恵被下感謝、忌明後御執可申進候、對州も如諭當年切ニ致度候

将軍家未た御全快ニ不至候由御同慮、一橋邸へ御出入願候者多く候由、軽薄之風可想、御謝絶ハ得體之事ニ存候

一、御外出之序ニ懐爐の灰御調可被下候、懐爐ハ有之候間、灰汁二袋程御頼申候、何方ニ而も宜候所、帆平調ニハ神田鍛冶町ニ候、急き不申御序ニ御頼申候、代料ハ追而御勘定可申候、外用事不心付候、已上

十二月十八日認

政次郎様　　恒蔵

十一―56　安政六年十二月二十四日（一四―一五）

除目國友へも御示可被下候

冱寒、御佳健降心、此方無事、紀公御昇進(1)轉任とハ右ゟ左へ轉スル等を云泉州外國奉行、拝領(2)物色〻之世之中ニ候

将軍家御不例恐懼之事ニ候

大夫御都合宜奉恐悦候、青山ハ明朝發途也、已上

十二月廿四日

政次郎様　　恒蔵

（1）安政六年十二月一日、徳川茂承、権中納言。
（2）同日、松平和泉守乗全、勤労を賞し賜物あり。老中脇坂・若年寄酒井、外交の功に賜物あり。

安政七年・万延元年

十二―1　安政七年一月二十九日（二六―一三）

九日御状、如諭雨後稍異色、皆様御安健大慶、小家平安、老夫も疾ハ去候而氣力復し候、一段ニ相成候、長岡之狂[1]、悖國患國恥不過之候、此節ニ至り果断ニ出候間、不日ニかた付候半、幕ゟせり込れ候而も遷延致居候所

両公御英断ニて決議と相見候、猶又國友へ申遣候間御承知可被下候、幕除目左様之勢と相見候、遣墨使も發港[2]之由、何レも嘔吐抔之説も有之候所、乗出し候事と相見候、異銀此地も通用致候、石炭之事、先達長州人之説ニ長州之塩濱ニて土州之石炭を用候所、近頃俄ニ高價ニ成、塩利引合不申、塩も高價ニなるへしとの説

也、夫故右会津等之事考出し候哉、手綱迄及候而ハ他日火輪船出来候而も、石炭不足ニ而ハ何とも成不申候間、是非防度もの也、不堪把筆、已上

　正月廿九日

千種殿書急き不申候間、いつニても宜候、已上

一、前便熊へ御状被下候所、今日ハ當番ニて御答も如何ニ候哉、已上

政次郎様　　恒蔵

(1)安政六年十二月二十三日、藩庁の勅書返納を阻むために、水戸藩士数百名、常陸長岡駅に集合。

(2)安政七年一月十三日、咸臨丸出港、同十八日、条約批准交換のため遣米特使ら出発。

十二—2　安政七年二月二十四日（一六—一四）

熊へ御申越、長岡之者盗賊可悪可恥、熊も長岡へ出張(1)、御返事為登不申候、老人も間ニ合不申、何も國友ゟ御聞可被下候、已上

　二月廿四日

政次郎様　　恒蔵

(1)安政七年二月二十一日、斉昭、藩兵を派遣して長岡駅屯集の士民を鎮撫。

十二—3　安政七年二月二十九日（一六—一五）

土浦へ金子入遣度候所、長岡道路梗塞ニ付久敷扣置候、貴地へ為登、御手元ゟ誰へか御頼、御届被下候様ニ可相成候哉

今日も書状間ニ合不申候、國友へもさしたる事不申遣候へ共、御用書等大意御聞可被下候、已上

　二月廿九日

寺門政次郎様　　会澤恒蔵

十二—4　安政七年三月四日（一七—一）

昨雪増寒、縷々御申越御尤ニ御座候、御答色々認度候所、昨夕暮書状着、今日も間ニ合不申候間、國友ゟ少々御聞可被成候、已上

三月四日

熊も日々晝夜詰切ニ候

政次郎様　　恒蔵

十二―5　安政七年三月九日（一七―二）

先日百疋為登置申候

三日之事(1)天下の為ニハ宜候へ共、水の為ニハ御心配之御儀恐入申候、邸中さそ〳〵御取込奉察候、床机隊等登り、少しハ御静ニも候哉、扨此節御頼申候ハ氣之毒ニ候へ共、熊當役ニてハ是迄之火事羽織古く候間、別ニ調候所紋を直し候ニ、白羅紗之切尋候所此地ニハ切レ物故、貴地ニて調申度候、尤白羅紗と申ハ水浅黄之様ニて此地ニも有之候所、真白羅紗と申ニ無之候而ハ、雲形抔と出合不申と申事也、寸法別紙之通り也、貴地巾着屋なとニ可有之と申候、足下も御繁劇之上御門出入六ケ敷候由、御外出被成兼候ハヽ、程過候而も宜候、又他之人へ御頼被下候而も宜候、乍去九三郎等もやはり忙敷候半、御程次第何レニ而も宜候間、先ツ寸法書付為登置申候、とかく時宜次第御頼申候、已上

三月九日

此地之事、愚論國へ申遣候間御聞可被下候、已上

政次郎様　　恒蔵

（1）桜田門外の変。

十二―6　安政七年三月十四日（一七―三）

多雨、皆様御安健大慶、此方無事、三日云々、頭をも弄候事餘り無礼也、薩ニて發船之由、金孫奔薩ニハ無之哉(1)、高と一同欤も知れす(2)、左候へハ他日之害不可測幕も宜候由安心、病死ニ致候ハ其筋《筈》之事ニ存候、國ハ安心不致候所、長岡之如き犴妄ハ水ノ外ハ天下ニ稀なるへし、邸中警衛厳重之由、永續ハ如何候哉、高松可咲、其他委細御申越之所、館丁為待、草々　幕も無事を好候間、減禄ニも成申間敷欤

一、先日羅紗切之事、六ケ敷候ハヽ、暫く御見合可被下候、古物を用居候而も宜候

一、土浦書状之事、此節ハ長岡も先ツ開候間此方遣し可申候、已上

三月十四日　　　　恒蔵

政次郎様

(1)金子孫二郎、二月十八日、脱藩して江戸に奔り、薩摩藩士有村雄助宅に潜み、直弼襲撃の策を練り、三月三日、目的が達成されたことを確かめた直後、江戸を脱し京に向う。同月九日、伊勢四日市で捕えられ、十三日京伏見に護送される。

(2)高橋多一郎、二月二十日、勅書返納不可の書を藩庁に差出した後、京に向う。三月五日大坂に入り、二十三日、捕吏に囲まれ四天王寺境内で自刃。

十二―7　万延元年三月十九日（一七―四）

如諭雨退屈、御安静大慶、此方無事

一、上意之事為天下ニハ宜様ニ候へ共、直孝之後も三藩ニて永世仇讐と成候而ハ為天下ニも可憂候、此節ハ病死ニ成、妄動無之事と見へ候へ共、狂夫等も難計可戒事也、岡本云々、尤之事也、閣老戒心之事水鳥の聲ニ同し、訊問掛りもざつ致候事左もあるへし、金西奔之事ハ実らしく候、國ゟ御聞可被下候　幕へ御内聞ハ宜候、十七人自分ゟも水戸殿家来と申立候様ニ承候へ共、都而水戸浪士との名目ニ致度候、京師へハ　幕之手廻り候様致度候、敬上之意御尤、甲源如諭智者、此先如何候哉、此地を動候事も安心不致候、頭航海ニ而ハ以之外也

一、永芳又々倡乱候、國ゟ御聞可被下候

一、羅紗切至極宜候由、此節いつも六ケ敷候所へ御頼申氣之毒致候、隨分古物とハ見へ不申候、謝々、已上

三月十九日

滑稽語御示、例之通軽口也

(1)彦根藩、水戸藩の江戸邸襲撃の風聞。

(2)彦根藩家老岡本半助か。三月四日、細川・脇坂家へ自首した浪士らの引渡しを幕府に願い出たが、幕府はこれを斥けた。

十二—8　万延元年三月二十四日（一七—五）

披誦、多雨、御佳健大慶、此方無事
一、彦藩継嗣も定り候由(1)、左も可有之候、彦佐多人小屋等之事疑敷様也、実説相分候哉、尤其當座ハ左様之《も》事有之カ不分候所、今ハ如何、幕諭ニて鎮静候由(2)、妄徒ハ不可測、頭之事六ケ敷候由、一服之沙汰之由當世風カ、加州等へ武備之令左も有へき事也、邸中半隊守衛之由御辛労相察候、追而ハ永く續候御處置ニ致度候、二吏も多分西奔カと存候、此地よりも西奔之者有之、密約カと被存候、國ゟ御聞可被下候
一、夷婦陸行、仙臺ニて指留候由、流石大藩ニ候、其後如何相成候哉
一、國忠墓誌御尤千万、大人も論定之日を待候心得之由、夫も可然被存候、今日も急き草卒、已上

三月廿四日　　恒蔵

政次郎様

(1)三月十日、称病の直弼、庶子愛麿（直憲）を嫡子とし、閏三月二十三日、愛麿の相続願出、四月二十八日、幕府これを許す。
(2)三月四・五日、幕府、彦根藩を慰諭。

十二—9　万延元年三月二十九日（一七—六）

披誦、續て好晴、今日ハ催雨候、愈御佳健大慶、此地無事
一、此地流賊云々御尤ニ存候、此節左右政憲都鎮静論之様子、尤少年輩ハ頗る帰宅有之由、脅従の徒ハ夫ニて可然候へ共、巨魁ハ何とカ處置有之様致《度》、當路ニ其人無之候而ハ行れ不申候
一、金孫酒楼待報(1)、公然西行之由、就捕ニ易き筈也、高ハ如何ニ候哉　幕ハ隨分手ハ廻り候事と相見候、御預人水臣と称候由可悪、幕もあきれ候由、左も有へし、澤山立嫡も相濟候由、彼藩も安心之事と相見候、加封之段ニハ無之、減封無之様致度候、会津大老ハ宜事と相見候(2)、甲源速帰之事　思召も有之由左

様致度候、御返納御日延相濟候へハ大慶、相馬大作の見合可憐候へ共不得已候、鞠問所ニて無礼之由咲止千万、薩侯之書如諭偽作也、文躰を見候ニ高の手ニ出候事必セり、幕へ出候而も彼輩詐偽を構候證左となるへし、其他共國へ申遣候間宜御相談可被下候、已上

三月廿九日　　恒蔵

政次郎様

(1)三月二日、浪士ら、江戸品川の酒楼相模屋で訣別の宴。金子孫二郎は襲撃の報を相模屋で待つ。
(2)三月十日、幕府は特に、松平容保に参府を命じ、二十五日着府。大老就任の説あるか。

十二―10　万延元年閏三月四日（一七―七）

披誦、連日過暖、今朝料峭、愈御佳健大慶、此方無事、三浦内膳(1)百人計召連候由、外水ハ一人ニ而も出府を禁し、彦ハ百人東下と云事如何之次第ニ候哉、御考承度候、会津ハ今程如何、彦之貪濁露れ候由左も有へし、木股立少〻ハ鎮静之意ニ候哉、如何、高橋為指事も出来間敷様ニ候へ共、薬よりハ毒ハ廻るもの故、油断不相成候、仙臺其後如何ニ候哉、此地餘賊之内帰家ハ先ツ宜様ニ候へ共、南北内外上下姑息而已、結局如何可憂、其外共國へ申遣候事も有之、御聞可被下候、已上

閏月四日　　恒蔵

政次郎様

(1)彦根藩家老。

十二―11　万延元年閏三月九日（一七―八）

春暖、御安静大慶、此地無事

一、会津ハ愈大政御相談ニ出候哉、廿九日云〻、何か含も有之様御同憂、関宿ハ宜候(1)、福井藩ゟ本藩之事情御通、何分御尽力相祈候、川越藩ゟ澤邸へ出入之者之説、先ツ宜き方也、一旦断絶と申程ニも不至かと存候所如何、出来可申哉、苦心、中川侯云〻(2)、手抜無之由大慶、千兄弟よく水國之事情を心得候様致

度、三日之事　老公之思召を受候抔との誣説も有之(3)欤、以之外也、十八日之乱(4)ニても背叛之者〔の脱〕所為と云事明白也、且謀主ハ去十一月蟄居其後出奔之者、三月ニ至御内意を受候筈無之、委細國へ申遣候間御相談可被下候、是等之意千兄弟も承知とハ見へ候へ共、能〻熟知候様致度候、柴素水土同謀可悪、床机隊閲武ハ宜候、此地も文武休居候所、幕御伺ニて始申度候、京中厳之由、若州家老(5)切火縄ハ過慮之様也、如何、澤ニて中屋敷へ百姓を置候ハ何の為ニ候哉、増田へも御逢不被成候由不得已候、草〻、已上

閏月九日　恒蔵

筝御恵被下感謝、已上

政次郎様

(1)閏三月一日、久世広周、老中に再任。
(2)豊後岡藩主中川久昭か。
(3)桜田門外の変が徳川斉昭の差し金によるのではないかという噂。
(4)久木直次郎襲撃事件をさす。
(5)酒井家家老、三浦か。

十二―12　万延元年閏三月十八日（七―九）

今十四日御用召六十七人、尤隠居と見へ父子もよほと有之、役人ニてハ村田工五郎等也、大聿も出申候

如諭薄暑位之所又〻凄冷、愈御安康大慶、此方無事

一、薬師寺怜(1)、関宿云〻、何卒陽氣一致度候、彦根へ〔破損〕□朱印不賜、一旦断絶之説も有之由、左候へハ　本藩と怨弥深く可相成、直孝之家と　三藩と左様ニてハ　幕之御為にも不宜候間、関宿抔へ邸ゟも御通しニ致度至願ニ候、何とか御工夫ハ無之候哉、如何

一、中川玉池云〻(2)、無遺憾候事大慶

〔太〕大公も御劇論之様ニ申候ハヽ、尽く両吏ゟ出候誣説と申事、天下へ廣め申度候

一、國之事御同意至憾ニ候、酔中諧謔之癖ハ可慎事也、乍去挑候而も宮中を乱候事ハ成不申、全く附会之譏説、馬城老侯も餘り御軽卒也、馬城も　九公子も御

附人ニハこまり申候　公子御蠱惑被成候而ハ他日両宮(2)の和風如何、苦心候、且両吏之餘類例之劫制之術を以諸有司入替を謀候様ニも承及候、如何、足下百方御周旋何分相祈申候、老夫も尽力候様御申越之所、遠方ニて長鞭不及馬腹之勢、握汗候、御心付も有之候ハヽ、御申聞可被下候、已上

閏月十八日認

政次郎様　　恒蔵

(1)側衆薬師寺元真か。閏三月五日、御用取次を免ず。
(2)斉昭夫人と慶篤夫人。

十二―13　万延元年閏三月二十四日（一七―一〇）

披誦、小喧、愈御安静大慶、此方無事
一、京廃立虚之由、三日之賊懐中書ニ載たるハ全く無き事か、又ハ　幕議ニ有たる事か、如何
一、会津幕命を固辞候由、外ニ誰か被命可申候哉
一、成瀬善人之由大慶、尾之事情如何
一、佐賀・薩州等之事六ケ敷世之中ニ相成候
一、賀州正議之由大慶、仙臺も政宗以来之家風相見候、三日以後　女公子(1)と御不和之由ハ如何、棒一本抔《水之》情実を熟知、例之辯口ニて説申度事也
一、講武場紛失物如何之賊ニ候哉、可謂奇
一、土木之事差之私可悪
一、桜田囚狂人とか頑民とか可申歟、當人ハ天誅抔申候へ共、天吏之積りと見へ候へ共、其職ニ無之、賊名ヲ不免訊問之由
太公之御意内抔ト誣告無之様致度候、如何、金ハ着ニ成候哉、其外大坂之囚抔、高の矯誣位ニ而是又御意内等之誣無候へハ宜候所、前状之事國ニも申遣候所、何分御工夫ニ致度候
一、成田ニて就囚之者今程分り候哉
一、関宿船(2)改是非も無之事ニ御座候
一、執政呼出相分候哉、如何
一、貴地御番永続之御仕方と相見候
一、國之事御同意指支申候、三陸へ書通之事承知、遠方書面位ニ而ハ尽し兼候哉ニ候へ共、何とか申遣候

様工夫可致候、今日ハ間ニ合不申候、老後入組候書状一通位ならてハ出来不申候間、後便迄ニ認可申候
一、御用召御申越、真差も北帰ニ相成候
一、天王寺云々御示、(3)旧交不勝感懐候へ共、天下之巨害降候事國家之幸ニ候、指物携候由、出宅之時具足箱ゟ出し持去候由、其時ゟ逆謀心掛候事と相見候、同時就囚之者共(4)其魁之詐術ニて太公を奉誣候を信し居候而、如何様之事を誣告候も難計寒心ニ候　幕へ前状之事國方へ申遣候、宜御相談可被下候
一、脇閣へ指出書返遣、書面ハ尤ニ候へ共天誅之事其身の職ニ非、大塩の湯武ニ成候、驕心と一轍也、義烈とも難称候欤、已上
　閏月廿四日
天王寺之書昨夜石傳ニ被借、今朝返し候筈、未返、後便迄御待可被下候
〔宛名・差出人名欠〕

(1)斉昭の娘。名は八代（孝子）。安政二年九月、仙台藩主伊達慶邦に嫁す。孝子の生母は松波氏（春）。
(2)三月二十五日、幕府、下総関宿の関所通船を厳にし、この旨水戸藩へ通達。
(3)三月二十二日、高橋多一郎・庄左衛門父子、捕吏に囲まれ、大坂四天王寺で自刃。
(4)川崎孫四郎、山崎猟蔵ら。

十二―14　万延元年閏三月二十九日（一七―一一）

披誦、又々冷氣、御安静大慶、此方無事
一、澤山云々、挙邸称快之由、不智亦甚、賜鯛、尚又関宿之説御同意安心、内賊之事も幕ゟ何とか参候ニハ無之哉、苦心千万
一、拙書之事承知、書債未償之事多く候へ共、御遣置可被成候
一、國之事今日木へ申遣候、此度御状隠語之様ニて分り兼候、用心ハ称快、用心とハ何事ニ候哉、馬老も黄白ニ溺れハ誰ニ候哉、一度ハハケ敷とハ何事ニ候哉、肘腋之変とハ何事ニ候哉　公子伴宮御出、摂長

も出候事御尤也、是ハ出来そうなもの也、石吉学校兼職抔ニハ出来不申候哉、摂長出来不申候へハ御免と申ハ不宜様也、其時ハ何とか工夫可致候
一、澤山交代を増加ハ何故ニ候哉
一、御城中之塀、餘賊等之事御同意痛心、御城坊主之事ハ宜様也、水出生之者六ケ敷候由左もあるへし、夫ニ付候而も餘賊之事苦心
一、九公子御付之事苦心、貴地有害之者多くハ善士執迷之事可嘆、此地片端より尽く執迷也、土木之方巣窟ニ成候事、そこもこゝも皆如此、土木にてハ指たる害もなし得不申歟
一、熊方初魚御恵感謝、已上

閏月廿九日　　恒蔵

政次郎様

十二―15　万延元年四月四日（一七―一二）

披誦、如諭良氣候ニ候、愈御安静大慶、此方無事
一、廃立訛説之由、左も有へし
一、会津之外大老之人無之、閣老持之内夫も可然、政宗之事御申聞之通なれハ先ツ宜候
一、執政呼出指たる事無之由降心、天王寺書付留置候
一、艮斎書へ書込為登可申候所、此間中下痢失氣候間、此次迄御待可被下候、能く認候様ニ候へ共跋扈奸雄等之見込、全く高橋等へ矯誣ゟ出候ハ天下の事を誤り可申候、艮へ諭し候手つるハ無之哉、又井家ニて戦備を設候事顕然也、幕ニて捨置候筈ハ無之候所、幕へ伺度事國へ申遣候、宜御相談可被下候
一、飯参[1]・原[2]・魁[3]可賀、此節良風御同慶、林了[4]日定も宜候へ共、教職追々引抜れ闕を補候人無之指支申候、学校荒蕪も可憂
一、昨日庶孫男出生、二郎と名付申候、北堂氏へも宜御頼申候、但未申出ハ不致候一両日中、申上候筈、已上

四月四日　　恒蔵

政次郎様

（1）参政飯田総蔵のこと。

(2)原任蔵か。
(3)海保帆平か。
(4)林了蔵のこと。

十二―16　万延元年四月九日（一七―一三）

欣誦、今日ハ凄雨、愈御佳健大慶、此方無事
一、澤山卒去、藩士も追々西上之由、先ツ宜候
一、平残賊捕、拒返納者奇禍之前置之様ニも有之、可
畏、餘賊今以依然、少しハ處置有之度事也、拒返納
者大勢、捕ニも出来兼可申、何とか御掛合振も無之
哉　輪王(1)何か御周旋も有之様承候所、左様之事抔ニ
てハ乞憐候より外ハ無之様也、如何、拒候者誰々と
申事も委細ニハ分り兼、且（長岡の如き狂悖と遠、）大抵義勇之士、万一之
時公儀之御用ニも立候者ニ候へ者、輪王も御救済有
之候而可然、如何、吉恒(2)等搦僧之事、蛇足ニハこま
り申候、趨(カ)盗水沢、可愧
一、関宿首曲リ候而ハ以之外也、群小出死力候事可憂、
関宿も舒々と致候積りと承候へハ、長き内ニ真情分
り候を祈申候　太公之至誠を廣め候事、二吏之煽動
のミならす、第一矯誣と申事を弘め申度候
一、公子御附精撰ニて減員御尤と存候
一、國忰忠死ニ付新地進級御周旋ハ御尤ニ候へ共、父
へ新地と申も當り不中様也、進級之事も豊田と引は
り候間六ケ敷候様也、弟召出ニて先ツ宜候様也、慰
老懐候ニハ何か賜物位之事可然欤、石吉駒庫も無益
也、原誠家塾ハ如何ニ候哉、跡を持候も可然か
一、喬松奇怪千万、人倫墜地可嘆、但し如諭内憂ハ除
け申候、澤山平常之人数ニ成候由、情実分候ニや
一、飯参・原・魁可賀、熊末出勤之段ニ不至候
一、拙書之事承知、木村就囚之由宜候、野村(3)も不遠と
相見候、甲源妄徒ヲ動し候由、可憂
一、別帋返遣ニ不及由謝々、加仙辰就國之由、金等御
預之由承知、高父子妓楼も珍敷候、金高同類皆々妓
楼、死後之愧也、男也(4)ハ笠賊之由、其様之者を使候
事自負と見ゆ、日下忰可憐、金詠歌其志ハ可惜、ケ
様之所ゟ同類も感候者も有之欤、執偏見候如、ケ様

ニ成候事是非もなし、旧友之事愴然致候、已上
一、神長某、平潟ニて押借、北方他邦へも播汚名、已上

四月九日　　恒蔵

政次郎様

(1)輪王寺門主慈性親王。閏三月二日、慶篤の依頼により、使僧を老中脇坂安宅に遣わし、勅書返納の期を緩めんことを請わしむ。
(2)吉成恒次郎一徳か。
(3)木村権之衛門と野村彝之介、三月九日、江戸を脱し、西上、大坂を経て四国を歴巡。三月二十六日、帰京して後図を為さんとす。
(4)嶋男也。高橋父子ら、大坂の嶋宅に会し、捕吏に襲わる。男也は捕えられ、江戸に護送。

十二—17　万延元年四月十四日（一二—九）

如諭度々凄雨、愈御安静大慶、此地無事
一、庶孫出生御祝詞謝候、母子共相肥立候
一、艮斎書、當人之手際之様被存候、会津藩士云々、御尤存候、可然様御周旋ニ致度候
一、澤藩(1)戦備之事、此節帰國之釣合ニ候ハヽ、幕へ伺ニも不及之様也、此節刺客姦人等之類殊之外御心配、餘り御心配ニ過候位ニ候所、ケ様ニ御心配程ニて其事ニ御関係被遊候筈も無之候
一、原任貴地ニて云々、笑止之事ニ候、秋長女子縁邊願済居候所、此度破談ニ相成候、是も甚し、尤任の嫂、吉成之女ニて甚指張候由ニも相聞候、此間教職之方引抜、志類編修取掛候様被命候
一、澤山へ御香奠送葬も相済候上ハ、無事ニ保社稷候事と相見候、木股書も甚き様也、追而御示可被下候、喬松之事如何候哉、都下紛々ニてハ　幕ニても探索之事と相見候
一、千栄(2)関宿へ師弟之由ニ付、秋長海帆よりも書遣候由、老夫よりも遣候様申聞候間、原誠へ話申候、一封御届、且宜御相談可被下候、劔客の壮夫へ老書生之書、よく取用候哉難計候へ共、大意太公を世間ニて疑候ハ、二吏之矯誣ニ出候と申事也、乍去筆紙ニ

難尽、且漢語抔も有之、原ゟ辨解異候様申遣候、宜
御相談可被下候
一、熊も一昨日出勤、是も此間謁者之内話ニ　太公之
御意も近く可有之との響有之、左候へハ出勤不致候
而ハ不相成、所詮出勤候ならハ　御意を不奉煩之内
ニ出候方と申候間、夫も尤也と申候、然所笠監當今
之命を奉し候との話も有之由、大御厄介ニ相成候、
已上
四月十四日
政次郎様　　恒蔵

(1)金沢藩か、四月一日、藩主前田斉泰、就封により登営す。
(2)千葉栄太郎のこと。

十二―18　万延元年四月十九日（一二―一〇）

披誦、梅天、弥御安静大慶、此方無事
一、澤山葬済、追〻西帰候由、先ツ一安心之様也
一、艮斎書へ書込、草卒ニ為登候所、認振艮斎へ示候
而も可然候哉、國友ハ御相談可被下候
一、原誠塾生之事、如諭塾長も可然か、讀書之方御預
り候《可被成》由大慶
一、輪王も日光へ御發駕之由(1)、御世話も届兼候哉、十
七日發日、関宿を笠候所、遇後之坤宜候様也、対▨《ハ》〻
震之坤不宜様申候、委細國へ申遣候、荻筆記之〔ママ〕近日
出勤借用可致候、戸田筆記も御写ニ成候ハヽ、御示可
被下候、急務也、京囚廿餘人追〻ニハ分り候事と相
見候
一、摂長・豊之見合云〻も宜候様也、國難中御慰労も
大抵ハ延居候へ共、左様計ニも無之欤、時宜次第か
一、神長之醜有之上ニ、此間武田某《悴》与力川和田ニて飯
冨之民を斬殺、尤被殺候者も悪物と云、乍去殺候者
ハ十八日賊中之一人也、已上
四月十九日
政次郎様　　恒蔵

（1）万延元年四月五日、日光代拝（『続徳川実紀』）。

十二―19　万延元年四月二十三日（一二―一一）

披誦、梅、御安静大慶、此方無事
一、玉池云ゝ、二吏矯誣等分呑込尽力、伊精・井八等
も承知之由、此上何分相祈申候
一、原任云ゝ、あの方ゟ黨派を立候様ニ而指支申候
一、狂輩所ゝへ潜候由、國へも申遣候、小川ハ引去候
由　幕之逮捕恐候由、江戸へハ出申間敷候
一、喬松之事未詳之由、侍臣御使等ニて探候も及申間
敷、自然ニ分候を待候も可然か
一、廣矯碑之事、西上之時甲へ廻り僧へ託候由ニ承候、
夫故寄合書へも預り不申事か、碑ハ石ニて一通りニ
書誌を銅板ニ長ゝと認候、一寸電覧、写も不致候、
御写出来候ハ、御示可被下候、随分不文ニ相見候、
床庄の文と申事也、一見して左様存候へき
太公抔へ関係ハ一も無之候
一、熊出勤後打續不出居候、原誠も家塾を又始候由大
慶、何卒勉強候様致度候、宜御頼申候
一、輪王御周旋、御届合奉祈候、日光へ御發駕之由、
御祭礼ニ付御出、又江戸へ御帰ニ候哉、如何、闕自
任隠爪之由大慶、此地ニて身を持候抔の説無之様承
知、無聲無臭中より得効功申度候、不遠後の而企望
之事ニ候、一物御預ニて鎮水被行候へハ宗社大幸也、
此地之事國へも認候間御聞可被下候、已上

四月廿三日認

恒蔵

政次郎様

十二―20　万延元年四月二十九日（一三―一）

原誠ゟ答書到来、今日ハ疲居候而書も不遣候、申
来候儀承知、宜御傳声可被下候
如諭梅天、御安静大慶、此方無事、今日ハ指て御答候
程之事も無之、且甚氣力疲居候間ざつと相認候、巾着
胡爪御恵被下多謝、孫宇當時之立場ニてハ第一之正論
之由也、乱民ハ近ゝ、金ハ跡ニ成可申之由左も可有之、
池田大学登叡ハ京の叡山ニ候哉、東叡ニ候哉、如何、

先ツ草々、閣筆
四月廿九日
杉岡両氏愈下着ニ候、未何も不承候
政次郎様　　恒蔵

十二―21　万延元年五月四日（一三―二）

別帋書取ハ誰人の書ニ候哉、ミニストル云々有之、難題を申掛候事、[1]越前屋の書と符合候様也、此方ニ而も足揚ケを取られ候様なる事をいたし、別而来侮候事と相見候
如諭梅霖、御安静大慶、此方無事
一、杉岡下着、甲源薄晴合従之由
九五も夫を善きと被思召候哉、原誠二日ゟ開塾之由大慶
一、廣矯碑急き不申候。火薬之事荷主相發ニて宜候へ共　公室ニ而も吟味之上、處罪御届相成候而可然様也
一、泉州辞職[2]天下の為と存候所、跡ハ板倉を望候所、青野[3]ハ如何なる人ニ候哉、都下町人等赦帰候由、先ツ宜候　輪王門もなく御帰と存候、一物御日延と参候へハ無此上候、越前屋書御示謝々、今日為登可申候所此次迄御借り申候、御同意至憂此事ニ候、品川云々、餘り自由なる事也
一、海帆悴文武修行願、熊ハ引込居候故、秋長ゟ時々催促候所埒明不申、又々熊ゟも出勤ニ付催促候所如何致候哉、何か近比ハ蟄居等ゟ追々願出有之、調等ニて例之通長引候かにも聞へ候間、夫ハ水國ニ而も譴責ニ候間、幕府ゟ譴責とハ次第も遠、幕之譴ハ山國[4]も同様ニ候所、山國之子ハ御近邊勤居候程ニて、海帆悴文武修行不済筈ハ無之と申事を書記魁へ話候事ニ御座候、貴地ニ而も御願可被下候由、御世話ニ相成候
一、井ノ家督も相済候由、[5]乱民處置も有之事と存候、長岡等之餘賊打捨置苦心ニ候所、此方も深くも参り申間敷候哉、握汗々々
一、買入之書へ書込、追々為登可申候、讀直毘霊ハ既

ニ為登候事か、如何、已上

五月四日　恒蔵

政次郎様

(1)万延元年五月二日、幕府、英オールコック・米ハリスに洋銀は時価を以て通用させることを通告す。英・米・仏公使等、神奈川運上所公示の洋銀相場について抗議。
(2)万延元年四月二十八日、松平和泉守乗全老中辞任。
(3)青山幸哉（大膳亮、八幡藩主）か。万延元年七月八日、奏者番より寺社奉行を兼ねる。
(4)山国喜八郎共昌。天狗党挙兵に参加。斬罪、梟首。
(5)万延元年四月二十八日、井伊直憲、家督相続。

十二―22　万延元年五月八日（一三―三）

万我能比礼・葛花為登申候、越前屋書ハ熊ゟ為登候筈也

披誦、両三日催暑候、御安静大慶、此方無事

一、澤山も家督先ツ片、安心候様也、幕も雙方かぶれニならぬ扱かとも存候、乍去何とか少しハ参り可申歟、何卒何軽く致度候、関[1]も安ニ被押候、内ゟ尽力ハ大慶

一、甲源帰郷安心、厩前下り候由、拙書之事承知

一、楊進も不可磯の氣味か　公子謝通起揚、夫ニて洒々然御念不被成候ハ、美徳可称、通鑑之事態へ御申越謝々、宜御頼申候

一、荻筆記之事承候所、色々筆記致度と存候所、（被仰付候御書き物ニて）無寸隙、筆記も不致候由也、已上

五月八日認　恒蔵

政次郎様

(1)関は久世（万延元年閏三月一日、老中就任）、安は安藤（桜田門外当時老中。外国事務取扱として最も重要な国務担当）か。

十二―23　万延元年五月十三日（一三―四）

多雨、御安静大慶、此方無事

一、先日之別帋澤ゟ出候由、村山伯兄書後便為登可申

候、外も追〻相待申候、関宿船改頗寛之由大慶、青野無氣力不得已、善人ニ候へハ先ツ宜候、酒ニ落不申様致度候、水土後宮の應を失大慶、喬松之沙汰ハ如何

一、公子学へ御出ハ宜候、摂長出候ハヽ如仰御相手ニ無之方可然、御師範ト宜候様也、此地御入門と申事も無之候へ共、御師範の名目也、御讀書之時ハ両人手前の坐ニ扣居候所、御挨拶畳へ御額の付候位、是ハ御子様故ニも候哉、御本間へ御入御机の前へ、侍讀ハ向ふ坐ニ居り、御讀始ニ書物へ御拝之時、拝候人も有之候へ共安ハ不拝、書物へ御拝ハ答拝ニ不及と存候故也、御帰之時も自分之坐ニ扣候所ニて御挨拶如前、他の教職ハ詰所前ニ候間、御讀書済ニて直ニ引申候、貴地ハ御席之模様如何候哉、此方ハ大抵如右

一、外孫之事御世話ニ相成候、此地追〻蟄居等ゟ願出、其調手数故、外孫之願も一同ニ打込れ候様之事故、先日熊ゟ板橋(1)へ山國の例を引、外とハ別也と話候所、承知候由也、貴地ニ而も御願被下候へハ、近く分り可申候

一、厩前も見合可成欤之由、なるほと可宜候

一、幕も永閑暇之由邸中先ツ安、姑息之事と相見候、乱民永預ニハなりそふもなき事也、已上

五月十三日認北堂御致意申通候

恒蔵

政次郎様

(1)板橋源介のこと。

十二—24　万延元年五月十九日（一三—五）

如諭此方も大風雨、貴地程ニハ無之と相見候、那珂川ハ洪水程ニハ無之、千波ハ餘程出候由、村〻挿苗も腐り候沙汰、愈御安静大慶、此方無事

一、海児之事御申越謝〻、此方ニ而も度〻催促、埒明不申又〻村田(1)▨山ゟ願出候、御地へも廻り候事と相見候、原八も山國悴之事ハ心得居候事と存候、近く済可申候

一、一学士も再起之由大慶、摂長之事御尤ニ候、学へ御出も有之候へハ、格別此地へも響き可申候
一、遣墨使之書御入手候ハ、御示可被下候、別船ハ帰着候由(2)、段々心安く成候事と相見候
一、遠藤免職之由(3)、閣老ハ如諭板ニ致度候、田安(4)云々御同慶、越老と謀候へハ宜事と存候
一、此地も執政夏中弁当なしニ成申候
一、荻信草稿有之候ハ、早く改正為致度候
一、今日御用召廿餘人、監府少々改り候事と相見候
一、通鑑御世話ニ相成候、代料跡ゟ何程ニて宜候哉、熊ゟ御文通申候事と存候、先達而外國之事を書候書物、上木絶板之由御申越、書名忘却、只今ニ而も調られ候ハ、御調可被下候、已上

五月十九日

政次郎様　　恒蔵

(1)村田理介か。
(2)万延元年五月五日、咸臨丸、米国より浦賀に帰る。
(3)三上藩主遠藤但馬守胤統、天保十二年八月十日〜文久元年七月十五日、若年寄、桜田門外の変の吟味係。
(4)田安慶頼。安政五年七月九日、家定の病いにより幕政に参与。家茂後見。文久元年五月九日、家茂十七歳に達したのを理由に将軍後見職免。

十二―25　万延元年五月二十四日（一三―六）

披誦、温冷頗変候所、御安健大慶、此方無事
一、学へ御入ニ可相成之由大慶
一、酒話物之由、水羽もよしニ致度候、間藤瀬之よし天罰か、船改之事大慶、墨夫も新聞ニ驚候由、左も有へし、関根不遠使ニ致度候、小人震遂泥ニて仕舞被致度候、禍比礼落手、國へも指たる事も不申遣、邊賊之事位也、已上

五月廿四日

政次郎様　　恒蔵

十二―26　万延元年五月二十九日（一三―七）

一、通鑑二帙落手、熊今朝早出ニて書状發不申候

一、拙荊書状指出不申候、宜御頼申候
如諭酷暑、御安静大慶、此方無事
一、航海図御才覚出来候ハヽ、御頼申候
一、代官町之事江戸運ニも不及、此地ニて済可申との事ニ候へ共、扨々埒明不申候
一、幕も替り無之、東藩好通候由、乱民ニてハ出来申間敷、獨木(1)御隠居所御見合ハ可賀
一、品川之事氣之毒千万、出羽ハ可畏
一、白集承知、半切と御申越之様覚候、近日見出可申候
一、千種氏書謝々、已上

五月廿九日　　恒蔵

政次郎様

(1)一橋慶喜。

十二―27　万延元年六月三日（一三―八）

披誦、如諭酷暑、愈御安静大慶、此方無事、稲苗ハ大ニ見直し候由、畠ハ不一様、近く患炎旱候様可相成候
一、公子学へ御出、摂長も伴讀之由大慶、御坐席之事政府ゟ此地へ懸合候由、俗吏之見ニて往復候而ハ如何可相成候哉、近比ハ御掛も無之、胥吏ニて断候事多し
一、海児願も近々済候事と相見候
一、脇閣正議ニて引込(1)ハ不得已候へ共、早く出勤ニ致度候、出羽云々、落札無之様致度候
一、京囚東下之由(2)、長持ハ相違無事と相見候、如何
一、三書間暇ニ一覧可致候、なる程色々物出来申候
一、除目ハ隨分夫ニて宜と相見候、如何
一、垣谷行蔵上書、借候筈ニハ致置候所、御示可被下候
一、都下欠落人ハ何の譯ニ候哉
一、袂落し調度候所、出来合ハ手拭挟と烟草入也、老夫ハ烟草入を不用、眼鏡を入候間、手拭挟計調候而、眼鏡入を手前ニて拵候而も宜候、又市店へ申付製候而も宜候、眼鏡入ハ曲尺ニて三寸二三分、横一寸八

九分位也、此方ニてハ手拭挟計ハ賣不申、誂候へハ面倒がり候間、誰ぞ御出入之者抔ニて、序ニ手拭挟計ニても眼鏡入を製候とも、両様之内ニて御頼可被下候、尤急き不申、二三月過候而も宜候間、可然御頼申候、已上

代料ハ分り次第為登可申候

六月三日

政次郎様　恒蔵

(1)脇坂安宅、万延元年十一月二十九日老中辞任。文久二年五月二十三日再任。

(2)大坂・堺等で捕えられた嶋男也、佐久良東雄ら、五月二十六日、檻送されて江戸に着すを指すか。

十二—28　万延元年六月九日（一三—九）

如諭大暑、御安静大慶、此方無事、炎旱之所得甘雨、諸作も蘇申候、両日雷震可畏、通鑑毎度御世話、落手

一、書記寺社金を引出候由、當坐之苦迫れハ手後、座等之費用ハ依然と相見候、如何

一、代官町之事埒明不申、こまり申候

一、井家へ達、妄動も出来兼可申候、忠誠遺志云々、天下之勢可想、諏訪ハ如何なる人ニ候哉、安藤應接、波尓夷(1)之事如何ニ成候哉、急き已上

六月九日

政次郎様　恒蔵

(1)ポルトガル使節ギマーレスと和親通商条約締結を議すことを指すか。

十二—29　万延元年六月十四日（一三—一〇）

数日冷氣可憂、御安静大慶、此方無事

一、水土天誅可賀、往日喬松之説ハ如何

一、都下散走ハ半價故之由、可憐

一、厩前十七日夕着、昨夕寛話大慶

一、手拭挟ハ有合之眼鏡入を其儘用候而も宜敷、手巾挟計ニても宜候、乍去御調被成候ニ都合不宜候ハヽ、両様ニ而も宜候間、とかく宜御頼申候

一、行蔵文いつニても宜候、前便通鑑御下し無之候由、前便ハ大雨ニて所々之封物濡候由、よき間をくゞり申候

一、九公子御讀書之事、貴地之御模様次第可然様御計可被成候、折々ハ学校へも御出、講釈御験聞、跡ニて東照宮御言行等仮名書抔欤ニて御話抔ハ如何

大〔太〕公ゟ御沙汰も先達而妄徒鎮静之時之様御親密ニ候へハ、細大之事申上様も有之候へ共、今ハ御疎遠之姿ニて細なる事迄申上候ニも指支候、如諭新等も離れ候而大切之機会と奉存候、已上

六月十四日　　恒蔵

政次郎様

十二―30　万延元年六月一九日（一三―一一）

如諭大雨後好晴御同慶、愈御安静大慶、此方無事、航海図御下可成〔被脱〕候由、通鑑一同いつニ而も宜候、花のしからミうじの湧くか如く色々のもの出申候

一、黄白引集め姑息、御手元後宮ハ依然可嘆

一、新参先ツ正人之由大慶、行蔵書此間入手候所、誤写多く候間御序ニ御下可被下候

一、九公子御讀書嫌疑御尤、此方ニてハ及ひ越ニ候へ共、青山へ相談致見可申候

一、既前寛話大慶、認物承知、此節風邪強く引込、晝間之暑ニハ困臥（朝夕起坐）、終日書状も認兼申候、草々、已上

六月十九日

此地雹も有之と見へ候へ共、近邊ハ指たる事なし

政次郎様　　恒蔵

十二―31　万延元年六月二十四日（一三―一二）

立秋後炎威稍減、御安静大慶、此方無事、老夫風邪も覚小快候

一、航海図御世話ニ相成候、弐分ニ朱御落手可被下候、通鑑参リ候節御頼申候、白物之儀熊ゟ申遣候、宜御頼申候、手巾挟も急不申候

一、本越氏可惜、乱民永預ニ而ハ典刑無之、金健難有事ニ候

一、長倉主捐館昨日發喪、長子庶長子相踵淑〔叔〕世、何レ脚氣衝心之由也、可惜人也、外ニハ指して用事も無之様也、已上

六月廿四日

政次郎様　　恒蔵

十二―32　万延元年六月二十九日（一三―一三）

図代料前便御入手と存候

如諭残炎、御安静大慶、此方無事、老夫風邪小快之所、廿一日中暑ニ而寒戦伏枕、絶食程ニハ無之候へ共、終日困臥精神恍惚、翌日暑邪ハ去候へ共筋骨如絮ニて、以餘疲未復候、乍去少〻つゝハ順快也

一、脇も出勤致兼候由[1]、可惜、外國之事ハ沙汰通りニ〔衍〕ニ候哉、夫なれハ少しハ吐氣申候

一、通鑑いつニても宜候、行蔵書入手、書入も可致候、摂長大慶、追〻得復卦候事御同慶

一、厩前南上ハ中元後と相見候、先日も来訪、折悪敷病悩之日ニて伏枕致居候へき、熊ハ寛話いたし候、幕も水も姑息と相見候、已上

六月廿九日

政次郎様　　恒蔵

（1）桜田門外の変後、久世・安藤幕閣成立。十一月二十九日、脇坂老中辞任。

十二―33　万延元年七月四日（一三―一四）

両三日涼冷、御中暑御當坐之事ニ候哉、為天下御休護可被成候、此方無事、賤恙も少〻つゝ順快ニ候へ共、埒明不申候

一、通鑑監府ゟ相達、御世話ニ相成候、熊事宜御礼申候、御致意も申通候事ニ候

一、新閣順良之様ニも承候、如何、御普請小屋焼失[1]、又〻天下之一患を生候、已上

七月四日

政次郎様　　恒蔵

（1）万延元年六月二十五日、江戸城西丸作事場火災。

十二―34　万延元年七月九日（一三―一五）

此方ハ相應之残暑ニ覚候、御中暑も御全快大慶、老夫病勢ハ去候へ共氣力未復、昼間過半伏枕

一、上國洪水可畏、此地ハ先ツ無難

一、墨夷云々、國恥御同慨

一、手巾挟謝々、四十八銅為登申候

一、大久保阿州〔カ〕云々、外夷之事と存候、愉快之様ニハ候へ共、天下之大勢可憂、國友ゟ御聞可被下候

一、厩前も今朝發途、此地之事御聞可被下候、已上

七月九日　恒蔵

政次郎様

十二―35　万延元年七月二十四日

俄ニ涼冷、御安和大慶、此方無事、今日ハ北風大發、早中稲ハ無憂候所、晩稲ハ少々障り可申哉、さしたる事ニハ有之間敷候

一、隅州御申越之説も有之事と相見候、東藩御沙汰もあてニハ不相成、開札以前ハ何とも申兼候

一、譜〔ママ〕夷登獄可悪、仙臺・長州之墓地玄關へ立庫輕侮亦甚矣

一、通鑑全備大慶、如諭此間箱を誂申候、沾濕も無之降心

一、御別紙猶又別紙ニ御答申候、難物之様ニハ候へ共、治療ハ盡し申度候

一、聲妓驅逐飯上之蠅と相見候、熊へ御致意申通候、皆様へ宜御頼申候、已上

七月廿四日　恒蔵

政次郎様

十二―36　万延元年八月八日

拙荊書状間ニ合不申候

如諭日々陰雲小雨、今日ハ好晴、擧家御安和大慶、此方無事

一、暴風雨之事摂長ゟ御聞被成候由、此節之沙汰晩稲

も少しハ實可申と申候、乍去陸稲も甚傷候由、水陸田ニ者餘程民食を減可申候、貴地米價沸騰之由、且諸物高價之由、此地御扶持一俵二分ニ成、鹽ハ先日八十文、今程ハ又上ヶ候哉、酒四百三十二文の品も飲客ハ依然と相見、天戒もき《た》まり不申、夷降嶽又浴場之由、縦肆

一、廐之事前便も石へ申遣候所、御任セ可被成候由大慶、姙身之事ニも候間、何卒風波平穏相祈申候、御家内ニてハ如何様之事有之候而も平穏成候事ハ御喜悦と相見申、とんだ事ゟ波瀾御心中相察候へ共、父子不實善之意ニて御貫被成候様ニと存候

一、有合之紙為登候所御丁寧御申越汗面、熊へも申通候、已上

八月八日認

政次郎様　　　恒蔵

十二―37　万延元年八月十四日

披誦、朝夕冷氣位ニ候、彌御安静大慶、此方無事、廐之事石へ御任被成候由大慶、此上又々起り不申様致度候、とかく閨門内ハ蒸々入〔カ〕の三字第一之要語ニ存候、不極姦之三字ニて済候事と存候、大九五御持病御發、何卒御早く御復常奉祈候、委細ハ國へ申遣候、已上

八月十四日認

政次郎様　　　恒蔵

十二―38　万延元年八月二十四日

御同意痛哭一々御尤也、御發駕ニ而も御開明無之候哉、如何、御謚號之事御同意、思召ニ奉順度候へ共、神ノ字ハ天子ニ限り候様ニ御僭號ニてハ敬神の思召も水泡ニ成可申候、國友論尤と存候、外之事も國へ申遣候間御聞可被下候、熊三郎も御供ニて下り候事と存、書状も遣不申、若又逗留ニも成り衣服等之事貴地ニてどの様ニか間を合セ候様御申通可被下候、日々押張大疲勞、草々、已上

八月廿四日

書状三通無據被頼候間、御届可被下候

政次郎様　　恒蔵

十二―39　万延元年九月四日

秋冷、無御滞御上著と存候、此度ハ不圖得面話大慰愚衷候、乍去餘り匆々如夢ニ候、此方之事ハ其節之通り外ニ替リも無之候、御葬地も太田執政初青山等見分、昨夜帰宅、今日御議定と奉存候、御謚號も青山と熟議伺可申、貴地ゟ両人も下し可然之由、國ゟも申来候所、大極此方之人數ニて御間ニ合可申と教職も申候、様子次第ニ可致候、急き草々、北堂初御全家へ宜御頼申候、已上

九月四日

政次郎様　　恒蔵

十二―40　万延元年九月十四日

家内へ御致意申通候、今日ハさして用事無之ふみ不為登候間、宜と申聞候

如諭連日陰雨、昨夜ゟ晴、看月ニ而も花濺涙之意のみ也、擧家御障無之降心、此方無事、愚も快近日出勤可致候、今以服薬針灸送日候

一、御葬地國見ニ致度候へ共、険峯ニて兆域ニ成兼瑞龍ニ成候、先年御供致候所、大門村ゟ御登り南面へ御越〔し〕之御下山、南面之方を閲視候所、峻坂ニて中段ニ兆域ニ無理々々も可相成候所一ケ所有之候處、狭隘ニて御一代も無理々々ニて　御代々之御土地ハ所詮無之、其事も可申上と存候所、御下山後直ニ御駕籠御召歸郷故申上候御間合無之候へき、其後ハ申上候ニ不思打過候所、此度諸有司見分御用ニ不相成ニ決し、瑞龍ハ兼而可然と申居候所の外ニよき所有之、是ハ横目堀次郎右衛門國恤の御沙汰有之、直ニ瑞龍山へ馳登リ拝見候所、御圍内ニて別峯ニ寛廣之地有之、南面ニて　御幾代も御用ニ可相成御場所有之、是を中立御用ニ相成候由國友へも御話可被下候

一、御謚號烈と御極ニ相成候、寅も宜候へ共、武を以天下を淬勵候御志業ニハ足り不中候様也、其他國へ申遣候間、御承知可被下候

一、狂徒薩へ出候由、國恤中不届至極也、御尋者幕ニて處置無之候ハヽ、御構無之様出来兼可申、如何之處置ニ成候哉　尾　一御同慶、越ハ御城書ニ不見候由、如何

一、辨當之事御話申候所、磁器ニてハ御下しニも六ヶ敷候間御止可被下候、此方ニて箱ニ可申付候

一、駕籠ふとん本より破綻之品御心配御無用、已上

九月十四日認

政次郎様　　恒蔵

十二—41　万延元年九月十九日

熊ゟ為登候書物いつ迄御留置ニ而も宜候由也

如諭秋冷起居如何、此方無事

一、如諭一橋ハ迷惑、幕ハ宜方と相見候

一、瑞龍別峯御開中興之　御方之詮も有之候、旁宜候様奉存候

一、餘賊之事委細御申遣、秋海へも申通候、國家と見掛商ニ致君臣之義なく可悪の甚、其上士體を失し候事共是實ハ正典刑度候へ共、引取候而も又々ごた付候事指見候間、如諭薩島も可然候、薩ニてよく承知候へハ宜候所、厄介物ニ候間安心不致候様也、若し不承知ニ候ハヽ、關老へ御内談、狂輩黨類多く候間、引取候而も騒々敷事抔出来候而は幕ニ恐入候間、幕ニて御處置と申様ニハ成申間敷候哉、乍去サツニ而も恐入様ニもとの口氣有之候へハ、よく呑込扱呉候へハ無此上候、此内情洩候而ハ以之外御尤ニ存候、秋長抔へもよく話候へき外聞沙汰之限り也

一、御謚號も烈ニ相成、随分美謚也、天下之志有之人、少く御志業天下ニ及候所へ不心付筈也

一、辨當之事底の穴ハ却而不宜候、通例之品ニて宜候、今川橋ニも不及本郷邊ニ而宜候、少々小ぶり之方かけご二重と相見候間、其品ニ致度候、御下し御手数と存候所、折角御申越被下候間御頼可申候、途中ニて破候而も宜候間、御心配なく御扱可被下候、皆へ御致意申通候、拙荊も用事無之候間、嘗為登不申候由、北堂氏へも宜御頼申候、已上

九月十九日

恒蔵

政次郎様

十二―42　万延元年十月三日

如諭繁霜、両三日小暖、御安静安心、此方無事、老夫も先ツ休薬好晴御嚢（襄）事責ても尓奉存候、七日ニハ御南轅奉感惶候、御長居よりも先ツ不得止候、磁器いつ尓ても宜候、卜筮も近日雑念無之日と存居候、書物熊瑞龍詰居候間、歸り次第為登可申候、石司尹今程如何、餘賊如諭と存候　一橋君優游田園も先ツ宜き事と存候、小傳攝長御同意、攝へハ御側抔共申遣候所、夫より攝之方宜と存候、藩翰系圖有之候、御咏歎御同感、已上

十月三日認

恒蔵

政次郎様

委細ハ國ゟ御聞可被下候、已上

朔日被為召拝謁、三所物　御手ゟ拝領難有御含奉存候、

十二―43　万延元年十月九日

九三郎へ一紙御届可被下候

如諭増寒、一昨日　御發駕明日御著、扨々不勝慨嘆候

御安健降心、此方無事

一、天生英雄迫而考候ハヽ、不偶然事も可有之候、長岡賊拝謁も表立候事ニハ無之、紛らかし物と相見候、可悪、槼黨云々遺憾也、札人島へ被遣間敷と申ハ出所如何、尾執之事分リ不申候、政監何レも替り候事無之、當座之繁雑ニて運ひも疎漏歟、小牛屢謁ハ詭説なるへし、老夫も拝謁之所、何も御變リ被遊候事無之様也、國へ申遣候間御聞可被下候、其外御申越之通承知、磁器之事永田甚兵衛長持為持下リ候由ニ付、貴地ゟ封物御頼申候ハヽ、宜と話置候間、御都合次第御頼可被下、急草々、已上

十月九日認

恒蔵

政次郎様

十二―44　万延元年十月二十四日（三―一）

御安健可賀、此方無事
一、御上着（1）御同意奉恐悦候
一、遊撃隊南留冗費長物也
一、磁器御投恵之由痛却之至ニ候、御同苗御取込と存、
　未た受取人も不遣候
一、草案今日も取落し候、多罪〻〻
一、御登（2）も御端居之後ニ成可申之由、不遠と相見候、
　御供方人不増、剱槍精選ハ大慶
一、奥尾評書ハ
　勅書之事と相見候、御同慶
一、投薩も築〔カ〕善論こまり申候
一、脇閣可惜（3）
一、級落子藩御留置可被成候、荷書遅刻、草〻、已上
　十月廿四日　恒蔵
政次郎様

（1）万延元年十月十日、徳川慶篤、江戸着、十月十三日、幕府、慶篤に除服を命ず。
（2）万延元年十一月十四日、慶篤の登営停止を解く。十一月二十四日、登営停止の解除後初めて登営。
（3）万延元年十一月二十九日、脇坂、老中辞任。

十二―45　万延元年十一月四日（三―二）

増寒、御安静大慶、此方無事
一、御草案前便御入手と存候
一、尾云〻（1）御同慶　雲上霽明可賀、浮雲満天吹払申度候、札結局相待（2）候
一、息距篇ニ付松岡（3）白銀拝領とか承候、其下ニ付候者も有之様ニ候へき、委細ハ後可申進候、御便昨夕届き間ニ合不申候、已上
　十一月初四　恒蔵
政次郎様

（1）万延元年九月四日、幕府は尾張藩主徳川慶恕・一橋慶喜・松平慶永・山内豊信の慎を解く。

(2)十一月九日付に関わるか。
(3)松岡は豊田亮（彦次郎・天功・晩翠）のこと。安政三年、彰考館総裁。安政六年五月、斉昭の命により息距編を刪定。

十二―46　万延元年十一月九日（三―三）

如諭暖雨勝候所、御安静大慶、此方無事
一、御草本御謝辭汗面、藩翰譜落手
一、安少傳之事難物らしく候由、人撰ニて被命候を改候ハ難物其筈ニ候へ共、先日優老之典虚文ニ成候而ハ、万端虚文を御好被遊候様ニなり、風化も行れ兼候、夫程六ケ敷所も優老の為ニ御改と申事ニ成候へハ、人心も感動、却而困敗為功と申もの也、少傳も実ハ摂長ゟ兼候様致度候、何卒虚文と申所を　御腹へ奉入奉万祈候
一、札参府御免之由(1)、自由なるもの也
一、藤森云々大慶、詩抄調置候而宜候
一、皇女降嫁、例之調停之策と相見候
一、吉祥僧云々、金世界國用ハ不制、手を尽して借入、如糞土遣ひ捨、船着石垣失心之所為か、小瀬抔(2)謹厚之人ニ候所、居移氣か、原八可想、已上
十一月九日　恒蔵
政次郎様

(1)万延元年十月、島津茂久病により、本年の参府を猶予される。
(2)小瀬弥一右衛門か。

十二―47　万延元年(カ)十一月十九日（三―四）

如諭堅氷、御安静大慶、御母子共御丈夫御復常可賀、此方無事
一、摂長始柳・原八擔當御尤存候、八十翁の情ハ他人所不知、至囑々々
一、堀何事ニ候哉(1)、未分候哉、外夷之事ハ相見候
一、中大へ蜜柑御恵、大好物別而感謝、御小児へ一品、御厩前ゟ御届申事と存候、此地之品ニ致度候所、老

人之外ハ日々大騒き、行届不申候、御咲留相祈申候、已上

十一月十九日

恒蔵

政次郎様

(1)万延元年十一月六日、箱館奉行兼外国奉行堀利熙自殺。日普条約交渉に当る。普国側の条約草案に関税同盟加盟国名が列記、普国一国に限定していた老中安藤の問責を受けたことに拠るという(『維新史』二)。

十二―48　万延元年十一月十九日(三―五)

如諭十五日雪ハ降候へ共霰雑り少々ニ候、弥御安静御母子共御健大慶、此方無事

一、御登　城御同意奉賀候、朔日ニハ弥御登奉企望候

一、堀氏烈士可惜、天下之正氣を滅却致候、安對も引込も不致候由ニも承り候、如何

一、飯田(1)等北飛、氷炭入雑り調停之意と相見候、南賊引戻しハ是迄幾度も有之、直ニ出候事也

一、貴地物價騰貴、明き店多く成候由可憂、此地も南村へ避賊破産可憐事也

一、老父・青山・豊田今日御用召、姓名ハ御承知と存候、甲源抔如何候哉、是又調停ニ出候哉、已上

十一月十九日

父子銘々御状被下、御丁寧之事ニ存候、已上

恒蔵

政次郎様

(1)飯田総蔵か。

十二―49　万延元年(カ)十二月四日(三―七)

如諭入寒却而薄寒、一昨夜積雪之所、昨夜雨又暖、御安静大慶、此方無事、此間之恩賜、譴責も可蒙所恐入候事也、氷炭両立而已ならす、一ハ本文ニて一ハ御相伴也、姑息ニ不止、此後狂妄得志候世ニ可相成候、公綱云々、其外ニも有そふなもの也、安ハ実病出勤も無恥ニ非、翁も悦而上途、却而優老無之方宜候へき、鰯魚之御謝辭汗面、已上

十二月四日

政次郎様　　恒蔵

十二—50　万延元年十二月（三—六）

披誦、入寒厳寒、皆様御安健奉賀候、此方無事
一、御登　城御同意恐悦、御供連も宜候
一、國忠賜碑本意之事ニ候、碑文之事も先日杉執ゟ話有之候所、其後沙汰無之、書體之事御尤也、一難物也
一、公子御侍讀大慶
一、安食四日方發足、間ニ合不申候
一、佛諳等之事、様〻之事ニ候
一、南賊之事、新も北飛早速南帰、調停なればまだ宜候へ共、全く黨賊之所為也、委細摂長へ申遣候
一、堀云〻ニて安對御申越之通なれハ宜候、脇閣可惜(1)
一、浪華物価驚入候、此地金納相場十七八也、貴地ニ而も知行取懽呼と見候へ共、実ハ御割合付候而可然之所、我〻始め恐入候事也
一、太夫人御拝領可賀
一、御母子様御肥立大慶、已上
〔月日、宛名・差出人名欠〕

（1）万延元年十一月二十九日、脇坂、老中辞任。

十二—51　万延元年十二月十四日（三—八）

如諭寒威、十二日ニも雪四寸餘、愈御安静大慶、此方無事
一、大坂餓民不勝酸鼻候、丹波・遠江騒擾六ケ敷世ニ候、南賊依然、尤此間簑も先ツ賊帰家とこぢ付候へ共、其内一組不承知と申事國ゟ御聞可被下候、簑南上候ハヽ、假賊奉劫制候事と相見候、諳夷云〻、水〻と申候由、天下之悪皆帰候、可慨、酒若別而寵(1)遇優渥と相見候、御石場トタン可愧、瀬も油滑ニ成候由、居移氣と相見候、飯参南上未承候、如諭早く致度候、已上、急き草〻
十二月十四日
政次郎様　　恒蔵

〔紙背あるも判読不能〕

（1）万延元年十二月一日、幕府、所司代酒井忠義の精勤を賞し、二万石を下賜。

十二―52　万延元年（カ）十二月十九日（三―九）

大雪五寸許、御安静可賀、此方無事、戸田へ御状早速相届候、壱朱落手、刻限通草々、已上

十二月十九日　恒蔵

政次郎様

十二―53　万延元年十二月二十四日（三―一〇）

如諭雪此地五寸許也、寒も先日ゟハ弛申候、御佳健大慶、此方無事

一、白執任官、此地鈴氏任官、隠居任官餘計物ニ成候ハ宜候、石場落成之由、何よりも高野ニハこまり申候、誣君之事何共申様無之候、噫、宋元通鑑刻成候ハ、御頼可申候、大城御成功例賞有之由（1）、管窺区中之跡と成候由、如諭恥をハ知候哉

一、熊三郎先ツ出勤、此後如何候哉、此外流賊之事抔も國ゟ御聞可被下候、已上

十二月廿四日今夕八旬ニ成

政次郎様　恒蔵

（1）本丸普請成り、万延元年十一月九日、家茂ら西丸より本丸に移る。十一日以後例賞あり。

十二―54　万延元年十二月二十八日（三―一一）

霜陰御安静大慶、此方無事、南賊之事國ゟ御承知可被下候

一、邇言和泉屋ニ而も誰ニ而も此方ハ宜候へ共、山城へ約束致置候事故、山城屋へ御話之上、挨拶次第ニて何レニなり共宜御頼申候

一、調物御世話ニ相成候、他之品ハ何時ニ而も宜候間、春ニ成緩々御調可被下候、砂糖今日監府ゟ届候事と存候、是外種々御恵感謝々々、急き草々、已上

十二月廿八日

恒蔵

政次郎様

万延二年・文久元年

十三―1　万延二年一月六日（三―一二）

旧臘御状如諭多雨多雪、春来も多雪薄寒、皆様御安静至祝、此方無事、旧冬ハ結構大慶、御申立之事秘筐中ニ付、辭職云ゝ御尤之様ニハ候へ共、心付候儀建論ハ館僚之職ニ候へ共、取捨ハ在上之職也、言責と申内、知て不言ハ辱職とも可申、言而不用ハ有司の責ニ候へハ、教職之責ニハ無之、態抔の職ハ官守ハ其事を取計候職掌也、言責ハ所言を行候職也、官守言責共ニ館閣とハ別也、猶更此度之叙目ハ當り前之事也、優遇故ニ辭職と申候而ハ賞も不能勧《ス、ムルヿ》人、國家の爵禄予奪虚器と成申候、好《徒ニ》名の嫌ハあれとも人臣の節ニ非と存候
君ハ勧善臣ハ難儀と云、上下相睽候而ハ美事とハ難申

候、猶御再思可然と存候
一、原八(1)物故、驚愕痛悼絶言語候、老翁哀戚ハ勿論、國家多事之時天道是非如何そや、此上ハ不及是非候間、両親を大切ニ致度候、貴地へ假葬之事不得已次第と存候
一、水江奉書御同意、諂佛引拂候由(2)、軍艦を待受候なれハ天下ニ令して繕兵激勵無之候而ハ不叶候所、恬然候ハ叩頭謝罪之積り欤、償銀ニても取られ辱をかき可申、噫、溝口進階(3)、奪新潟之下地之由、利世界左も有へし
一、和泉屋云々、旧冬申進候へき、息邪漫録も宜候所、少々改竄之所も有之様ニ候
一、御位牌之事、旧冬戸執へハ論建（支可申との返書も有之）候所、江水隔り候而行遠無之様致度候、今日呈疏國迄為登候所、言不尽心、如何候哉
一、原八之跡ハ誠後見之方得宜候様存候、已上

正月六日認　　恒蔵

政次郎様

(1)原田八兵衛成徳。
(2)万延元年十二月五日のヒュースケン暗殺に際し、イギリス・フランスの公使たちが、幕府に外国人保護の不備について反省を促すため、同年十二月十六日、江戸から横浜に退去した。
(3)新発田藩主溝口主膳正直溥か。万延元年十二月十六日、十万石格となる。

十三—2　万延二年一月十日（二五—一）

如諭新年ゟ御凶変、膝上之喜奉悲痛候、折角國本鞏固候所、憂慮無限候、何卒此上御早く御降誕奉至祈候、弥瑞龍御葬ニ付此方も取込申候、原八も葬済候由、悽愴此事ニ候、木股も没候由可憐、安翁愁傷察入候、貴地疲疾流行之由可畏、原八墓表之事も辭候ニハ無之候へ共、南北隔居、行状も詳ニ不分指支申候
一、著述之事、豈好ハ一本為登可申候、邇言ハ此方ゟ一本為登候ハ、山城ニ而も和泉ニ而も為写可申候
一、宋元通鑑急き候ニ不及、宜様御頼申候
一、流賊津彦帰候も而〔ママ〕依然之様子、春ニ成而も所々侵掠

之事國へ申遣候
一、外虜之事寂然之由、諳夷引拂候而ハ幕ニ而ハ狼狽可致候所、落付居候ハ閉口叩頭之積り歟、對州ハ賊境ニ成可申歟(1)、遺憾ニ候、已上
　正月十日認
政次郎様　　恒蔵

(1)万延二年二月三日には、露ポサドニック号が対馬に来航し、芋崎を占拠した。

十三―3　万延二年一月十九日（三―一三）

九月十四日御状披誦、春暖御安静降心、此方無事、昨日御發行、今日ハ御道中雨天、折悪き事ニ候
一、御辭職云々、御尤之様ニハ候へ共、投疏候而も真実ニ解得之人ハ無之、束高閣候事俗吏之常態也、進級ハ投疏等ニ関係候事ニハ無之、胥吏之停年格ニて當り前之事也、投疏と進級とハ固より没交渉なるを、掛ケ競へて論するハ郢書燕説也、所言不行候迚辭職候ハヽ、老夫も摂長も一日も勤り不申事也、乍去両人去職候ハヽ、学校之姿是迄と如何ニ候哉
先公之思召ニハ如何可被為在候哉と存候へ▨《ハ》、軽々として身潔くするニ不忍也、足下去職候ハヽ、跡ら《る》入候人ハ如何なる人ニ可有之哉、足下亦所自知なへし
雲上ニも振学之思召ニ候ハヽ、猶更之事学校の一層衰候事ハせさるが宜し、足下退たれバとて、政府之響き盛意を奉行と云ハ、今の政府之人ニハ決而なき事也、足下を以見候而も、政府中へ為人ハ所知なるへし、言の行不行ニ不関、停年格ニて進級　君の寵奨を不受ニハ君臣の礼とハ難申様也、有志之士ハ一人つゝも学校中ニ居候事、乏人之世ニハ○《学校の為ニ》大忠と被存候、如何
一、石場云々、狐狸穴中之嬉楽、是亦一世界也
一、宋元通鑑一帙落手、金三分宜御頼申候
一、邇言原本五冊為登申候、書林ニて御為写可被下候、写終候ハヽ、原本ハ御下し可被下候、邇言・豈好辯共、

山城屋ニて刻候積り之由、夫ニても宜候へ共、漫録
ハ急〻ニハ授梓之様ニ出来兼候間、豈好辯ハ先ツ和
泉屋へ授、其外授梓候而宜候書、孝経考《一冊》・中庸考《一冊》・
刪詩義《一冊》・典謨述義《三冊》・讀論日札《四冊》・讀書日札《三冊》・讀周官《四冊》等、
何ニ而も書肆《両家》望次第授可申旨、其振ニて御相談被下
候而ハ如何、序跋ハなき方ニ致度候、所豊田抔ニ頼可
申哉、是も繁勵ニて安心不致候、迪彜編も郡廳之
一、奥谷北帰、國友詩文何レも惨然、已上

正月十九日　　　恒蔵

政次郎様

十三―4　万延二年一月二十四日（三―一四）

南賊之事國ゟ御聞可被下候

披誦、今日も雨、愈御安静降心、此方無事、廿二日陰
候へ共不雨、七ツ半御葬穴被為済、悽愴奉存候
一、板倉(1)・川岩佐(2)等再起御同慶、日〻殺鶴ハ如諭不宜
候
一、宋元通鑑落手、代料御入手と存候
一、邇言之事山城・和泉両家之板ニハ成不申候哉、書
林の名数家出し候書も追〻有之候間、同しくハ右様
致度候、如何、宋学之事本文ニハさしたる事も不論
候間、障りも無之哉と存候所、注ニ三四ケ所有之、
黄金ニて談候ハ、抜候所も餘り無之候ハヽ、少しハ
此方ゟ助金候而も宜候、夫等之事も可然程ニ御扱可
被下候、おかしき事ニハ候へ共、濁世ニハ不得已と
も存候
一、乞閑之事前便申進候、振学之益ニ成間敷と存候、
如何、川瀬(3)等痛飲、原八ハ泉客、御同感也
一、横山(4)病氣之由ニも傳聞候所、深き事ニも無之哉、
佐野へハ書状も来候由ニハ承候、病状委細御申越可
被下候、已上

正月廿四日　　　恒蔵

政次郎様

(1)万延二年二月一日、板倉勝静、奏者番兼寺社奉行。
(2)佐々木信濃守顕発か。安政大獄で厳罰に反対したた

め免職、差控、小普請組に左遷。
（3）川瀬専蔵知新か。
（4）横山甚左衛門信照か。

十三―5　万延二年一月二十九日（三―一五）

辞職云々、致降心候

如諭寒暖錯雑、御安静降心、此方無事、藤森詩鈔御世話相成候、三朱御入手可被下候、息邪漫録補入致度事も有之、削候事も有之候間、得閑之時取調候而為登可申候、幕依然太平之由、邸も太平、水ハ流賊近比ハ少々ツ、、稱捕も有之、無きニハましニ候へ共、巣穴ハ弥堅く南方之断を仰き候事ニ候、已上

正月廿九日　恒蔵

政次郎様

十三―6　万延二年二月四日（四―一）

如諭打続好晴、御安静大慶、此方無事、厩前病氣誤傳之由安心、財用之種迄政府ニて専ニ致候事如諭也、朝（1）倉ハ九分の前状歟も知れ不申候、賊之事國へ申遣候、諸生憤發時勢可見候、甲源果断を妨候事ハ安心不致候

一、邇言之事宜様御頼申候、いかさま御蔵板之振も宜候半、宋学金之事ニて見済ニも成候ハ、、少しハ助候而も宜候、豈好ハ和泉へ授候方氣受も宜候半、先年も山城へ許候ニも無之、須原之蔵板ニて金ハ山城ゟ出し候様相談ニ申候様ニ覚申候、山城へも和泉なれハ宋学之事も宜候所、（乍迷惑）先約故山城へ授候間、（其代リニ）豈好ハ和泉へ授候間、是をハ山城ニ而も（ふせういたし）承知いたし候様御申候而ハ如何、已上

二月四日　恒蔵

政次郎様

（1）朝倉源太郎景行か。

十三―7　万延二年二月九日（四―二）

如諭春暖、御安静大慶、此方無事

一、邇言等之事前便申遣候、幕儒金装之事宜様御頼申

候、息邪も起筆候計ニて未備候所、出来候分を初稿抔となり共致候、先ツ和泉ニ授、跡ハ出来次第追〻授候様可致欤共存候
一、板倉・佐々木等可賀、信州来雪可畏
一、戸澤聲妓歌舞可悪、表長屋等にも無之哉、他へ聞へ候而ハ猶更氣之毒也
一、開館之美事大慶、此地講習へハ百餘人出候所、居学ハ寂寞候也、武も人少き様子也、一刀流ハ少〻出候由也

二月九日

政次郎様　恒蔵

十三―8　万延二年二月十四日（四―三）

御細書熟覧、春暖、御安静大慶、此方無事
一、佐原之賊可悪、其外共幕御届可愧、此地未たごた付居候様、委細國へ申遣候間御聞可被下候、客来挨拶致居候内、館丁来候間何も申残候、甲源専制、他傍観之様子、諸生之中ニも色〻組合有之、純駁不一様子也
一、上州所〻之賊可憂、此地之賊と合併不致候内、早く平引申度候　九公子云〻、驚入候、何分御輔導可被成候、天下所〻之賊、為天下ニハ可吊、此方之為ニハ分謗之氣味も有之候、天下之悪皆帰候ニハこまり申候
一、墨夷云〻、臣僕の主君ニ於ても不當至於如此候
一、高井云〻、関宿云〻、咲止千万
一、邇言等云〻、御尤ニ存候、急き草〻、已上

二月十四日

政次郎様　恒蔵

十三―9　文久元年二月二十三日（四―四）

如諭愁中梅尽、御安静安心、此方無事
一、貴地戒厳（前便も御申越）、動天下之兵候所此地ハ姑息、國ゟ御聞可被下候　御英断ゟ外無之様被存候、白奥詰問　上公御震怒等ニて少〻ハ星議変候哉ニも候所、弥張五十歩百歩、所詮甲源抔預り議候而ハだめニ可有之候、

木下風之事其後御聞被成候哉、稲吉云〻、例之八州其所之艱苦察〔破損〕□候、諸方之賊も天下之悪皆帰候事御同憤

一、夷人云〻、償金可愧

一、息邪幾度ニも相成候而ハ手数かゝり候由尤之事也、乍去色〻之事見當り次第書加候事、追〻出来候間、生て居候内ハ不残揃脱稿と申事ハ無之、先達中書加申度事頗たまり居候間、夫計も書加度候所、夫ニも少〻隙取可申候、豈好之事も須原屋も病人有之、上町へ出候事稀候間、是も急ニハ面談も相成兼候、なるたけ早く可致候

一、呉服屋買物大ニ御労申候、左程ニ御奔走ニハ不及候間、跡ハ御止可被下候、家内宜申進候、已上

二月廿三日認

此間阿波書生沼田帍三郎来訪云、会津廣澤富次郎昌平舎長ニて親友之由申聞候間、様子ニより著書之事ニ付、両門ゟ話候事有之も不知候間、其時ハ宜様頼度と話置呉候様頼候へき、様子次第宜御心得可被下候

政次郎様　　恒蔵

十三―10　文久元年二月二十九日（四―五）

賊之事等國へ申遣候

日〻陰雨、御安静大慶、此方無事

一、賊之処置未決と相見候、板も姑息家、不足惜候様也、都下警備稍弛候由、賊も押込ニ成候故と相見候、蔵前之賊ハ麾下之子弟之由、水國の為ニハ分謗候、岡部三十（1）、つまらぬ漢ニ候、百姓川越へ出訴、國恥無此上候、不恤民之報不可奈何候、乍去賊魁を取押置、且追〻召捕候事故　幕ニて征伐ニも成申間敷歟

一、九公子御褥事、経書ニて無之時ハ先公も御褥有之様ニも覚候所、しかと不覚候間此次可申遣候　諸公子学校へ御出候時ハ勿論御褥ハ無之候、川越云〻遺憾

一、豈好辨之事須原屋へ申聞候所、寂初須原之蔵板ニ致度、聖堂伺之事ハ山城屋ゟ伺候筈ニ致候事故、願

くハ須原ニて開板致度と申候、然ハ三眼餘考ハ豈好・息邪等同類之書ニ候間、是を和泉ニて《先ツ》上梓候而ハ如何候哉、已上

二月廿九日

政次郎様　恒蔵

(1)岡部三十郎忠吉。井伊直弼襲撃後遁走。とらえられて文久元年七月二十六日、斬罪に処せられる。

十三―11　文久元年三月四日（四―六）

如諭桜開依然濺涙候、御風邪御當坐之事ニハ可有之候へ共御自愛、此方無事

一、時事國へ申遣候、御聞可被成候　幕之せり込ハ此節ハ却宜事と相見候、甲源之事貴地其後如何候哉、南北異同ニて送日之様子也、南風吹勝春暖ニ致度候

一、買物水道町御聞可被下候由、近比ハどこニも無之事と相見候間、御打捨可被下候

一、去冬拝領之時服、貴地ニて出来候由ニ候所、打込候事にも候哉、今以《青山と両人共》頂戴不致候、大納戸かどこか御手つる有之候ハヽ、御聞可被下候、若又厩前へ御話被下候共、何レ共宜御頼申候、已上

三月四日

政次郎様　恒蔵

十三―12　文久元年三月九日（四―七）

如諭度ゝ之雨、御積病御順快之由大慶、今程如何候哉、此方無事

一、賊魁今以評定所ニ御馳走ニ成居候由、監政南上、如御申甲源の犬ニ成候事と相見候、夫ニて奉欺候事と見へ、新揚屋出来と賊廿人帰村之事達ニ成申候、新揚屋と申も出来不申相談之様也、委細國へ申遣候、佐氏云ゝ、御同慨

一、邸中捕賊之由、此地ハ賊を帰村申付候、南北之差如此

一、豈好之事承知、三眼後便為登可申候

一、御褥之事御尤ニ存候、此地ニて学校出精之者褒賞

之由、夫も宜候、已上

三月九日　　恒蔵

政次郎様

十三―13　文久元年三月十四日（四―八）

両三日又々峭寒、御安静大慶、此地無事

一、時事御堅固ニ被為在候由奉賀候、此地如諭姑息のみ也、何卒御つき抜奉祈候

一、買物芝邊御覧可被下候由、必々夫ニ不及候間、御打捨可被下候

一、時服其筋ゟ客冬運ニ成候所、吟味方断り、廻り不申候而ハ扱兼候と申来、此方吟味方ゟ貴地へ申遣候由ニ候間、貴地ニてどこにか打込置候事と相見候、宜御頼申候

一、貴地ニて捕候賊之事、此地評定所ニハ九人居候間、其外ニて都合十人と相見候、八百両豪〔強〕奪白状候由、先ツ貴地へ置候方可然候

一、三眼餘考為登可申存候所、少し見合度事有之候間、此次為登可申候、額字之事承知、所々ゟ被頼物堆積候へ共、先ツ預り可申候

一、高野云々、怪僧御庭拝見等こまり切申候、瀬も本ハ善士之所、居移氣いやなもの也、已上

三月十四日　　恒蔵

政次郎様

十三―14　文久元年三月十九日（四―九）

如諭倏忽新緑、御安静大慶、此方無事

一、保建大記人ニ遣度候間、御調可被下候、一朱為登候間宜御頼申候、除目御示謝々

一、国事御同歎　幕之せり込も其筈也、大臣不残如此、不世出之英明ニ非ハ御決断も難く候へ共、所恃ハ御明断計也、外國之事御同歎、扼腕切歯而已、噫

一、書感貴作是又御同感

一、三眼餘考為登申候、久米孝へ頼、假字を正候事御尤ニ存候、御覧可被下候前封と一同御頼可被下候、実ハ古今時代ニ随て文も変候事ニて和漢共同様也、故ニ搢紳家の

假字等文體も万葉時代と不同候を、本居一家之説ニて一律を以推候ハ偏見之様也、猶更和文體と遠、俗語を以書候ニハ、所詮雅馴ニハ出来不申、假名よりハ用字《真ゝ》ニ誤無之様ニハ致度事也、乍去瑣末之事も少しつゝも無誤様致度候間、久米へ頼申度、此論ハ足下へのミ申進候也、迪彜論吉田平太郎ニ直しもらい候所、其頃ハ今よりハ大まか、見落しも有之候歟、此本も一閲少ゝ改竄候へ共、再讀も不致御熟覧可被下候、ケ様ニ認候所、今一度讀過可致と再思候間、廿四日ニ為登可申候、豈好ハ如何なる本を御儒者内見候哉、尤何レの本ニも多く之異同ハ無之、須原屋ゟも山城屋へかけ合候事ニ可有之候、山城主人死去之由可憐、夫ニ而ハ上木之事如何候哉、息邪も近日為登可申候、退食閑話ハ弘道館之事ニ候間、賣本ニハ如何と存候、尤

御手元ニ御開之思召候所、今ニてハ如何相成哉、已上

三月十九日

政次郎様　恒蔵

十三—15　文久元年三月二十九日（四—一〇）

暖和御安静大慶、此方無事

一、時服之事宜御頼申候、帯地大ニ御心配御かけ申、御骨折御調被下感謝、委細家内ゟ御礼申進候事と存候

一、保建大記急き不申、いつニ而も持参次第御頼申候

一、豈好辨御下し之本ニて宜様ニ候、二本共同様と見へ候所、新写之本ニて閲候間、為念二本御見合可被下候、訓点ハ新写之方細ニて宜様也、迩言跋之事致承知候、論学注宜御頼申候

一、三眼ハ先日為登候、息邪ハ今日為登候

一、堀内毀寺ニ致度、又ゝ賄賂安心不致候

一、國事　御明断計所恃ニ候所、御孤立ニてハ大抵之英明ニ而ハ被遊兼候哉、大職冠の補所仰ニ候、已上

三月廿九日

政次郎様　恒蔵

十三―16　文久元年四月四日（二〇―一）

暖和御安静大慶、此方無事
一、時服必しも大祭前にも不限、程能御頼申候
一、三眼之事とかく宜御頼申候
一、買物不用ニハ無之、早速拵候様子ニ候
一、劇場角力如諭奇世界也、蛮人屋敷是亦奇矣、住谷等様ミ愚を働候、執政呼出杞憂千万、竹内等極奇之世界也、老人可憐、大飲云ミ、其後如何之模様ニ候哉
一、息邪等前便為登候、久米へ御頼可被下候、已上

四月四日

政次郎様　恒蔵

十三―17　文久元年四月九日（二〇―二）

國事國ゟ御聞可被下候

如諭軽暑朝夕凄冷、御安静大慶、此方無事、大火之由、尾君ハ長屋計ニて宜候
一、帯地急き不申品、御投念可被下候、大記御世話相成候、延引ニハ無之存之外早く出来申候
一、豈好一本落手、三眼久米御頼之事宜御頼申候、息邪へ洋夷之題鹿〔カ〕作承知、豈好跋文除き可申候、其代りニ何とか後便可申□〔破損〕候
一、楊来訪大慶、豈好之事も承候、揮毫承知、先年御頼之分も承知
一、泰否炳鑒ハ有為之筆候所、上梓之程ニ無之候、教学解ハ援候而も宜候、退食ハ学校の為ニ書候書、坊間ニて梓行之書ニハ無之候、仕舞込候事不得已候、宋学之事ハ幾重ニも宜御頼申候
一、朔御登城、壁蔽も破れ候由可賀、小瀬も何とか遁辭を持て登り候哉、三いん如何候哉、時服御世話一相成候、遅速何レニ而も宜候
一、肥薩可称事御座候、蒸氣船可淚、館丁為侍候、已上

四月九日

政次郎様　恒蔵

十三―18　文久元年四月十四日（二〇―三）

如諭催薄暑、御安静大慶、此方無事、此地杜宇未啼候、時服受取、大祭之間ニ合申候、大ニ御煩し申候、息邪之事承知

一、小雷誰ニも不逢候由、事情も分り不申候、石新等犯禁南上、事情ハよく書取候由、夫ハ宜候へ共、幕ニて剿賊論の真偽を辨別無之候而ハ、大害を生し可申候間、偽物挟私之事、水國の大乱ニ可成との事、関老抔へよくのミ込せ申度候、猶又國へも申遣候間、御聞可被下候、其外之事も同断、急き草々、已上

四月十四日

藩翰譜此次為登可申候、已上

柴田金子ゟ来書、宜御頼申候、已上

政次郎様　恒蔵

十三―19　文久元年四月十九日（二〇―四）

好天氣之所、十七日七ツ比ゟ漸渡御無御滞恐悦

一、三眼・息邪《洙四》為登申候、息邪旧作之事、今日館丁来り間ニ合不申候

一、閣曰など、詰問も近々始り候事と相見候

一、楊進来訪之所、其後又来候筈ニて不来遺憾、宜御頼申候、大急き草々、已上

四月十九日

政次郎様　恒蔵

十三―20　文久元年四月二十三日（二〇―五）

度々雨、御安静大慶、此方無事、大祭も還御之節、一町め邊ゟ小雨、さのみ沾湿程ニも無之、御登山後雨ニ成、大聖寺踊り相止、黄昏迄ニ不残御引拂ニ相成、御都合宜候へき、入夜候ハ、擲礫位ハ如何と存候所、却而天幸也、夫ニ）《舞》臺を覆を掛て為踊候抔の説も起り候由、能々踊り好きも有之事ニ候

一、題詩ハ息邪之方可然候、別紙二首之内何レか可然哉、第二首之方諳夷ニ不限、廣くニ而宜様ニ候所、起承二句と轉合《財貨ノ字突出、》、二句とつり合悪き様也、第一首之

方可然哉、摂長へ御相談可被下候
一、似而非者投諌之事、関へ真情通候事、原誠も同意之由大慶、犯禁出府之事も通申度候
一、對州之事(1)、今以実事相分候哉、とかく多事也
一、藩翰為登申候、豈好へ小跋別帋如何、惣而上木之書之事摂長ニ御相談可被下候、已上

四月廿三日認

政次郎様　　恒蔵

(1)文久元年二月三日、露艦ポサドニック号が対馬尾崎に碇泊。上陸して食料・木材をもとめ、近海を測量し、家屋を造営し、占領の状を呈して対馬藩と対立した。

十三―21　文久元年四月二十九日（二〇―六）

洙四序之様なるもの何か工夫可致候、閑話青山へ話候事承知

如諭多雨多冷、御安静大慶、令姉御不快ハ如何、追々御順快ニ候哉、此方無事
一、息邪久米へ御廻謝々、一本ハ落手、餘考へ大字之事、放浮辞を二字と三字と認可申歟と存候所、二字三字と申越ニてハ五字之語未た心當り無之候
一、大祭哥舞之事御尤之様ニ候へ共　御子孫様の御慎の為ニ　御祖先様の御供御省略も如何、夫よりハ此節馬口労町ニ軽業有之大入之由、其先日ゟ所々乞食芝居等有之候。是ハ無用也
一、胡瓜澤山御恵感謝、日々酒料ニ覚申候
一、諳夷京摂遊覧(1)可慨、對州ハ其後如何
一、楊今程御對話と存候、逗留中もろく〳〵逢不申遺憾、宜御頼申候
一、捕賊も寂然、何か遁辞抔啓付候積り歟、不可解候、御能安對云々、時勢可想、風邪ニて頭痛、草々、已上

四月廿九日

政次郎様　　恒蔵

(1)英公使オールコック、文久元年四月十五日、香港より

江戸帰任に際し、兵庫から陸路をとり、京畿遊覧をのぞむ。五月七日、兵庫に入り、大坂を経て五月九日、伊勢路を経由し、江戸に向う。これが東禅寺襲撃の一因となる。

十三―22　文久元年五月四日（二〇―七）

御城へ御状御便り昨夕着、今日届候筈也
如諭日々陰々、御佳健大慶、此方無事、令姉如何候哉、老夫順快近日出勤と存候
一、餘考題字五字之語未た心付不申候、後便御待可被下候、豈好等之事、楊進のみ込遠と相見候、邇言ハ山城ニて動きなし、豈好も須原ゟ山城へ頼候事之由也、和泉ニて漢文之書を刻度候ハヽ、及門遺範なとニてハ如何候哉、楊進奥ニて隙取候と申事ニ候所、御書中之通りと相見候
一、二吏南上、國ゟ中来候、可醜々々、急き草々、已上

五月四日

政次郎様　　恒蔵

十三―23　文久元年五月九日（二〇―八）

御安静大慶、此方無事、前便ハ御状御取落と見へ不参候間、今日認候事心付無之、及門遺範落手、他期後便候、已上

五月九日　令姉御順快と存候、如何

寺門政次郎様　　会澤恒蔵
平安

〆

十三―24　文久元年五月十二日（二〇―九）

額字折よく認申候、外御頼之分近日認可申候、先年ゟ箱入之絹地も有之候所、足下御頼ニ候哉
梅中好晴炎熱、今十二日夕涼風起り候、御安静、令姉も御復常大慶、此方無事
一、三眼題字ハ淫辭知其所陥の六字ニ可致候、山城曰云々ハ、須原屋ニ被欺、費用を押掛られ候を恐候様

之事歟、左候ハヽ山城ゟ須原へ断り候而の上之事ニ致度候、此方ニ而ハ須原へ許諾候事を、今更わけなしニ止候も指支候、須原之方ゟ辞候わけニなり不申（須原之方分り候へハ足）候而ハ（下蔵板も可然候）不都合也、竹内ニて上木とハ如何之わけニ候哉、前便御申越ニも候哉、前便ハ御状届不申候間分り不申候、乍去竹内と申者も愚老より許不申候而ハ上木ニハ成申間敷候、如何、閑話之事も此次沾ニ青山と申合候様可致候

一、戸大夫之代りニ渡参南上也、出来候様致度候、二日之訊問も永頗るよく出来と云　五郎君御器込之由大慶、髯を□〔ママ〕出とハ何の事ニ候哉

一、壱分一朱家内ニて先日為登候様ニも覚へ、不慥之故此間為登候由、二重ニ成候事と見へ申候、御下し落手いたし候、邸幕共依然之由、邸ニハ三弦声有之由、此地も軽業之名目ニて宮芝居續て大入と申候、歴々之家内も出候由也、已上

五月十二日認

藤大三(1)ゟ来書、御礼と申来候間返書ハ不遣候、宜御頼申候

政次郎様　　恒蔵

（1）藤田大三郎のこと。

十三―25　文久元年五月（二〇―一〇）

〔前欠〕

一、前便及門遺範御下し之所御状無之、何の譯か分り不申候間、其次第御申遣可被成候、尤前便紙封へハ書状在中と有之、御状ハ無之、御取落しと存候所、此度も不来候間不審ニ候

一、和泉屋ゟ鰹節被贈痛却致候、宜御謝可被下候

一、退食閑話之事青山へ相談致候所、和泉屋ハ御用達之事ニ候間、学校之御板ニ上木候而献申度と和泉屋ゟ願、刻成候上ニて板木を和泉屋へ御預ケニ成候振之方可然と申候、是も尤之様也、如何

〔後欠〕

十三―26　文久元年五月十七日（二〇―一一）

如諭梅中無雨、一夕小雨而已ニて蒸暑、愈御安静、令姉も御快大慶、此方無事、四日御状及門一枚ツヽ、翻候所見へ不申、表紙間ゟ見出申候、夫ニて令姉御病状も相分り、熱田の治療御相當と相見、御順快大慶候、宜御頼申候

一、渡参も未発、是又廃格之積りか、詰りハ壺も南上ニ成可申候由、所祈ニ候、二吏も池田止宿之由、長居ハ不宜候、小奪《潜賊》ハ所ヽニて廻ヽ有之様子、又始ニ無之様子也

一、因君ハ未御出無之候哉、御同意渇望候、邸も無事之由、淫聲も有之、川瀬等泛船赤林寺之世ニ相成申候

一、安氏應接、監察も不談、如何なる事を謀候哉、外之同役ハ入不申、和漢ニ無之事也、墨夷蹴小児候を云ヽ、不仁亦甚、當時の有司人心有てハ勤り不申候

一、竹内摺本、豈好初稿之悪本ニ候、此方ニて上木申付候間、悪本出候而ハ支《差》候抔と申、指留候方可然候哉、刻之事青木心付前便申進候所如何候哉、足下御蔵本ニて可然之所、小跋御心付御尤也、別帋之通改可申候、須原へ無沙汰ニ而ハ失信候間、須原へ申候てハ、此節ハ伺之事不成と山城申候間、左様ニ而ハ須原へハ難許、和泉《須原ゟ》へ伺を頼候而、和泉ニて賣弘を頼候ハヽ、早速上木も出来可申候間、須原ニて左様致候ハヽ、約束之通須原へ授可申候へ共、山城へ頼候事ニ候ハヽ、須原方ハ断り、此方ニて蔵板ニ致候者有之候間、夫へ許可申と断《須原へ》候方可然と存候、邇言も山城ニて指支を申候ハヽ、写本も出来不申候ハヽ、追而伺出之時遣し可申候間、原本ハ先ツ返し置候様申候而取返し候而ハ如何、右様之所へ原本を遣置候而ハ紛失も安心不致候、及門は和泉ニて宜候、洋夷の詩、外ニ題字も前便申進候通、淫辭知其所陥の字を認候

一、退食之序ハ青山之先人と同く受命之事故、青山へ頼可申候、及門ハ豊田之同門の旧輩ニ候間、豊田の

序、洙泗ハ教授之事、國友も同職故是へ頼可申と存候、如何、及門ハ開巻へ小序之様ニ書候間、自序ニハ書候事無之候

一、閑話青山心付之通ニ成候ハヽ、館記述義も為刻候様ニハ出来申間敷哉、東湖も高名故賣れそうなもの也、如何

一、豈好跋文之事前稿之通りニて、無名氏ニ而竹内へ断り候ニも不宜候方、此度之小跋之方可然と存候、如何

五月十七日認　　恒蔵

政次郎様

十三―27　文久元年五月二十二日（二〇―一二）

如諭冷熱数変、御安静大慶、此方無事、和泉へ謝辞御世話ニ相成候、餘考之事紀聞へ書名を不出候而も、何とか扱候ハヽ、夫ニて宜事と存候

一、藩翰落手、系図ハあれニて不残相済、餘之冊ニハ系図無之候

一、因君御出御長話之由何〻ニ候、髯之事、跡ニて心付候、其節之御模様相分候哉、今便相待申候、二吏帰着、猪牙摧佐もあの位之者、此度大内やられ申候、可惜、貴地ニて何と扖用様ハ無之候哉

一、對州之事御同憤、宗氏察入候、天下如此水國如此扼腕之事ニ候

一、漫録御世話ニ相成候、久孝へも宜御頼申候、折焚柴・常陸帯等ハ書の體、紀事の書ニて、書名も和文體ニて三鏡の類の文體其筈也、漫筆にも和文家ハ和文ニも書可候へ共、夫ニハ不限漢文俗文半交りも有之、漢文之書も俗文之書も原文の侭ニて書候間、とても和文體ニハ出来不申候、夫を折焚柴等を混候ハヽ、蟹ハ甲ニ似せて穴を堀〔ママ〕ると申如く、自分の所好より外ニハ文體なきと申ハヽ、□〔破損〕通□〔破損〕論□〔破損〕古今漫筆類之書を見候ハヽ、大抵分り可申候、是ハ足下へ所論、久孝へ對し論し候ニハ無之候、教学解お菟へ頼候様御申越之所、是迄折角久孝へ頼候而、別人へ頼候而ハ久孝も不快候半、やはり久孝へ頼可申と存候、今日ハ間ニ合不申、此次

為登可申候

一、御下しの紙ハ一枚ハ先天下之憂の二句認可申由、行遠候、外の紙へ認為登可申候、額字之事承知

一、豈好御指留之事御尤存候、但し氣を折き不申様致度候

一、閑話之事御城附懸合ニ成候而ハ手重ニ候間、やはり足下御蔵板ニて可然、但し青山へ相談候而後便可申進候、大金生窮迫候、一助ニも成候ハヽ、猶又大慶

一、炳鑒・責難解等何レ一閲可致候、邇言ハ少々手を入候事有之抔申候而、原本取返し候而ハ如何、已上

五月廿二日認

恒蔵

政次郎様

十三—28　文久元年五月二十九日（二〇—一三）

如諭連日無雨、御安静、令姉御復常可賀、此地無事

一、餘考其後沙汰無之候哉、素絹承知

一、竹内本為登申候、此次為登可申候

一、山城邇言も埒明ケ可申由、夫ハ夫ニて宜候へ共、彼もはり込も不致事ニ而ハ、論学注文等之事も如何致候哉、多分周旋も出来不申かと存候、実ハ和泉なれハ注文之事も宜きと見へ候も、何とか致し和泉ニ働せ仕方ハ無之候哉、山城ニて写取、原本返し之上ニて注之事、先主人ハ働候筈之所、汝ハ水戸の風ヲ悪きと存候位ニてハ夫も安心不致候、此上和泉へ申合、聖堂伺注之事迄相済し、両家ニて發兌ニ可致抔と申様之事ニ致候而ハ如何、山城屋服候而も疑て見れハ今ハ内実不欲之間、却而聖堂ゟ指留候様ニ扱候も難計様也、山城夫程之邪心ニハ無之かニハ可有之候へ共、注之事迄ハ安心不致候間、何ニ致せ和泉をも入度事と存候、何とか御扱振ハ無之候哉、水戸風を悪ミ候事其心ニ生して、其事ニ害ありと存候、如何

一、豈好ハ青山とも相談候所、結末を不得、為子一言之矣予豈好辯哉ハ可致存候、吁嗟己ヲ削ル

一、閑話序ハ既ニ青山ニ頼申候、但足下館の教職ニて蔵板と申事、序文へ認候方得體候かと存候

一、教学序之事、國へ申遣候、豊ハ漢文之書之方可然、且同門之事故遺範序と存候、邇言ハ自序も可致候哉
一、閑話お菟へ頼候所、初之方少し批評有之、其内何か忙敷事か有之、不終業候へき、弥張久孝ニ可致候、お菟も弥張國学家の氣臭ニて、人面如我面と申風之様也
一、述義石幹之議論、又〻寛語致見可申候
一、邇言、豊田序ニハ致度候へ共、繁劇中如何候哉、又〻隙取候事と相見候間、いつ迄かゝり候も難計候、氣か向候へハ早き事も有、遅速不可知、青山ハ何事も早く候へ共、此節中暑ニて是も隙取申候
一、炳鑒ハ宋元通鑑ニて書候所、本書悪本ニて誤字等多《く》、夫なりニ認置候所、和泉屋之新刻第二帙ハ未た摺出しニ成不申候哉、摺出候ハヽ見合申度候、其上ニて改間訓点を加申度候、如何、乍去售〔カ〕れ申間敷候か、如何
一、悪少共南出之事、國ゟ御承知可被下候、已上

五月廿九日

政次郎様　　　　恒蔵

十三―29　文久元年六月二日（二〇―一四）

披誦、雨氣無之候所、今日一日雨、田畠潤可申候、御安静可賀、此方無事、慧星可畏
一、久孝不快、當坐事ニ候哉、宜御頼申候、餘考あれニて済候へハ大慶
一、對州如何ニ候哉、既ニ戦ニ成候ハ訛説か、前便國ニ申遣候通、先ツ當分ハ無事か、此先幕處置如何候哉、長州・佐嘉尤之事也、薩届放し之由、大國たけ也、乍去幕を軽視之事と相見候、小栗長崎滞留之由〔1〕、其位之事《ハ》安心不致候、とかく次第ニ六ケ敷候半、此方下吏夷人と口論之由、如何成事ニて應接候哉
一、佐兵云〻、悪風習改度事也、因君云〻、七星死力を出し畫策之由、腰を掛候事と相見候、閣老へ御話如何さま是も可然歟
一、豈好之事、高木留守居之書御遣、且竹内御對話、委細承知、八年前来訪之事忘却之所、新論附録とか

中書之事ハどこ〳〵《何となく》覚居候様也、此度之談話ニて事柄委細相分申候、八年前之事老衰ニて遺忘之段、留守居へも可然御《申》越可被下候、原本も先約故竹内へ御廻可被成候歟之旨、御尤ニ存候、但し須屋《原》へも許諾候事故、竹内ニも為刻、若須原も刻度と申候ハ、、是も為刻可申、同書両板ニ成候而も宜事と存候間、須原へも竹内先約ニ候間、是へも為刻候と断可申候、竹内へも御話可被下候、竹内八年延行之事ニ候間、両方へ許候而も異論無之事と存候、若又聖堂ニて同書両板ハ済不申事ニ候哉、如何

一、邇言之事、山城も宋学論之事のみ込候由、夫なれハ宜候所、初ニ疑候故か安心不致候様存候、水戸之風不宜と申、且一冊写候ニも久敷打込候位ニてハ、宋学之事迄実ニよく骨折可申哉、無心許様也、前便も申進候通、山城・和泉両家寄合板ニて、和泉も骨折候様致度様也、如何、他の見行本、書林両名も数多見へ候様也、如何

一、閑話お菟之事前便申進候へき、已上

五《六》月二日

政次郎様　　恒蔵

（1）ポサドニック号事件に対し、幕府は外国奉行小栗豊前守忠順を派遣。小栗は五月七日対馬着、露艦退去を交渉。五月二十日対馬を発し、二十一日に長崎着。

十三—30　文久元年六月九（八）日（二〇—一五）

間話原本落手、昨八日夕雷雨涼氣

炎暑今日雷雨、涼氣を覚候、御佳健可賀、此方無事、餘考書名之事宜と相見候

一、豈好竹内へ許候て宜事と存候、尤須原ニても刻候事構不申積り、乍去山城如彼ニてハ出来不申事と存候

一、間話青山へ序を頼候所、自序有之候へハ外ニ書候事も無之、序ニハ及申間敷と申候而返却ニ相成候、教学解序之事も國ゟ論ニ著書ニ當世風之序文を借不申、先年ゟ之愚見ニ候間、此度迚も序無之方可然と

中来候、是も尤ニ候間、遺範も何も皆序文無之方ニ可致歟と存候、書林にて好候而も、毎々愚見如此と申事を御諭候ハ、のみ込可申候、尤間話ハ序も有之候へ共、跋ニ而も書候而　公命之書梓行も遠慮候へ共、足下館僚ニて云〻之主意難黙止、足下へ許候と申事を認可申歟と存候、遺範序も未頼不申候間何之次第も無之候、邇言ハいかさま跋ニ而も書可申存候、炳鑒ハ宋元通鑑假とぢニ而宜候間、引合見申度候、訓点ハ労ニ御代り可被下候由御頼可申候

一、邇言之事、山城ハ水戸風儀不宜様の言を吐候而ハ、此方ニ而も気まづく成候間、山城之方ハ止申度候、乍去夫先ツ懐ニ致置、原本ニ手を入候所心付候間、返し候様と申候而取返し、少〻程過候而、山城へハ先人へ許候間、先人刻候へハ當り前ニ候所、其許ハ先人と遠、水戸之風悪きなと、申候〔事故〕、其方ニて刻候ハ指留候と断り、和泉へ任せ候而ハ如何、尤足下御蔵板ニ候へハ何の次第も無之候へ共、御城附ゟ指出候様ニ而、例之星符いつ迄も打込候も難計候、御城付へ構ひ不申、足下御蔵板と〔申脱カ〕事ニハ出来申間敷候哉、夫なれハ都合ハ至極宜候、須原ゟ山城へ心中為探候事、南北隔り出来兼可申歟

一、東禅賊之事、(1)此地ニ傳り候ハ大同小異ニ候へ共、御遣し之書ハ東禅ゟ傳り候説ニて可信候様存候、佐順ニも廻し申候、海保ゟ遣候筈也、尤國ゟ参候書付も廻し候様御申越之所、御用書へ封し込来候間、青山へ廻し申候、此地傳播之〔ママ〕大同小異ニ候間、廻すニも不及候様也

一、此間豊田小太郎参候而、中町御屋敷拝借致度候旨、熊へ話有之候所、熊の答ニ、屋敷之事㐂右衛門子取計候間、是へ可申通と答候由、然所熊事中暑相引候間、十一日ニハ出勤、御城ニて㐂右衛門子へ話候筈也、熊抔とも相談候所、豊田例之氣向ニ候間、御借〔ママ〕し被成候而も御面倒〔万端〕と存候、且書生之事故屋敷掃除等も如何候哉、邪魔を致候様ニ而ハ不宜候へ共、御勸申事ハ出来兼候、可然御含、㐂右衛門子へ御挨拶可被成候

一、乍御世話芭蕉布上下地、丸ニ鈎かたばミ紋入迄御頼申候、老衰ニ而ハ麻上下ハ暑ニ堪兼候間、弱きニ不構調度候所、此地ニハ賣物無之候間御頼申候、弐分〔三分〕二朱為登候間、若不足に候哉〔ママ〕、宜御頼申候、已上

六月九日八日認

絹地へ額字存識と欤御申越之様□〔汚損〕候所忘却候間、今一応御申越可被成候

柄拂位之小き糊刷毛、先年仲町日野やニて調候へき、どこぞニて御見當り被成候時御調可被下候

政次郎様　恒蔵

(1)文久元年五月二十八日、水戸藩浪士による第一次東禅寺事件が起こる。

十三—31　文久元年六月十四日（一八—一）

小楮、土旺中雷氣ハ有之候へ共、雨ハ少しニて炎熱難堪候、御中暑之由今程御快候哉、小家ニ而も老荊・熊も少ゝ中暑、孫も両人少ゝ其氣味、乍去何レも快候間御省念可被下候、北堂令姉へも宜御頼申候、老人先ツ凌居申候

一、對州之事佐賀生之説も誤と見へ、既ニ戦争ニ成候由、戦死三四百も有之由、実説ハ如何候哉、此先き割地ニも可至哉と苦心候、小栗養子之事可想、下官被擲候事、入間敷所へ入候事之由、其位之事を夷の横逆可悪

一、辰之口へ夷館出来候由、(1)狂賊口ニハ攘夷を称し、郭内迄夷を近付申候、夫ニ而も顔厚と見へたり

一、榊賊御預不可解候、宮原等も何事を致候哉、難測

一、餘考閣老へ出し候由、隨分手も廻り亀田も張込候由、大抵相済候事と見候へ共、閣老と成候而ハ関宿存候様ニ計も成兼候半、息邪之書禁物ニ成候而ハ安心不致候

一、豈好之事御申越之通須原へ申聞候所、何レ山城へかけ可申との事ニ候、須原よりも竹内へ済しニ成候へハ須原ゟ伺候而も、昌平ニてハ既ニ誰某へ済し候と申候而指戻しニ成候間、其上ニて竹内へかけ合候へ

ハ、一書ニ板も出来候事之由、筑州擬文ハ文気もぐとく〱致〔不〕宜候間、先ツ見合候方と存候

一、邇言両家發足ハ出来不申事也、原本落手、前便發書後監府ゟ届き候間、御答も不申候へき、山城陽ニハ急き候所、陰ニハ御察之通と相見候、且何レニも山城ハいやニ成申候、詰りハ足下御蔵板、御城付ゟ指出候抔可然候へ共、此節之模様にてハ彼方も如何ニ成候哉、原誠抔も不可測候間、暫く様子を見候而の事と存候、先ツ山城之方ハ何となく延くり置、原本今一應閲候而改候所も有之抔申、姑く機を見候て可然哉、須原ハ山城へハ迩言之事ハ拘り無之、是ゟかけ合と申も如何候哉、尤賣払和泉・須原と申事ニ候ハヽ、須原も働候哉とも存候、乍去資用之事ハ此地同志ニハ出し候者安心不致候、原本ハ欠字其外見合出来次第為登可申候

一、豈好竹内序文、此方ゟ頼候ニも無之（刻候人の序ニ）候間、刻候而も宜候様也、先日御下し之本と活字本両様為登申候、已上

六月十四日　　　　恒蔵

政次郎様

（1）文久元年六月一三日、御殿山公使館・神奈川領事館建築の事を議す。

十三—32　文久元年六月十九日（一八—二）

和泉屏風書之事、極老ニてハ何共安心不致候へ共、先ツ遣し置候方か、乍去遣候而もよく出来可申候哉、安心ハ不致、夫ニて不苦候ハヽ、遣候様申聞可被下候、開板はり込居候志故、なるたけ勉強積り也

一、餘考も七分通り済可申候由、今程ハ分り候哉

好雨後凄冷、今日ハ暑相催候、愈御安静大慶、此方無事、御中暑も御快候事と存候、此方も拙荊・熊何レも全快位ニ候

一、東禅賊祭鹿島文、此地へ傳り不申哉、誰も不見と申候、賊此地ニ潜候而ハ不相済候間、大吏始め早速

御沙汰有之様致度候
一、對州申出、偽書と申事左も可有候
一、廿八日四日御登　城（1）如何相成候哉、尾飯等ハ無事
と相見候、転禍為福候事万祈〻〻、大氣も随分宜事
と相見候、鼓電ハ留置度様也、已上
六月十九日　　恒蔵
政次郎様

（1）文久元年六月七日、幕府、慶篤に不時登城を命じ、藩政の改正を勧む。興津良顕を執政とすることを奨む。

十三―33　文久元年六月（一八―三）

〔前欠〕
一、上下地之事、所〻御奔走被下氣之毒致候、紐別ニ
御調ニて、いかさま左様ニて宜と相見候、染菱やへ
御誂被下いろ〳〵御世話ニ相成候、急き不申候間い
つニ而も緩〻御頼申候
一、糊刷毛之事、幅一寸二三分内外之品ニ致度候、別
而急き不〔申脱カ〕、二三月過候而も宜候間、御見合宜候時御
頼申候
一、御屋敷之事可然御辞可被成候由、御尤ニ存候
一、額字之事承知、素絹ハ何ぞ御好も御座候哉
一、間話跋罫紙落手、今日立稿可致候、及門落手と存
候
一、邇言之事、山城ハ今迄写本も打捨置候位ニ而ハだ
め也、乍去却而だめ之方宜様也、尤激し候而ハ不宜、
なやし置候方と存候、蔵板となり候而ハ足下より外
ハ無之様也、山城へ諭し候辞ハ御心付之通りニて宜
様也、田口ハ身柄ハ何人ニ候哉、袴塚心付ハ宜事と
相見候、但し御家柄と申所へは田口へ頼候共、昌平
へハ御城付ゟ出し候方ハ宜と相見候、星符之模様も
多分よく居り候事と見へ候へハ、原誠抔のミ込候
ハ、御城付ゟ出し候も易候半哉、又山城へ諭候にも
御城付ゟ出すと申候へハ、《宜く》又蔵板ニ出来候上ハ、山
城ニて一書両板ニ刻候事勝手次第と申候ハ、、なや
しの體にも宜候半、扨又山城へ諭候ニも須原ゟ申越

候而ハ、文通ニて且又傳候てハ届合兼候半、且須原當山城と隨分親好かと存候へハ、山城へ引候も難計候様也、尤ざっと一通りニ断候て、須原ゟ申遣候而も可然候へ共、其わけ此わけと分解之事、文通ニハ届兼可申候間、貴地ニて袴塚か田口か抔ゟ山城へ申聞候而ハ如何候哉、又諭辭ニ書肆ゟ願出候も済兼候半と申所へ、山城ニて容易ニ願出不申も尤之事ニ候間抔と申、辭を加候而ハ如何〔ママ〕、田口何人と申事後便御申遣可被下候、藤森と懇意ニ候ハヽ、邇言も同意と相見候

一、邇言浄写、両地二巻ツヽと御認、御書添ニハ不残此地と御申越被成候所、此地ニ而ハ川崎を除候而ハ早く無之〔出来候人〕、外ニ少ゝ早き者一人有之位ニ候間、此地計ニ而ハ所詮早くハ出来不申、依而先ツ一冊為登申候、跡一巻も一両日中ニハ出来候間、此方ニて筆工へ廻シ可申候、欠字抔改候序ニざっと繙閲致候所、老人之事故隙取候而こまり申候、一巻二冊ツヽ出来候内ニハ間ニ合可申候、写本抔揃へ彼是致候内ニハ政府之模様も分り候事と存候、如何、已上

〔月日、宛名・差出人名欠〕

十三―34　文久元年六月二十四日（一八―四）

御安静、北堂御中暑御快大慶、此方無事

一、御登如何候哉、因君御出ハ宜候、飯田軽症之由、今程如何

一、上下至極よく出来申候、所ゝ御弁走氣之毒いたし候、壱分一朱落手、紋も隨分宜候

一、著書之事今日ハ間ニ合不申候、館丁為待草ゝ、已上

六月廿四日

政次郎様　　恒蔵

十三―35　文久元年六月二十九日（一八―五）

如諭酷暑御安静、御休薬可賀、此方無事

一、床机世話役云ゝ、川献ハ大程之愚狂ハ發間敷様ニ候へ共、其後如何、御聞被成候哉

一、廿四日除目(1)、大抵ハ如諭竹猪等可悪、大首魁等何事も無之候、竹猪も引込候由也、此節多稼板魁未た出勤無之、星も束手居候由、暑氣へ人を入申度候、
　尾紀御登も宜事之由、白奥ニ呼出ハ何事ニ候哉(2)、飯参ハ早く出勤ニ致度候、商賈軍艦一得一失有へし

一、刷毛御世話ニ相成候、未試候へ共、曲り候而も宜受取書付ハ入不申候候様存候

一、邇言此地ニ而も一冊写手へ授申候、神風遺談(3)之見合も有之候へハ、昌平之方内伺済候上ニて御城付ゟ指出候方宜と相見候、和泉ニ出金為致、足下ニて山佐へ嫌疑有之候ハヽ、弥張立原蔵板ニてハ如何、左候へハ此方ゟ立原と相對ニて、金ハ和泉ゟ出し候と申候而も山佐之方ハ宜様也、如何、夫なれハ弥御城付ゟ出し候時ニ至り、須原ゟ山へ為断候而も宜候様也、山城刻を許候ハ誰ゟと申事不覚候へ共、須原之申聞と相見候、近日須原を呼候而承り可申候、欠字等見了候所、少ゝの見落しハ不得已候、小跋ハ先年認候而書入置候間、其通りニて宜候様存候

一、及門先日為登候ハ無相違候へ共、何方ニて紛失候哉、此後も油断不相成候、蔵本今日為登候、改候所も少ゝ有之候

一、豈好云ゝ、竹内も見下り申候、和泉國史之代を取候上ハ、豈好ハ竹内之板ニ成候事と見ゆ、夫ニて和泉別ニ刻候ハ宜候へ共、和泉ニて伺候時、是ハ竹内へ済し候と答候事と見ゆ、其時竹内へ断なしニ刻候而ハ如何、但断り放しニて宜候哉、如何

一、餘考今程ハ分り候哉、如何、已上

　六月廿九日　恒蔵

政次郎様

(1)文久元年六月八日、幕府、家老白井久胤、興津良能、尾崎為貴、参政飯田正親（総蔵）、側用人横山信懋（甚左衛門）を召喚し、藩政の怠慢を難詰し、厳責を加う。

(2)文久元年六月二十四日、執政杉浦政安（羔二郎）・肥田政好（大助）を免じ逼塞、岡田徳至・大場景淑・武田正生の政務参与を免じて謹慎に処し、元執政太田資忠、鳥居忠順に再勤を命ず。

（3）菊地寛三郎編、安政三年刊。

十三—36　文久元年七月四日（一八—六）

如諭雨後酷暑依然、御安静大慶、此方無事、此地ハ相應雨澤有之、百蔬も少ゝ枯燥候而已也

一、廿四日得復卦候所、諸有司畏縮、又ハ自潔候位之事、暑氣符ハ無人、何事も埒明不申候、尚國へ申遣候

一、飯参中旬ニハ出勤ニ可成候由、大慶、旭・甘蔗もしめりを打御同慶、佐順も有為ニも有之間敷、姦徒の見込ハむごき様也、加州云ゝ可愧

一、教学解、久孝人面如我、西ハ國学家陋習指支候、御便り一昨夕着、今日ハ何も間ニ合不申候、玉巌堂開板と小跋認可申候、久孝へ宜御謝可被下候、尚期後便候

一、及門為登候《と》存候所、《脱》落と見へ書物之間ゟ出候間為登申候、先日為登候ハ御序ニ御下し可被下候、改竄も少ゝ有之候所、刻成候分ハ闌〔欄〕外ニ、論下脱古今ニ字、傚之作倣傚為是、哀下脱推字、孝下脱以字、形勢之二字當在形上、自字衍と埋木ニて為彫可申候、伺等和泉之心次第

一、餘考次第無之とハ見候へ共、手ニ不取内どうかと存候

一、豈好之事、和泉ニて刻候ニも、竹内と熟談之上ならでハ不宜候哉と存候間、夫等ハ和泉功〔巧〕者ニてよき様ニ致候半、此方ニ而ハ何方ニて刻候而も不構候積り也、羽倉序文之事、和泉心次第ニて宜候、筑州《羽倉》へハ擬筑州文も為見候事有之候へき、和泉をよく御待被成候事御尤ニ候

一、讀直毘等も為刻度候へ共、國学家ハ例之癖ニて大ニせき可申、さすれハ新ニ一の敵を生し、假名遣等相談も如何と存候、老夫も餘齢も無幾候間、没後抔ニ上木可然欤

一、井上書忘却致居、今日返を御人手可被下候、已上

七月四日　恒蔵

政次郎様

十三―37　文久元年七月九日（一八一七）

教学解今日も間ニ合不申候
如諭立秋後覚凉候所又蒸暑、御安静大慶、此方無事
一、床机世話役川献ニ無之由、左様ニハ存候所安心
一、邇言立原もいやかり候由、足下御蔵板可然候、山佐へハ其際ニ成、須原ゟ断候事可然候
一、豈好少〻之改竄ハ佐藤見済可申由安心、擬筑州も佐藤附録ニ可致と申候ハヽ、任其意可申哉、夫ニハ今一應閲度候間、御下し可被下候、豈好跋へ何とか書入可申哉
一、落合薩囚の事、佐ゟ未廻り不申候、近日廻り可申候、已上
七月九日　如諭摂長ゟ申来候
一、古学辨疑長〻指置申候、前便返完、手元へも一本写候而頭書抔致候間、写本も為登候へき、
前便認落候
恒蔵
政次郎様

十三―38　文久元年七月十四日（一八一八）

令姉へ金子入、熊ゟ奥番組へ頼候而御届申候、相届候由御文申来候
披誦、朝夕凉氣、御安静大慶、此方無事
一、公子御夭折、御虚弱之由、不得已候次第ニ存候
一、先日大除目、大吏ハ大抵出候へ共、暑氣麩依然ニ而ハ、先ツ束手より外無しと見へ候、第一九郎を引出し度、暑も迪抔入申度候、佐ハ少〻異説も有之、先ツ是迄之通ニて可然歟、郡も菜ハよほと氣薄ニ成候由、受合兼候、長皐も除度候へ共、次席等諳練し候者無之、臺中ニてハ大ニこまり可申歟、素猪北帰も宜様ニ候へ共、決断を害し可申歟、南地ニて時ニ幕風を受候方可然歟、旭ハ毒氣薄く甘蔗ハ深毒可有之歟
一、及門一丁改刻之由氣之毒也、間話ひどく氣ニ不入候由、其書之意ニ候哉、又字句の間ニ候哉、如何
一、豈好之事御申越之通宜御取計可被下候、擬筑も前

便申進候ひき、跋も両書別〻ニ書候も煩候間、別帋之通認候、國へも御相談可被下候、邇言一冊為登申候

一、古学辨疑、先年足下ゟ御下しと存候、上方板ニて江戸書林ニ無之と御申越故、此地ニ而為写候、写本へ書入候節も足下へ御目ニ掛可申と存候事覚居候、久き事故御忘ニハ無之哉

一、三十六囚事委細相分申候、貴地へ御指置ハ至極宜候、奪刀云〻、下官欲傳之俯伏験愈之由、其位之ものなるへし、薩の臣費氣之毒千万、因初傲慢可悪、後畏縮可咲、如諭此地へ下すニ不及、貴地處置ニ致度候

一、佳品御恵感謝痛却、熊へ御致意中通候

一、落合之事、なる程藤狸と相見候、折悪く幕を騒し申候

一、小梅水主云〻、諸吏喪心ニもこまり申候

一、尾公と御登城何事ニ候哉、今程相分候哉

一、和泉主人謝礼之事、念入候事、必心配不致候様御断可被下候、如諭菲薄の書物抔ハともかくも也、夫も極軽品之事也

一、及門刻成候ハヽ、和泉ゟ贈り候ハヽ、幾冊ニても心次第可然程ニ御話可被下候、其地幾冊ニても書林仲間取引之直段ニて調申度候、他之書と違、贈候ヶ所澤山有之、貴地ニ而ハ國楊石・足下・藤建・鈴安等へ贈申度候、尤國へ托し　公へも一本献納仕度候、此地ニ而ハ学校へ一本　餘四公子へ一本、館僚親姻数多有之候、藤先生之事を認候間、格別ニ引はへ申度候、夫ニハ和泉贈本ニてハ不足候間、仲間直段ニて調置申度候也、実ハ右ニて書《別ニ》物等贈候ニ不及候

一、教学解為登申候、久孝細密ニ閲呉候事、感謝之事ニ候、乍去書體を不解《辯》候而改竄候事故、漢文俗文雑り之書中ニちらほろと和文體の語混淆候而、文體斑駁ニ成、田舎客の江戸詞の如く咲止なる文體ニ成候間、大抵ハ枉て朱書ニ従候へ共、一〻ニハ従兼候、譬ハ一句ツヽ断絶候而ハ意不貫通と申候へ共、漢文俗文抔ハ断絶して、ハキ〳〵致候所ニ語勢宜事も有

之を、どことものべ付ケニつゝけ候而ハ語勢緩ニ成候而ねむく成、貫通を妨候所もあり——なる故と申所を、必故ニと二字を加候へハ、上句と下句と一ツニ成、語勢鈍く成候——故《書候て》と二字を不用ハ、俗文之常に《て》候間、俗文ニハ不苦候所〻間、甚敷所ハニを除申候、又不能と不得とハ定義大ニ異なるを、不能を不得とのミ改本文の意を失候事多し、是等ハ不能ニ復候類、他可推知、所〻へ少しツゝ和文雑りブチニ成、却而書之體悪く成候と乍存、枉て従候ハ心地よからす候へ共、折角頼候事故、先ツ此本之通り可致と存候

七月十四日認

教学解・間話跋、別紙之通國へ御相談可被下候

政次郎様　恒蔵

十三—39　文久元年七月十九日（一八—九）

随分酷暑ニ相成候、御安静可賀、此方無事

一、邇言・漫録之事承知、餘考のつり合ニてハ漫録も安心不致候、弥張写本ニて行候方可然歟

一、餘考之事おかしな事ニ出来申候、何とかはり紙出来候事と相見候、幕ニて蕃所の怒を畏候事ニてハ何事も出来不申候、とかく張帋を見候而の上之事ニ可致候

一、三執[1]一監北下、夫ニて清明ニ致度候、とかく暑氣清涼ニ成不申候而ハ效験安心不致候

一、古学辨疑、館僚ニも無之候由、館僚之内ニも足下と國友ゟ外ニハ無之、此地之人ニ而ハ決無之、此地ニハ書名を存候人誰も無之候、足下ゟ貴地ニも無之書ニて、京摂之板ニて一本計を申越候様覚候、餘程久き以前之事ニ候間、何程記臆〔憶〕家ニ而も御忘却ニハ無之候哉、御再思可被下候

一、夷館之事、三夷三所ニ成、守衛等大そうと見申候、濱ハ大切之御遊覧場被奪申候

一、薩囚之事守卒尤也、何とか處置有度もの也、館丁来候間草〻、已上

七月十九日

政次郎様　　恒蔵

（1）文久元年七月二十二日、江戸執政白井・興津良能・同良顕、藩内取締の命により水戸へ赴く。

十三―40　文久元年七月二十四日（一八―一〇）

如諭残炎、夜も鬱蒸、御安静大慶、此方無事
一、令姉へ金子入、ざうさもなき事也、幾度も御遣可被成候
一、九郎可賀、佐順も如諭、初ハ見込遠自悟候事と見へ申候、妄徒ニ姦と被申候事ハ不足怪候、高橋の遺風ニて、己か氣不入候へハ直ニ姦と名付候事毎々如此、長阜伸掛入替出来候様致度也、宮鶴南上、三執北征も近々と相見候、旭廿死灰可賀
一、間話何か心得ニ成候事有も不知候、八十翁を門人のつもり欤、呵々
一、古学辨疑、此地ニハ誰も存候人無之候、貴地ゟ来ニハ無相遠
一、宋元第二帙落手、軽き品と遠、贈られ候てハ指支候、三方為登候間宜御取計御頼申候
一、麁服御謝辞痛却
一、横藤國寺云々、邸中浮説と申候而も所詮激家計之説なるへし、譏問之用心ハ致度事也
一、餘考六ケ敷候半、息邪も安心不致候、已上

七月廿四日

政次郎様　　恒蔵

十三―41　文久元年七月二十九日（一八―一一）

一、両日得涼氣候、御安静大慶、此方無事
一、餘考難物と相見候、和泉私刻も宜候へ共、外之故障と遠、外夷被見候時不宜との幕意ニてハ、私刻ニても夷何とか申候時ハ幕ニて六ケ敷かるへし、弥張写本ニて行候方可然と存候
一、三老も到着未た寂然無聞、一日千秋也
一、邇言二冊為登申候、外一冊《論礼上》ハ此地ニて為写候本也、句脱反り点落等大抵直し候所、尚又御心付可被下候、

已上

七月廿九日

急き間ニ不合、猶期後便候、已上

政次郎様　　恒蔵

十三―42　文久元年八月四日（一八―一二）

呈も眼疾ニて今日ハ出来不申候、御別帋佐へ示申候

如諭残炎無雨、御安静大慶、此方無事

一、國外獨北帰、足下称病ハ黨論以之外也、縷々御答申度候所、流行眼疾ニて認物出来不申候、御別紙之通りニてハ不遠復と相見、いろ〳〵難有　尊慮ハ候へ共、一日遠さかり候へハ一日之御損、此時ニ當り大切之所を御損被遊候事可憂、御別帋委曲詳悉雲間之景色も感戴、尾へ御忠告も無残所致感服候、尾ハ甘旭云々とハ申候而も、ケ様ごた付居（る勢也）候所ニて御腹心を遠さけ、御孤立ニなし奉り真情も不通候、ごた〳〵隙取候へハ甘旭出現ハ指見候勢、甘旭之害ハ乍知却而甘旭を前導致候筋也、是等之勢も尾へのミ込せ度候、如何

一、北征使来候而も寂然無声、暑氣少々退候而已ニて、九郎其他何も發し不申候、一説ニ激徒九郎出候ハヽ、以銃等取抔申候ニ付逡巡とも申候、是例之劫制之術なるへし、都而星ニてハ激徒も機嫌を取、双方うまくやり候との論、此節膏盲の疾也、遅行を求候内、送日月候ハヽ、甘旭を自ら招候也、切歯々々、飯参出勤大慶、他期後便候、已上

八月四日

國去候而も新令尹之心得宜様也、先ツ害ハ無之候半、可也

十三―43　文久元年八月九日（一八―一三）

國へ書状、是迄ハ御用書へ封入候所、御手元ゟ御届可被下候

念三ハ此地ハ無雨、今以酷暑、朝夕ハ涼氣、弥御安静大慶、此方無事、豊饒可賀

一、漫録六ケ敷候由、餘考と同く写本ニて行可申候、死後ニ出候抔も可然候、邇言ハ濟可申候由大慶、和《大》泉《和》を欺候も不快、且御城付ゟ出候方何の為も宜候間、少ゝ隙取候共、此節ニ而も新家抔御頼被下候ハヽ、師弟之事ニも候間、何とか世話致呉可申欤、如何、豈好之事宜御頼申候

一、宋元代御世話ニ相成候、其代りニ及門等之事、是も只遣候ニ無之、仲間取引直段ニて遣候様御話可被下候

一、辨疑写本落手

一、三執北征今以寂然之様ニハ候へ共、内実動機有之様子、委細國へ申出候所、鶴南留ニ付、諸執皆終ニハ是が為ニ傾覆せられ候と見込、千早く追捕をかた付、其功を以持こらへ候との議ニ成、諸吏を退候事抔も吹出し可申釣合之様ニ候、もつけの幸ニ候、國云ゝ之事も申上度、尤其一事計よりハ物体の事情を第一ニ可認と存、眼疾中大骨折ニて立稿之所、鶴之事ニて事情も一変候間、今一便事情を承候上ニてと存致延引候、今後ハ分り候事と存候、已上

八月九日　　　恒蔵

政次郎様

十三―44　文久元年八月十四日（一八一　四）

如諭涼氣勝ニ候、諸國豊熟可賀、三穂稲此地ニも有之候由、貴地半價値下可賀、愈御佳健大慶

一、時事佐へ御申遣之由、未達候、鶴南上之為ニ御動壹日在側、尾飯横早退之由、かくも変するもの欤、北斗騎虒之勢、征伐ニハ決候様子、乍去先ツハ人ニやらせて見て居度様子と云、乍去口論決候故、鮹卒等も▨はり込、追ゝ捕獲も有之様子也、横南カ扨ゝ也、乍去　女公子云ゝハ不幸中之一幸也、牛門を出し候も宜候欤、少年ニて鶴ニかき廻され不申様致度候、正有司へ白愛を御勉御尤千万也、葛西ハ詰問掛リニ候、都下竹枝御同意不忍聞、歎異之事今日と存候所、間ニ合不申候事有之、後便社と存候、猶國へ申遣候事も有之候間、御聞可被下候

一、邇言之事否塞之世ニ而も國事とも遠、関係せさる事ニ候間、新家か板も魁候沙汰も、是等ニて扱候ハヽ、御城付伺ニハ出来申間敷候哉

一、柄糸熊ゟ御頼申候、此節御煩労ニ候へ共急き不申候間、いつにても御外出御序ニ御頼申候、必御急被下間敷候

一、千字文幼童ニ遣度候間、是又急不申候、京師板ニ候所、貴地書林ニハ有之候哉、和泉抔へ御命可被下候、右両紙代百疋為登候間宜御頼申候

一、間話為登申候、漢文雑り之俗文へ、和文ぶちニ成候ニハこまり候へ共、大ニ得益之事も有之、此本久孝へも御示被下候而宜候哉と存候、及門も為登候、少々手を入申候、已上

八月十四日

國へ一書御届可被下候

政次郎様　　恒蔵

十三—45　文久元年八月十九日（一八—一五）

今朝ハ冷甚、早霜を畏申候、御安静大慶、此方無事、除目一見、厩前御同意相察候、仙臺と遠様闔〔カ〕、熊文武ニもこまり候事こまり申候、湯葉鴨を排出とハ如何之釣合ニ候欤、後便御申聞可被下候、熊長持無之ハ如何

一、川越君(1)ヿ悲泣候、足下ニ在てハ御心事御察申候

一、封書誰か慎密之人へ御頼御上可被下候、其人當番等之くり合ニて、日限後れ候而も宜候、色々御申聞、且佐順ゟも廻り候所、封書も前日認候へ共、封し等ニて遅刻ニ成、何も認兼候間期後便候、扨又國へ昨日認候間、是ゟ御聞可被下候、書状も御届可被下候、已上

八月十九日

政次郎様　　恒蔵

(1)松平直侯（八郎麿）。病により文久元年十二月六日致仕。公式には十二月十日没（『維新史料綱要』十二月

六日条）とされているが、八月二十四日書翰に「去年之変と同日同刻奇矣」と記しているので、万延元年八月十五日死亡の斉昭と同じく、文久元年八月十五日に死亡したと推測される。

十三―46　文久元年八月二十四日（一八―一六）

如諭晴冷、御安静大慶、此方無事、國書御世話又御頼申候、時事も是ゟ御聞可被下候、卜迪仲何レも星ニて畏候事と相見、埒明不申候、果断ニ出候筈之由、夫なれハ出来可申候、葛西はか取可申候、小東へ御致意承知、飯横可賀、悦通不申、御尤也、牛門云〻、亦御尤也

一、柄糸ハ小之方御頼申候、いそき不申候

一、及門・豈好出来候由、邇言も一冊写本出来候間、一閲候而後便為登可申候、拙著目ハちと迷惑ニ候所、禁止ニも不及候様也、夫ニハ三眼ハ除可申、息邪も除度候所、閑聖漫録ハ載度候間、一同ニ載可申哉、何レ下書御下し可被下候、尤末へ右数部之外、先生有秘不示人者今不具録なと、書候方可然哉、千字文旧本落手

一、川越侯御同意痛悼、去年之変と同日同刻奇矣、御葬祭之事御尤至極、御封棺遺憾不得已候、御神主之儀至誠敬服、御葬地同断、御題主如諭御尤也、御継嗣之事、闔藩小府を畏候事と見候間致方無之候、御謚号之事、足下御近親被成候間、実地ニて御撰之方可然候所、謚御纂抄出候、其内孝字ハ愛親抔有之、宜様ニも存候所、とかく親炙実地之方宜候

一、前便之御答、巨如南意とハ何事か分り不申、是屛居候所、此間出現候剃賊之事前便之《國へ申遣候》通り之所、先餙卒銃備三人との説、虚実未詳之所、左候へハ大抵かた付候事と相見候、新会計前輩の尻を拭候ハいやと見候所、後ニハ又〻臓汗ニ成可申候、急き草〻、已上

八月廿四日

昨日鮭魚拝領、少〻御配分、尤横縫と御平分可被下候、御用へやゝ指出候

定　大慮静民　純行不真
　　安民大慮　安民法古
釐　質渕〔カ〕受談
孝　慈恵愛親　秉徳不回
頃　敏以敬慎
景　由義而済　布義行剛

政次郎様　　　　恒蔵

十三―47　文久元年八月二十九日（九―九）

陰晴暖冷、御安静大慶、此方無事
一、朔暑摂長へ御托被下、摂長之事を申上候ニハ少々不都合之様ニ候へ共、國事之大體を本文ニ申上候間、夫ニハ至極宜候へき、遅延ハいつニても宜候
一、千字文急き不申候、及門一閲為登申候、國石楊鈴へ貴地御遣可被下候、藤へハ此方ニて遣可申候、献上此方ゟ上可申候、此地ニ而も十四五部ハ入可申候、仲間取引直段何程ニ候哉、御聞可被下候、板下ハ書〔破損〕□□心次第ニ候所、不讀書と見へ、俗字等明朝風ニ而ハ別而目立申候、筆意彫ニ候へハ俗字署字等も目立不申候所、和泉之板ハ都而明朝ニ候哉、如何、御誌文御平生御尽御音容を奉仰候カ如く致感服候、存分致刪削候所、影付ニ而ハ行違も知れ不申候間、御熟覧之上御取捨可被下候
一、除目大出来之由、可賀々々、危き事ニ候き
一、此地北村之消息未詳、摂長ゟ御聞可被下候、貴地讒説可畏、石之率直ニもこまり申候、佐順へ御移書も讒種ニ成候由、うるさき事也、此上御移書候ハ、手元へ御遣可被成候、幾度ニ而も届可申候、星吏ハ讒を起し候而も大吏ハのみ込居、第一九五ニハ御承知候事ニ候へハ、多分行れ間敷とハ存候へ共、油断ハ成不申候、扨々うるさき世之中也、已上

八月廿九日

政次郎様　　　　恒蔵

十三―48　文久元年九月四日（九―一〇）

如諭秋涼之所愈御安静大慶、此地無事、尤御風邪之由、

老夫抔も風邪也、今程ハ御快候哉、飯も安心との御答之由、横も出勤大慶、華表毒氣無之と申迄也
一、貴地讒説益甚候由ニ候へ共、尾飯横抔ハ承知之事と見へ候へハ、俄ニ決議ニも成間敷、長き中ニハ明了ハ指見候、泰然云々、御尤ニ存候、北賊之事、遠方ニてハ郡ニて就捕と御覧も御尤之様ニ候へ共、郡計ニ候へハ元締ニ為扱候事也、中〳〵元締抔の手際ニ参り候事ニハ無之、賊も此節巣窟を失、所々うろつき廻り候様子、追々ニハ捕獲ニ成可申候
一、朔暑事横師へ御頼被下候由、國之事を申上ニハ都合も宜候き
一、柄糸之事御世話ニ相成候、此度又御頼申候間、御調義なれハ宜候へき、此度ハ子供大小ニ候所、小之方二本たけ御頼申候、色ハカツ色御納戸ニ似たる色三分糸二ツ御調可被下候、尤十一月ニ入用ニ候間、當月来月之内ニて宜候、ゆる〳〵御頼申候
一、著書目録奥書草稿前便為登候所、外ニ下書無之候間、後便御下し可被下候、少々改度事有之候
一、及門落手、窪も揚々之様子也、詰問ハ葛西はり込居候様子、随分よく出来可申候、迪暑氣ニ入度候所、星ニて不彫ニ相見候、乍去頼居故、捕賊ニハ大ニ都合宜候、館丁為待、草々、已上

九月四日

邇言写料落手、紙餘り為登可申候、熊留守ニて分り不申候

政次郎様　　恒蔵

十三―49　文久元年九月八日（九―一一）

如諭冷氣、御安静大慶、此方無事
一、千字二體四體両様調申度候間、宜御頼申候
一、及門二十部ハ多過申候、夫よりハ仲間取引之價ニて調申度候、夫迚も別而多分ニ成申間敷候、邇言ハ筆意彫之由、其方宜候、御碑文氣力ハ有餘感心ニ候
一、東禅賊少々も獲(1)候へハ先ツ幕へ御申訳も有之候、騒過候と御申越之所、姑息論ニハ事立不申様との説多く物静なるを好候所、大騒ニ成候ハ剛断ニ無之候

而ハ出来不申、畢竟大騒故諸村ニも響合、賊巣も散候而、所〻ニ而就捕之様ニも成候事と存候、此節ハ舎匿之者も減候事と見候間、猶又追〻捕獲可有之候、熊三郎今日七ツ頃帰宅、直ニ御城へ出候間何も話も不承候、柳澤以下厚賞、蛮人ゟも火事羽織贈候由、先ツ其位之物と相見候、小田外國奉行ハ宜候、蛮銃之事氣之毒千万、讒説盛之由うるさし、乍去俄ニも行連間敷歟、御用心〳〵、大急き草〻、已上

九月八日　恒蔵

政次郎様

(1)文久元年八月九日、水戸藩、東禅寺事件の残党を逮捕せしむ。

十三―50　文久元年九月十四日（九―一二）

如諭多雨寒冷、御安静大慶、此方無事

一、華表如諭善果無毒

一、及門入手、八部まつは出来申候、字の誤治候為御改させ返りも御補可被下候、伺済不申門人間へ不遣候事承知、延紙摺十餘部遣候由、餘り多過ハ不致候哉、上へ上候ハ不苦候由、今日為登可申候所、貴地俗礼右様之上候時ハ新論之時之事も忘候所、水引のしニても付□〔虫損〕候哉、御申越可被下候　二公子同断、此地にも　六公子有之候所、不残上候ハ、足不申候間　餘四公子計とも奉存候、夫ニハ青山教職等へも贈度候間、伺済ニて延紙摺下りニ置と存候、一本ハ先ツ足下へ進入、國友・石川等ハ延紙本と存候

一、柄糸所〻御聞繕被下候由、大ニ御奔走御心配相掛氣之毒存候、子供柄糸又〻両度ニ成、別而御世話ニ相成候、右ハ大小ニ候所、小計二本分ニて宜候間、来月中位ニ宜御頼申候、此度御下し、色ハ至極宜候由ニ御座候

一、著述目録之事前便申進候間、草稿御下しと存候

一、邇言初ハ此方ニて写候様御申聞ニ付、二百枚調候所是後追〻為登候、此他二冊出来、紙餘り候間為登申候、和泉へ御遣可被下候、此地ちと高價ニて氣之

毒也
一、泰否炳鑑三冊為登申候、一ノ巻ハ先達而為登候事と相見候、今一應閲度候間御下し可被下候
一、百稼豊穣、隨而海上も多魚可賀、松魚一樽懸御目申候、御咲留可被下候、横山未引越ハ致間敷候へ共、御名前ニ而為登申候、是又一樽御届可被下候
一、甲城御繕修之由あさましき世の中也　王姫(1)云々、是又一乱源也、神田祭云々、淑〔叔〕世之有様千古一轍也
一、北賊之事國ゟ御聞可被下候、賊ハかた付可申候へ共、善後之策ハ如何候哉、夫ニも旧摂長を早く復し度候、以上
一、家内ゟ買物御頼申候而又々御労申候、御使之序抔ニ御命可被下候、一両一分御入手可被下候、已上
九月十四日　昨夜之繡華も月見ハ弥張不面白候
政次郎様　恒蔵

(1)和宮東下を指すか。

十三―51　文久元年九月十九日（九―一三）

数日晴又雨、御安静大慶、此方無事
一、及門云々、多部痛入候、宜御頼申候、豈好ハ明風、邇言筆意之由、夫ニて宜候、千字・大記等会計宜御頼申候
一、柄糸度々御煩申候、色も至極宜候由也
一、著書目録同しくハ及門之方ニ致し、小跋之事前便も申進候所、先達而之書中へ書込候而為登候へき、夫を御書抜御下し可被下候、若しなくなり候ハヽ、別ニ立稿可致候、及門綴仕立等両三便待候而も宜候事と存候
一、旧令尹云々、難有　思召也、乍去當年中と申ハ下情御存不被遊候故か、ちと御無理之様也、新令抔御序之節何とか申上様ハ無之哉、如何、日々登館之由ニ候へハ、摂長ハ御免ニて教職ハ勤居候事ニ候哉、如何、御忠告之事御尤至極也、とかく嫌疑ハ避候様致度候、但し復職隙取候ハヽ、先ツ一旦ハ江戸教〔授〕職なとへ被

仰付候様ニハ出来申間敷候哉、左候へハ通御用ニ済候間手軽き様也、如何
一、故らニ事を大ニ致、士林へ禍との事、此地ニてハ分り兼候、捕賊之事國へ申遣候、先ツ捕賊ハ出来可申、善後之策ハ不安心と存候、何も國ゟ御承知可被下候、岡部云〻も同断也、徒手ニ無之ハ熊等之功ニ非、重議大挙ニ出たる效験也、近来川瀬も前之様ニ無之由先ツ宜候、神田祭可想、諸國志始て承り候、誰か蔵本ハ無之候哉、讀書日札後便為登可申候、已上

九月十九日　　恒蔵

政次郎様

横山昨日引越候哉、今日書状遣度候所、間ニ合不申候、御逢被成候ハヽ、宜御頼申候、此後書状為登候ニハ足下へ御頼可申候哉、又御用部屋へ出し候方宜候哉、此方ニてハ御用部屋へ出し候ハ少〻面倒ニ候、如何

十三―52　文久元年九月二十四日（九―一四）

披誦、四五日晴、御風邪如何候哉、御押不被成御自愛可被成候、此方無事、老拙も出勤
一、及門献上ニハ無之、呈　覧ニ候間、新論之節ニて得體候様存候間、封候而為登申候、宜御頼申候、六公子御幼年之御方無益にハ候へ共、分候よりハ不残上候方可然、美濃摺十五部ハ多過候へ共任御申越可申候、惣数三十部も多過候所、是も宜様御頼申候、呈　覧計ニて餘ハ伺済之上ニ可致候、尤國へハ其以前ニ而も延紙摺ニて宜候、青山へも同断ニ可致候
一、柄糸御取替可申候由、少〻之事ニて夫ニも不及候所、御申越故為登申候、十一月迄ニて宜候間、御間之節御頼申候、外下緒調申度候所、子供之下緒ハ細く短き品有之と申事故、先ツ弐朱為登候、御序ニ宜御頼申候
一、著述目録手元ニ有之候所、先日小跋之事申進候き、夫を御下し之上ニて見合為登可申候

一、炳鑑一ノ巻手元捜索可致候
一、松魚之謝辞痛却、横山へも御届御世話相成候
一、邇言紙代太田や受取為登候き、和泉ニて会計致候
様御頼候
一、買物会計追〻為登候間、いつにても宜候
一、間話川崎ニ為写候事承知
一、鎌倉廃立調可悪、甲城可慨、王姫云〻ニて改幣之
由、阿ハ甚し
一、旧令尹牛門願ニて近再起候へハ大慶、若し再起埒
明不申候ハ、　公子　女公子御相手も有之候間、先
ツ定府と計も出来候ハ、當座ハ凌き可申哉、乍去願
くハ再起ニ致度候、不快も御忠告ニて熱田ニ為見候
筈ニ成候由、深き事ニ無之由降心、已上
　九月廿四日
　　　　　　　　　　　　　　恒蔵
政次郎様

十三―53　文久元年十月四日（一〇―一）

先日楊進ゟ孝経考借用致度候由申来候所、手元ニ
有合不申為登不申候所、此度返り候間楊へ御届可
被下候、病中故書状も不遣宜御頼申候、典謨述義
承知
如諭好晴、御復常降心、老夫出勤候所又〻館中ニて感
冷氣吐瀉引續下痢、此節病ハ去候所餘疲未復、来書を
細讀候さへ疲申候、夫故前便も不發出、今日も草略相
認候
一、及門先日八部落手、献上も御取扱謝〻　二公子
因君之分三部、國へ一部、左候へハ石楊も甲乙有之
候而ハ不宜候間、是も美濃摺二部、合五部為登候、
宜御頼申候、此地　六公子青へ一部、豊田も甲乙ハ
不宜候間、老夫之分先ハ表紙へ折りを付候間引取、
足下へ一部、惣数十七部ニ付一部不足ニ成候間、今
一部和泉ゟ遣候様致度候、其外ハ何レも延帋ニて宜
候、赤川某云〻之由、夫なれハ随分可然か
一、旧摂疫下地之由可畏、尤軽症と相見順快候由降心、
牛門ゟ願出之由、夫ニてこね付り候へハ大慶、石〻
書可遣候

一、麻布へ書状御世話ニ可相成候、先日之書ニ暮迄ニ帰郷抔と申来候所、つぶや〻ニも候哉、若又一時之言ニ候哉、二里餘之由察入申候、今日も書状不遣候間、御逢被成候事有之候ハ〻、宜御平安之由大慶
一、買物御世話ニ相成、色も至極宜候由也
一、諳國志買入無之、一覧候而も宜敷本有之候ハ〻、御頼申候
一、柄糸之事愈〻御煩申候、子供祝之大小《大人ノ大小と存候所》ナレハ無此上候、先日為登候分御下し可被下候、度〻御煩申候、下緒も御序ニ御頼申候
一、著書目録先達《小跋》而書状之俗文中へ認候而為登候所、御忘却と相見候、又〻別ニ立稿候而、頭書ニ致為登候、大抵此位ニて宜様也、前便も忘却ニ無之、御左右次第立稿ニ成、留置候き
一、捕賊之事、中簡の調停説行れ、模稜手段と成候、國ゟ御聞可被下候、已上
十月四日三日認
川越云〻、今日ハ病中、期後便候、已上、論礼下ハ為登候と覚、此方ニハ見へ不申候
政次郎様　恒蔵

十三―54　文久元年十月九日（一〇―二）

如諭新寒繁霜、御安静大慶、此方無事、老夫も快候所風邪、夫も快、餘疲未復、十五日比出勤と存候、諳國史《志》和泉ゟ遣候由大慶、近日之内看過為登可申候、表紙等少〻くたびれ候半
一、及門前便五部為登候き、夫〻御取扱と存候
一、國果類取不申候へ共順快之由、小快之所養生大切也、牛門願之事おり〱出来申候、此地両人呈之事御尤ニ候へ共、一人も傍観家故、かたらい候事も如何ニ存一人ニて呈候、可然へ御托可被下候、其人之當番等之くり合ニて、両三日位遅延ニ而も宜候間、宜様御頼申候、草稿御心得ニ御目ニかけ申候、後便御下し可被下候、川越葬祭之事、呈草等ニ而間ニ合不申候、片岡源五郎之事、呈ニ認候而も宜候所脱落候、石抔ゟ申上候とか、何レ宜御頼申候

一、柄糸下緒之事被仰下、とかく宜御頼申候、已上

十月九日

政次郎様　　恒蔵

十三—55　文久元年十月十四日（一〇—三）

小暖之方御安静大慶、此方無事、餘疲大半復候間、十五日出勤と存候

一、及門御取扱ニ相成候、國石楊ゟ謝辭申来候、孝経考御世話ニ相成候、楊ゟも来書之所、外ニ用事無之候間宜御頼申候、和泉ゟ及門二部来り有餘ニ相成候、足下へハ先日為登候様覚候間、夫ニて御指置可被成候

一、柄糸落手、度々御累し申候、下緒も上品ニ存候

一、麻布北帰ハ一時之言と相見候、帰邸ハ尤之事ニ候、委女云々、こまり物ニ候、早く嫁候て落付候様致度候、深秘承知

一、諳志落手、古本有之節ニて宜候所、新本氣之毒致候

一、論時篇捜索可致候

一、調停ニハ候へ共捜捕之達出し▨置候間、少しツ、ハ入手〔カ〕、國ゟ御聞可被成候、迪敵〔カ〕不可解、原誠ニ御聞可被成候

一、國少々ツ、ハ順快之由、老年之事別而用心候様御心添可被成候、石ゟも縷々申来随分骨折候ニハ見候へ共、御申越之氣味も有之と相見、青も其氣味を少々帯候間、前便一人ニて呈候所、猶又對話ニて相談可致候、飯横朋黨之御見込ハ、損君徳候事扨々恐入申候、左様之事ニてハ何事も行違ニ相成候、今日も来客ニて隙取、且入組候事ハ病後骨折候間、前書草稿ハ御返却可被下候

一、王姫御東下(1)、沿途可想候へ共無事ニ属候事と相見候

一、宋澤集水戸ニ有之候ハ、本聖堂本を写候也、蔵本も無之、青山も無之事と存候、豊田を承り見可申候、文字不分候ハ何の篇ニ候哉、不分明之所一枚書抜下し候様御申通可被下候

一、買物御取扱ニ相成候、壱分壱朱御落手可被下候、
已上
十月十四日
政次郎様　恒蔵

(1)文久元年十月二十日、和宮一行が京都を発す。

十三—56　文久元年十月十八日（一〇—四）

如諭大風後暖之所少ゝ催寒、御安静大慶、御風邪指たる事御加養可被成候、老夫も出勤候へ共腹力未復、万事骨折申候

一、諳志不文ニて反復不致候而ハ分り兼、少ゝ隙取可申候

一、因君御書翰ハ恐入候間、御懇切之段足下迄御礼申上候間、宜御申上可被下候　二公子も同断、先日二部入手、目録も前便為登候き

一、旧尹病症柄高年旁埒明不申事と相察候、熱田も無憂と申候由、早く順快ニ致度候、北帰之事委曲御申聞、具ニ承知、扨ゝ致方無之候、実ハ　思召も被為在候事と見候へ共、有司ニ御押付られ被遊候哉、先日之歎暑〔書〕も水泡と相見候、牛門御直ニ云ゝハ宜候様也、猶又此地同職一同歎候筈也、此度ハ職掌を以申候なれハ、両地摂職之義外ニ可然人も無之先公ゟ被命摂職候を御変動、折角御大志ニて学校御取立も御廃被遊〔同様之〕候義、御継述とハ難申と可申上奉存候、夫ニて効験無之候ハヽ、投匕之外無之様也先公之御事業ハ行ゝ尽破候而、文久以後之〔ママ〕の國家と成候も古ゟ其勢ニ候へ共、此度が御手始なるへし、噫、已上

十月十八日認

横山〔甚〕(1)ゟ青山へ来書之事、石へ申遣候間御聞可被下候

政次郎様　恒蔵

(1)横山甚左衛門、文久元年六月七日、側用人。

十三―57　文久元年十月二十四日（一〇―五）

如諭冬暖、今朝抔ハ頗寒、御風邪御押張賢労可想、御用心可被成候、此方無事
一、川越葬式前便為登候、此度之分も今日為登申候、熊三郎も本務繁劇、此節ハ何の叚〔暇〕ニも無之候、毎夕点燭後帰宅、帰後も應接文書往復等、旁観候而も氣之毒之程也、水長も委細取調ハ然所、長佐順へ頼候而も、老夫へ一〻合問之事と見候間、煩し兼候、こぢ付候も恐入と御申越之所、川藩ニて出来兼候をかなりにも行候事、所詮本式ニハ参り不申候、礼の大意さへ得候ハヽ、其他ハ時宜を斟酌候而、こぢ付候より外ハ無之候、誰のｹ簡ニてこぢ付候而も五十歩百歩也、川藩へも左様御断候て存分ニ御決断可然存候
一、及門未た御手元へ為登不申候由、先日御下し之分一部、序次第為登可申候、因君御國産恐入候、御下しハ不急候　王姫之事も御延あてニなり不申候、是亦一憂也
一、宋澤集豊田を承り見可申候へ共、老後健忘ニハこまり申候、其外ハ廣く捜索候而も誰も所知無之歟と存候
一、國疾ハ順快之由大慶、北帰之事ハ一線之脈ハ有之様ニ候へ共、星の要制ニてハ安心不致候、柳も我侭出候由こまり候事也、國北帰も不得已候へ共、國家之不幸也
一、原誠少〻ハ□□《マヽ》も有之との御書中、二字分り兼申候、何の字に候哉、赤も云〻大慶、如諭大勢可嘆、已上

十月廿四日

政次郎様　　恒蔵

十三―58　文久元年十月二十八日（一〇―六）

如諭増寒、御風邪如何、不得意度〻御勉強ニ相見候所、何分御自愛可被成候、此方無事
一、檟制家礼之通り之外無之候、乍去川越抔ニ而ハ大も手重ニ候半、やはり葬祭式之図位ニて可然、少し

も念を入度候ハヽ、少々手をこめ候ハ勝手次第、乍去夫ニも及申間敷候、工部の図も家礼之通りと相見候

一、旧尹順快大慶、杜氏へ戒候儀御尤至極也、南留之事も黄木ゟ返書ニハ、南星ハ成議北へ運候由申来候、北と成候而ハ斗星何レへ建候之極ニも不成之勢也、つぼみ際之一戦、翠窓申合、両人ニて職掌を私議し、先公御遺志を破り候手始と論候ゟ外ハ無之様也

一、両女公子及門御ほしく候由、御取寄御上可被下候、足下之分ハ今日一部為登申候、論時も為登候

一、御坐之間ニても御韜ハ有之事と存候、他も御決断可然候、已上

十月廿八日認　典謨一冊入手

熊ハ大繁劇、穿鑿掛り等ニて何の間も無之候

恒蔵

政次郎様

十三―59　文久元年十一月九日（一〇―七）

胡麻少し為登申候

両度之御状披誦、増寒、御安静大慶、此方無事

一、迪彝・和言西宮和三郎へ御かけ合可被成候

一、九郎君へ因君御礼之儀、國分等書状御届可被下候

一、旧尹順快大慶、南留之事良風吹候由之所、今以宜御同意、憂慮致候、朔署之事御尤、翠へも相談候所、九五へ既ニ御承知之事、何程　思召有之候而も星ゟ御押へ申候而ハ難被遊候間、朔よりハ飯参へ可申遣との挨拶ニて朔ハ不承知也、一名ニてハ先日と同様ニて何に□〔破損〕なり不申、遺憾々々、按するニ翠も星之人別ニ而、星を離れて朔候ハ不欲歟と推考致候、石吉へも申遣候通り

先公御遺志を御破被遊候を、学校ゟ御手初ハ可嘆候へ共力不及、束手候も不勝憤候　松君ゟ御願も一策ニ候へ共、星ニ而ハ餘り所々を拵候抔疑も難計候、追々　今公之御世ニ成、御政積も改り候事と相見候、此節石幹佐順薫▨との讒説行レ、旧尹も夫と同意也との無根之言、是もよき讒の種と相見候、石佐之事も寂初ハ佐旭を推候事も有之と見へ候へ共、其時且〔時〕々

之事ニて、其後ニ至候而ハ旭等之害も悟候所、貝錦之讒之今ニ始めぬ事也、詩ニ不徐究之と申如く、一時ニ〔破損〕説沸騰、心長く其顚末を推究候へハ自然ニ分り候事ニ候へ共、是亦千古一轍也、正人之《ニハ》方人を讒候者ハ無之、激ニハ讒人有之計と而も邪正ハ分り可申候所、鑒定も無之事也

一、閑話写料忘却、此間百三十七文拂候ハ多分間話之写料なるへし、及門伺済之由安心、両眼も捜索可致候、短日ニて未た捜不申候、孝経考搨ゟハ何とも不申来候、申来候ハヽ、如諭答可申候

一、松宮之事因君以下讀め兼候所、御盛意ハ感服仕、両瀬愕然之由、上野ハ御断ニ成候事と相見候、原誠今程出勤ニ成候哉、如何

一、宋澤集豊田之方も承候所、館本を写候へ聖堂本と校合候由之所、近比失所在候由、如何ニ成候事か可惜、已上

十一月九日　恒蔵

政次郎様

十三―60　文久元年十一月十四日（一〇―八）

多雨多暖、挙家御安静、御全快大慶、此方無事、旧尹順快大慶、黄木書中南地ハ成議之由、夫なれハ南ニて伺候而發可申所、北〔破損〕運候ハ南一ても不欲者有之欤、北へ運候而ハ斗支吾之事指見候、維辟の威福臣の威福ニて皇極不建候

御先代ニ候へ共、大式之事星ニて支候而も御押抜ニ成候所、左へも右へも機嫌を御取被遊候故、何事も英断ニ不相成候事、翠も歎息候、夫故可否ハ御分り被遊候へ共、星之方出来不申候而ハ朔君も無益也と申候也、先日星へハ両人ゟ御遺志を破候手始也と申出、老夫ゟ黄へも申遣候所、北星ハ拒候共、黄ハ（老人ゟケ様申来と）申上候而可然候、星ゟ支候を御蹴拂無之而ハ所詮出来不申候所、翠ハ大が出来不申とハ、智者ニて見通し居候間、朔君へハ乗合不申候、御當代ハ御當代の政ニて以前とハ別世界ニ成候事可慨候、とかく臣の威福と成候而ハ権臣の水戸國ニ候、麻布も宜候へ共、是も所々拵候との口実ニ不

成候様致度候
一、論時も写生へ廻り候由、例之誤写家と相見候
一、王姫事、既駕(1)候ハ可賀候へ共、如諭四海困窮可畏
一、除目調停家云々、とかく調停世界と相見候、□□〔破損〕

十一月十四日

政次郎様　　会澤恒蔵

(1)文久元年十一月十五日、清水邸に入る。

十三―61　文久元年十一月十九日（二二一一）

如諭多暖多雨、御安静大慶、此方無事
一、王姫御着と相見候、搢紳も年内上京之由近日御婚儀と相見(1)候、沿途騒擾叔季之風可嘆、地名等拘忌捧腹々々
一、及門公布ニ成、十部外三本御下被下、和泉へも宜御頼申候、此上十本位ハ入可申候、代料遣候方可然候、表紙放付是又一唉柄ニ候、川崎写ハ毎々廉也、先日之残鏹二百文入手、豈好表題へハ来書之通ニ而も可然候所、附録ハ不出候而も宜候様□〔破損〕、炳鑒一為登候、此方蔵本ハ見へ不申、万一紛失候へハ跡ハ手拂ニ成申候、両眼考も外ニ稿本無之候間同断、点を付も間に合不申候所、宜ゝ足下御付被下候共宜御頼申候、破邪集ハ禁書ニ候所
先公御開板被遊候書ニ候間、不苦と存候、當月中指出候へハ吟味大やう之由ニてハ、両眼等よりハ邇言を早く指出申度候所、写間ニ合不申候ハヽ、此方ゟ為登候本を其侭指出ニ而ハ如何
一、九郎君御礼状御世話ニ相成候、松宮云々、委細相分、因君御孝心奉敬服候、柱等紙包押木瓦古こば等迄遠方海運ハ太平風、御大名之風、蛇足可惜、乍去白壁の微瑕不論して可也、瀬川愣快可唉
一、宋澤集前便申進候通り可惜
一、旧尹順快ニハ相見候所、半三之書ニ而ハ熱田も辟易之由如何、何卒真之順快ニ致度候、翠ハ智者故
先公の如く星論を御蹴破り御出来不被遊ハと□〔破損〕込候ニて、南北を不應候を嗅付候ニハ有之間敷、其口氣も

其様ニ相見候、▨　松君云ゝ　小君云々、御決断ニ
も不知、夫なれハ天幸也、老病後年内北轅不相成候
而、北斗も南飛無之様禱天候より外無之候
一、胡麻為登候所貴地ゟ《ハ》云ゝ、左様ニハ無之、却而貴
家ゟハ度ゝ色ゝ御恵、此方よりハ御不沙汰致候也
一、豈好之事、竹内之事、宜様御頼申候、山佐へハ別
ニ御申聞ニも不及候様也、須安へ申聞候事承知、孝
経考ハ須安へ許候事ニ申聞候ハヽ、未た決せす候所、
須安毎ゝ先約束申書を脇ニて被刻候間、孝経考は須
安之挨拶次第ニ可致候、且来年ニ而も吟味も六ケ敷
事も無之と見へ候間、緩ゝ相談ニて可然候、夫ゟ邇
言ハ前文之通也
一、石吉云ゝ、剛腸擔當無之候間不得已候、忌不申を
美とする計也、原誠も八ゟ下り候由、是も不得已候、
已上
十一月十九日
政次郎様　　恒蔵

（1）文久元年十一月十五日、和宮、清水邸着、十二月十一日、入輿。

十三―62　文久元年十一月二十四日（二二―一）

如諭多喧、御安静大慶、此方無事
一、後宮云ゝ、劇技加之佞佛大乗のり込旁、且　太夫
人御座所毀候事抔、此上いか程崩候も難計、せめて
是迄位之御志ニ而も被為在候へハ宜候所、うしと見
し世そニ相成可申、御同憂此事也、其通りニてハ旧
尹咫尺候而も御倚頼も無之様可相成候、旧尹杜氏之
事扨ゝこまり申候、旧《ゝ》今日も戎愼之事申遣候所、夫
より足下の御面話之方響可申候、乍去節欲ハ安心不
致候、松君ゟ小君云ゝハ（青云ゝよりハ百倍）何より宜候所、九郎を甘
くこじ付候手際ニやられ候事安心不致候、しつこき
ハ至極宜候
一、飯参持病、熱田云ゝ、可憂、諳夫測量之事ニ付、別（此地政府へも出し可申歟と被存候、二重ニ而も可然候）
紙之通幕へ御掛ケ合ニ致度候而、飯を見込ニ立稿候
所、引込ニ而ハ指支候、黄木へなり共相談可然候哉、

ヶ様認候所、やはり黄へ一書遣候方と存認候間（のり御付別紙ニ一同）御届可被下候

一、羽倉翁云〻承知、刻成摺立候ハ、翁へも一部贈り申度候間、宜御取計可被下候、鈴安へ御頼可被下候

一、小桑危殆とハ如何之事ニ候哉、承度候

一、粉西〔カ〕へ坂字無之方可然候

一、岳文跋如諭長文之様也、朱書御熟覧可被下候

一、和泉ゟ来書、手代手前ニ候間返書ハ不遣候、拙著ハ他へ不許、不残和泉ニて刻度候由ハ承知候へ共、須安ハ他の書肆と遠、水戸の書肆と申、且先年須へ許候書も和泉ニて刻候様ニ成候間、閑聖漫録ハ須ニ為刻可申存候、水戸の書肆ニて拙著一も不刻候而ハ外聞も不宜候由、是も尤也、他の書肆ニて刻候と遠、泉の外聞ニも拘り申間敷候間、泉へ宜御頼申候、已上

十一月廿四日

麻布へ封物御世話ニ相成候、又一封為登候所、急き不申候間、御便次第御頼申候、此後ハ御用部屋へ出し候方宜候哉

政次郎様　　　　恒蔵

十三―63　文久元年十一月二十九日（一二一―三）

喪儀先達而御申越、其節来書いたし候而為登候と存居候所、此間見付候而今日為登候、延引御用捨可被下候

如諭多寒ニ成候、弥御安静大慶、此方無事

一、及門云〻、宜御頼申候、邇言・間話も御城付埒明候事と相見候

一、宋澤集今以所在知れ不申事と相見候

一、旧尹順快之由大慶、熱田辟易も有為与申候由安心、北斗建南ニ而ハ安心不致候、不被破候様御同所祈ニ候、御昇進之事出来候へハ恐悦ニ候へ共、如諭先公を先ニ相成候様御同意至願ニ候、御申越之議論御尤至極ニ存候、半三同意ニて黄木獻言候所、御悦不被遊候由可嘆、三度之御はやし一度ニ五十金もかゝり候由、小民之疾苦國用之窮、御熟知被遊候様至願ニ

候、帰寺を御聴御尤ニ候へ共、無於人穆公之側も甚しく候間、壱人ツヽも御忍可被成候
一、調物早速ニも不及候所、わさ〳〵御出馬、感謝、蜜柑御投恵致痛却候
一、度々色々御頼申候所、柄糸大計壱分弐朱位之品、色黒御頼申候、五分糸ニて宜候
一、家内ゟ砂糖御頼申候由、暮之餅搗迄ニて宜候間、ゆる〳〵御頼申候、已上
十一月廿九日
政次郎様　恒蔵

十三―64　文久元年十二月四日（一二二―四）

貴地雨雪之由、此地ハ未降候、愈御安静大慶、此方無事
一、邇言・論時落手、豈好よく出来中候、後□〔破損〕為登可申候、擬諭文未刻候哉
一、半三出勤大慶、口上覚足下も御論被成候事之由、半黄等擔當ニ致度候、此地ニ而も青山へ為見候所、同意ニ候間、一同御役名ニて政府へ指出候
一、佐賀侯いかさま智者也、夫ニ引かはり後宮三弦俗楽、御拝見ハ御能か御はやしか如何、白平専寵奇也、夫ニ而ハ旧尹を御厭ニ成候勢也、噫、九郎出候而も同断なるへし、小桑ハ先日ハ桑力かと存候所、誰之事ニ候哉、旧尹絶杜之事渇望候へ共、此節ハ不欲候と申来候所、此上如何可有之候哉
一、羽倉云々、擬諭出来候上ニ致度候、鈴安へ御頼可被下候
一、麻布書状等なるたけ御用部屋へ出し可申候
一、告志之事石川へ御説被成候事御尤至極也、今便御用書へも其趣申遣候、来月始ニも俗楽有之由、暮異之御拂抔ニハ一切構不申事見へ候、已上
十二月四日
政次郎様　恒蔵

十三―65　文久元年十二月九日（一二二―五）

入寒、愈御安静大慶、此方無事

一、旧尹時分柄目ニ見不申ハ不得已、無憂なれハ宜候、北斗南上之沙汰此地ニハ無之候、未た日限迄分り候事ニハ無之候、斗我か折七分通りハ復職とハ旧尹之事ニ候哉、如何、夫なれハ可賀候へ共後宮ゟ崩立候而ハ、復職ニ而も此先之所安心不致候、老夫南上之説、一通りハ御尤之様ニ候へ共、如諭遙ニ申上候事も御採用無之、上り候力無候、畏寒候ハ勿論春暖ニ成候而も無益なるへし、言語ニ難也、却而筆ニ而申上候所を貴地ニ應和之人有之候ハヽ、万分之一も有益欤とも存候所、舌頭ニて論候事、分寸之益も有之間敷候、且八旬〔破損〕□行役ハ御免ニて〔破損〕□然、此前登り候時ハ熊付添候所、當〔破損〕□ニてハ付添も成不申、旅行ハ勤り不申間、半三も此所察し呉候様御話可被下候、無益と乍存登りハ難渋也、牛門見習ニて半三等輔佐、老夫も遙ニ通書と申様之事ならハ尽力可致候

一、測量之事長崎ゟ報告ハ有拠説と相見候、如何、海路計測量なれハ甚敷事も無之か

一、尾公御道中之労(1)、且壱万金咲止千万也、北斗も傚顰、頻ニ費候事なるへし

一、邇言・間話今程出候哉、半安心ニ候

一、川君御發喪、御同意感泣、御謚号文定ニ而随分可然候、邸中風俗頽れ氣之毒也、已上

十二月九日　　恒蔵

政次郎様

(1)文久元年十二月一日、尾張藩主徳川茂徳を従二位権大納言。和宮東下の労の功か。

十三—66　文久元年十二月十四日（一二一—七）

横すか頼候認物、熊ゟ為登申候

披誦、又〻寒弛申候、御安静大慶、此方無事

一、名和紀事序文　因君ゟ御頼之由、拙文老筆如何ニ候へ共、先ツ腹稿ハ致候様存候、其段御申上置可被下候

一、学へ御臨講終、足下御講御帰　殿後御賞、御本意正論を御悦被遊候儀可賀候、如諭側目之者も有之事

と相見候、我主好鼓楽百姓欣〻之様致度候

一、擬諭等伺済可申、羽倉序も出来候山大慶

一、旧尹少〻ツ、も杜氏を□〔破損〕候様致度候、斗南上口書之内、他邦ニて事な□□〔カ〕候由、先ツ夫ニて御答を濁し候事と相見候、参用始穿鑿掛りも御免同様と達ニ成候由、夫ニて静謐を示候なるへし

一、和暖南上之事、前便も申遣候通り、八十之老行役ハ所詮勤り不申、且口舌ハ甚所短、口頭ニて辨候事ハとかく申落し、意を達事不能、筆ニて書取候事も老衰ニて氣力乏敷、筆を止てハ考〳〵隙取候而書取候仕合ニて、即坐ニ應答抔ハ所詮出来不申、不顧死して従役候たけの益ハ一切無之、先年登り候時とも遠、宿ニても家内之介抱ニて計朝暮起居いたし、間柄へも一日も泊り抔ニハ出不申候、夜ハ人ニ(一切)對談も不致候而、按摩抔を為致直ニ寝候計也、〔八〕旬を越候而ハ生活之計も見付物ニて、世事ニ勉強之事出来不申、尤著述抔取調候ハ青年ゟ馴候故か、心静ニ屢〻休息候へハ骨も折不申、勉強を不待候へ共、少しなり共勉強應對等致候へハ、大ニ疲労難堪候、此書認候も大骨折也、少壮人ハ老人の情ハ不知候へ共、聖人の老人を憐候事も御考可被下候、本ハ國事ニハ如何なる事不辭性質ニ候へ共、最早死人も同様ニ候間、隨心所欲ニ而餘年を□□〔破損〕

一、薩邸火災察入候(1)王姫云〻、何卒穩ニ致度候

一、砂糖・柄糸御世〔話〕ニ相成候、糸色ハ至極宜候、此地買物鳥代三百五十文、粟ハ宜候由、壱朱はし總御入手可被下候

一、測量来年之所も止候由、先ツ安心、黄ゟも返書到来、愚意之通被仰立候事決議之由申来候、諳も初ゟ御領中第一目掛候様子故、情を寭置申度候

一、暮之御切米出し賣候ハヽ、夫ニて何とか少〻ハ御心付も可被遊候所、どの様ニか無理ニ間を合せ、御修心ハ依然ニ可有之候、要路ニ劔菱政宗も依然ニて世を渡可申候、土木大乗へ運送不忍聞候

一、須安上木和泉も承知之由安心、須伊之事前便申進候へき、本家之事ニて伊の何ハやはり安の伺ニ候由、

是も承知と相見候、とかく須泉熟和同意ニて周旋いたし候様相祈候、宜御計可被下候

一、岳序二通御遣候所、一ハ旧尹ニ削正候ニ有之候哉、元ゟ過詳之文法ニて氣力少く、一氣呵成と申事ハ乏之方也、此度ハ病中故か別而ぐどく致候様也、冒頭も序なれハ宜候所陳言也、しかし□□〔破損〕事無之と存候、両稿見くらべ度□□〔破損〕無之候而ハ指支候、先ツ□□〔破損〕

十二月十四日

恒蔵

政次郎様

(1)文久元年十二月七日、薩摩藩江戸邸（三田）焼失。

十三―67　文久元年十二月十九日（二二―八）

一、及門一部藤建へ出（贈）ゝ申度、書状序ニ（之ハ別之書□□〔破損〕延幷本）認候間御届可被下候

一、石幹書返毫、北斗携候ハ新獄之分と申事ニハ無之、他邦ニて侵掠、幕へ拘り候者之始末也、乍去石幹之論尤也

如論無雨得潤申度候、愈御安静、極御近火之所御怪我も無之（至）慶ゝゝ、此方無事、実ニ危き事御取片付等之混雑致遥察候、旧尹腹力出候由何よりニ候、鴨御届被下謝礼も申来候、斗星北飛あきれ、尹復職も出来そうとハ如何之釣合ニ候哉、白平擬庭等之姿ニてハ改候而も（國事ハ）安心不致、御能加之下楽屋等之費、民痒も國用も如何候哉、噫

一、南上之事前便も申□□〔破損〕を悉く致候□□〔破損〕死人と存候より外無之、尤□□〔破損〕候へ共、國家の益ニ成候事も安心不致□□〔破損〕よりハ身体薄候而、著述ニ而も致候方天下の為ニもと存、猶更牛門應和と申事ニも成候ハヽ、文通之方益ニも成申歟と存候也

一、諂云ゝ、慥なる事と相見候、書取も幕へ出候由承知

一、邇言ハ出候由、岳序ニ春ニ被成候旨承知

一、豈好みの幷ハ献本二公子因君餘四公子江水館本計ニ可致候、（但）館本ハ延幷ニても宜候、老夫蔵本ハ延幷

ニて宜候、及門も此地ハ餘四公子計ニ致候間、五冊餘り候所、内二冊両地館本、三冊ハ為登和泉へ返し候而も宜候、其替りニ延紙之方十冊ニてハ不足ニ候間、五六冊か十冊位ハ遣し呉候様致度候、如何

一、蜜柑・砂糖御恵被下、感謝〻〻

一、閑聖須山泉三肆へ許〔破損〕須伊安と山泉〔破損〕筈ニ致候、石幹書も一見〔破損〕相分候、山を激候而ハ不宜候、尤右之通ニ候ハヽ、豈好も須安の名為刻候而も宜と申事も話ニ致候

一、林若大夫之女、鎌倉ハ不忍候間、牛門との御心付何卒出来候様致度候

一、著書目手元（改刻之分）ニ無之候間、目録計御遣しニ致度候、教職見付候所論讀とか出来、閑聖篇かの下ニ三巻とか有之由、如何

十二月十九日

政次郎様　　恒蔵

十六日御状只今相届、別昏為登候、已上

十三―68　文久元年十一月二十四日（カ）（二三二―九）

國友ゟ来書無之、此方ゟ〔破損〕御逢被成候事も〔破損〕

如諭小雨暖ニ候所、〔破損〕愈御安静大慶、餘疲遙察、此方無事

一、横山事委細御申越扨〻驚入(1)、如諭國家之大不幸、なる程小童ニハ見候へ共、不可奈何候次第（権暦ハ不得已候）ニ候、跡ハ九郎なれハ宜候所、是も安心不致候、半三も骨折候事と見候間、夫ニて出来候へハ大幸也、何分御賛成万祈ニ候

一、豈好小跋前便為登候、須安等之事前書之通也

一、岳序之事承知、旧尹痔ハ他症ニ候間、指たる事ニも無之と見候、熱田ニ一掃為致度候

一、川霊（カ）之祭へ御出之由、感憤致遙察候

一、邇言一冊入手、詩韻含英薄葉摺一部調度、村田倅ニ被頼候所、忘候（前便）歟と存候、是ハ初春詩會ニほしく候哉と存候、廿八日御飛脚ニ酒銭ニ而も与へ候ハヽ、

小冊子之事故持参呉可申候哉、若し夫が出来不申候
ハヽ、西隼人先日登り候所、初春ニハ下り候由ニ候
間、是へ御頼被下候ハヽ、西ハ村田之由緒ニ候間、
携呉□〔以下後欠〕

政次郎様　　　　恒蔵

(1)横山甚左衛門、文久元年十二月二十日死亡。

十三―69　文久元年十二月（二二一―六）

一、閑聖漫録立稿候所、是迄須原ニて刻度と申候書も
和泉ニ先鞭を着られ候間、閑聖計も須原ニ為刻可申
と存、尤須原㝡初ゟ申聞候ニも、水戸之書林ニて拙
著一部も蔵板無之候而ハ、書林仲間へ對候而も奥州
筋往来之人ニ被尋候而も外聞□〔破損〕不宜候間、何か為刻
呉候様との願故閑聖を許可申と存物語候、且山城へ掛合ニ
而ハ不宜候間、和泉と相談致候様申聞候所、須原曰、
山城ハ親代ゟ懇意ニ而、今更夫を指置、和泉と相談
と申候而ハ、山城へ義理合も不宜差支候旨是も尤ニ
候間、段々相談致候所、聖堂内ハ何レ之書林ニ而も
行事年番ゟ指出候間、須原屋伊八ハ安次郎と同家ニ
て一ツ之店も同様ニ候間、伊八ゟ伺候而ハ如何、実
ハ　御家御用達ハ天明中ゟ伊八一人ニ候所、近比金
右衛門も御用達之様ニハ成候へ共、日本史御拂之儀
も伊八㝡初ゟ御用達之義ヲ以願出、泉須両家ニて売
渡し候様相済、両家ニて同様ニ看板を掛候様ニ成候
間、閑聖も是ニ准し、泉須両家ニて持寄ニ成、両家
ゟ売出候様ニ而ハ如何と申相談致候所、和泉ニ而ハ
如何存候哉、尤泉ニ而ハ御用達之故を以、拙著も刻
候筈ニハ候へ共、須原ハ御國之書林ニて、一部位刻
候事ハ泉之名折レニも成申間敷候、且巻末へ書林之
名を載候ニも、須泉両名を載候へハやはり泉之蔵板
も同様ニ候間、此方宜候様也、左様ニ成候へハ安次
郎ゟ金右衛門へ文通候而、世話を頼候筈也、安次も
和泉之□〔破損〕ニハ書通も致候所、代替りニて中絶候へ
共、旧好を以又々書通致候筈也、如何

文久二年

十四―1　文久二年一月六日（五―九）

旧臘三通相達、如諭沍寒、御安健降心心〔衍〕、此方無事、賀新書ハ十一日本御便を得候、旧尹發朧順快之由大慶
一、石吉傳命之事、扨〻致方無之、唯ニ而退ハ遺憾之様ニ候へ共、例之劫制ニて左様御成被遊候而ハ、百口申上候ても其應ハ有之間敷候、噫、片岡之例ハ誰も忌候人無之候間、所詮行れ申間敷候、横ハ(1)帰泉、半三心中推察候、九郎も六ケ敷候半、両白内外應和、情景可想、旧尹之跡ハやはり石吉ニて持居候方可然候
一、及門・豈好宜御頼申候
一、介川も岩船ニ成候由遺憾、鎌倉ゟまし也
一、サ、イ之事御深意感謝、乍去歯〻叶不申候
一、尾崎(2)家来就捕ニて先つ宜候、伊勢参　宮此地へ着、九十人程と云、帰村ニ相成候由也
一、他邦鈔略之賊、幕へ出し候而も奇策之様ニハ候へ共、例之狐、何とか抜けでりハ得手物よき様ニこすり抜け可申被存候、賊情實を吐候而も、夫ハあの譯是ハ何之譯なと〻申抜候を辯破出来兼申候
一、含英御繁劇之中御世話感謝、壱分一朱為登可申候所、今日ハ扣候而十一日ニ為登可申候
一、焼物致し候ニ、こんろへ渡し候（魚等を戴候）火箸の如き金也、来月ニてもいつニても宜候
一、根子ぐど〱御面倒御察申候
一、横墓誌致渇望候、急き草〻、已上

正月六日　恒蔵

政次郎様

(1)横山甚左衛門信照。文久元年十二月二十日没。
(2)尾崎豊後か。水戸家老、勅諚返納に関与。

十四—2　文久二年一月十八日（五—一〇）

楊進ゟ賀新書来候所、此方ゟハ連名ニて為登候間、
別ニ不遣候、御序ニ宜御頼申候
一、別ニ一朱砂糖代之由為登申候
日々風立峭寒、無御滞御上着、其後も御安静と存候、北堂氏も御安心奉存候、此方無事
一、住七(1)ハ無事帰宅之所、十五日(2)ニハ又々画蛇足、今程ハ姓名等も分り候哉、安閣も激怒候半、又國家の一禍を生候事と相見候、其後如何之様子ニ候哉
一、今日ハ用事心付不申、食類之代為登不申哉と存候間、壱分一朱為登申候、御入手可被下候、万期後便候、已上

正月十八日認　恒蔵

政次郎様

(1)住谷七之允のこと。寅之介の弟悌之介（文久元年十一月四日獄死）との関係か。
(2)文久二年一月十五日、坂下門外の変。

十四—3　文久二年一月二十三日（五—一一）

如諭峭寒、御道中御泊等委細御申越、無御滞御着大慶、御逗留中毎々草卒、遺憾千万、右ニ付数品御恵被下、就中山葵歯ニ叶不申候へ共、少々ぷり〳〵噬候へハ香氣可愛、賞味致候、御着後今程ハ半三へも御寛頬被成候事と存候、旧尹容子不宜候由、憂念此事ニ候、如諭再補ニハ致度候、何分御尽力相祈申候、旧尹へ病中故書も不遣、寸楮御届可被下候
一、十五日賊(1)之事、今程詳説御分りと存候、橋順塾生ニ相遠無之様相聞、水浪等之関係ハ無之降心々々、順も憤激ニ不勝とハ見候へ共、暴乕憑河可惜候、已上

正月廿三日認　恒蔵

政次郎様

(1)文久二年一月十五日、坂下門外の変。

十四―4　文久二年一月二十九日（五―一二）

如諭奇寒、御安静大慶、此方無事
一、國友(1)危篤之由委細御申越、扨〻こまり候事ニ候、今程如何候哉、憂念此事ニ候、新知願之事如何之振ニ願出候哉、昨日青山へ　御城ニ而相談候所、是迄之取前二十石ニ候哉、何レ貴地之願振と同様ニ致度候所、急之事ニハ間ニ合兼候間、此地ニてハざつと認可申候所、佐〻小次郎へ承候ハ、取前抔ハ分り可申、此地政府ニハ糸サン無之候間、千口へ問合之上、願書認候筈ニ候間、取計候事とハ存候へ共未承候
一、十五日之事被仰下、對州生死如何候哉、一橋臣悔悟帰参之由、先ツ宜候、横濱云〻、御申越両様共人心不服候、実證外夷の思ふ様ニハ参り兼候事を引證開諭致度もの也、小網町云〻、無政も亦甚し
一、砂糖御世話ニ相成候、家内ゟ今日書状間ニ合不申候由、宜御頼申候、度〻いろ〳〵の事ニ候へ共、御使序抔之節、香之物た〻き御調可被下候、木ニてさい槌の如く製し、小口へきざみを付、香之物をた〻き候品、先年貴地ニて調候所、今も有之候ハ〻、御頼申候、尤いそき不申候、下谷ゟ謝書為登候由安心、少金ニハ無之、多過候位也、此上ニ又〻御下しニ而ハ、㝡早勘定も済候間剰物ニ成申候、（焼物火箸いつニても宜候）
一、岳文序為登候欤と存候所、此方ニ有之事と存候、見出し可申候所今日ハ又〻間ニ不合、此次迄御待可被下候
一、紙料勘定、壱朱三百文余落手、前日之書付并袋、和泉へ宜奉頼候、先日和泉ゟ須安へも来書之由、須安も大慶之由也、已上

正月廿九日

國友願之事行遠ニ成、今日不指出遺憾也、今ニ而ハ致方無之候間、後便を待候より外無之候

政次郎様　　恒蔵

(1)国友善庵、文久二年二月一五日没。

十四―5　文久二年二月四日（六―一）

國へ書状遣候而も代筆ニて返書等致候、労心思候間わざ〳〵不遣候、御逢候ハヽ宜御頼申候、已上

自一昨夜昨〔三日〕終日雪増寒、御風邪之由今程御快候哉、御加養可被成候、此方無事

一、又々佳品御恵被下感謝、山葵も口中ニてプキ〳〵致候へハ香氣可愛候、儲置賞味致候

一、國此度之治療ニて順快ニ候へハ大慶、乍去蘭醫之治法ハ一旦效験を示候のミ故、安心ハ不致候、願之事も前便行違、貴地之願振を問合候所、又々相談候而復職ニ致度、夫も御判断隙取候ハヽ、新知と願出候間、今便ハ運ひニ成候事と存候、楊石逡巡之由、御骨折遥察致候、何卒樛側庸迄持合候様相祈候、何樛の側ハ是非出来候様致度候

一、安對小疵ニて近く出頭候由、川路説の如く外夷應接なとは彼ニしく者無之候半、必引出し候勢也、如諭野州(1)水府通し候等之説も油断なり不申候所、大橋(2)を鞠問候ハヽ、実情分り可申候間、大橋迂闊如諭なるへし、如何なる乱防も不可測候所、發覚候ハ天下の幸也、大塩の類と云へし、いかさま一服かもしれ不申、獄中へ贈遣之事此節之人情可想、御殿山等可悪々々

一、紀邸怯懦可咲、礫ニて床机儀〔カ〕位ハ不得已候

一、大冠云々、永字有之候而ハ難物ニ候へ共、情実分り候上ニハ何とか□□〔破損〕候そふなもの也、往時ニハ幕儀も違候歟

一、岳序深くハ仕舞不申候所、見へ不申、何分捜索可致候、國も病中故文勢懦弱ニ相見候、大抵原文之通りニて宜候様存候

一、和泉ゟ賀新書来、海苔・賢於己と申小冊子寄贈、厚意痛切候、右書中ニ三眼息邪之事并豈好も御沙汰無之由申来候間、豈好計も伺済候様致度候、貴地ニても何とか御話申候事と存候、如何、足下御北帰之節千住迄出候由、是ハ七之介(3)之事ニて候哉、正氣歌認候様申来候所、長篇ニて氣力届不申、既ニ海帆ゟ被頼候所、衣帯賛を認遣候、短篇ニハ候へ共舜生之

精神ハ此ニ在、正氣歌同様ニ存候、然ハ衣帯賛か若しハ〔く脱〕正氣歌結末の二句認候かニ致度候、和泉之意ハ如何、外ニ新鐫書目遣候所、何レ寓日致度候所、実ニ高價と相見候、其内若古本も出候ハヽ、御取計可被下候、諳國志ハ長ゝ留置候所奇文ニて、反復不致候而ハ分り兼大ニ隙取申候、近ゝ為登可申候、是も古本ニても出候ハヽ、調中度候、和泉へ謝辭旁一書遣候而宜候所、自分名前ニ無之、七之介名前ニて来候間返書も遣兼候、宜御致声御頼申候、已上、夷説之書ハ開板を許し、息邪の書ハ六ケ敷候事、如何之世態にや

二月四日

政次郎様　　恒蔵

(1)宇都宮藩か。
(2)大橋訥庵のこと。文久二年一月十二日捕縛さる。
(3)住谷七之介か。

十四—6　文久二年二月九日（六—二）

来諭ニハ二日微雪之由ニ候所、此地尽日雪、昼故積り不申、朝ハふ盈す候へき、晦ハ塵ニハ無之、黄霧四塞と申ものと相見候、貴地両度の大火、如諭天下の窮を増候事ニ相見候

一、國も疲労、食も減候由こまり候事也、願書案石より来候、此地ニ而も先日願出候間、今程ハ貴地へ廻り候事と存候、半三尽力候ハヽ、よく参り可申歟、願案も先日大意申進候へき

一、安對養子願之程ニ而ハ六ケ敷と相見候、跡ハ如諭脇坂・板倉ニ致度候へ共水ニ成可申歟、とかく天下陵遅之勢と相見候

一、焼物火箸如図なるハ入不中候間、夫切ニ可致候、御世話ニ成謝候

一、須安も和泉へ親ミ申度候由也、豈好之事何レニも宜様御頼申候、岳序未見付不申こまり申候、已上

二月九日

政次郎様

恒蔵

十四―7　文久二年二月十四日（六―三）

如諭峭寒、御全快大慶、此方無事

一、國病状蘭方誤人、毎々如此、大ニ損を致候事と存候、熱田再療、起坐自飯之由大慶、乍去八分難治と申候由、苦心此事ニ候、願書半三擔當　松女公子(1)御陰助之由、何卒事成候様致度候、俗吏も篤疾と存候ハヽ、さのミ忌申間敷歟、繆南上を石支と申ハ全く無根之讒説と存候、足下なとも御疑無之方と存候

一、大冠之事御申聞、且降嫁の御慶事ニてハ永字除候而も宜敷様也、閣老寥々亦甚、関宿ハ何故引込候哉

一、和泉ゟ正氣歌と申来候間、文正詩之事と存、衣帯賛と申越候所、中街古風を乞候由、是ハ東湖之真似を致候様ニもなり、且東湖と競候様ニ而も如何ニ候間、差支候事ニ候、諳志古本いつニても宜候間、拂本出候節ニ致度候、邪教之助ニ成候てハ、先日目録遺候通り公布ニ而、息邪之書ハ六ケ敷候事何の譯可怪候、豈好ハ出来そうなもの也、三眼等安心不致候

一、岳序國之改竄ハ如諭経列ニ過候様也、御草稿見出し候間為登申候、猶又御取捨可被成候

一、十郎君奉敬服候、出申候　如諭　諸公子明敏可羨候、夫ニ付も杉山(2)を思　已上

二月十四日

近来小銭払底ニて當百銭指引ニ指支候、貴地も同様ニ候哉、若調られ候ハヽ、壱分ニ而も弐朱ニ而も宜候間、小銭計調度候、貴地ニても六ケ敷候ハヽ、御投念可被下候、已上

政次郎様

恒蔵

(1)六女萬津姫（明子）。

(2)杉山復堂か。

十四―8　文久二年二月十九日（六―四）

如諭旱且風、貴地火災可想、御安静大慶、此方無事、北堂氏ゟ御致意申通候

一、名和紀事姓名等　餘四公子ゟ御廻し、立稿候て今日上候積り也
一、國益〳〵不宜候由、此地弟等南上候由、六ケ敷と相見候、願之事半三周旋ニて届候様至願ニ候、如諭國家の不幸、天次第さて〳〵こまり申候
一、平閣(1)全快之由、宅ニて應接のさたも有之、如何、大橋も一服之由左様之勢と相見候、御婚儀成候由(2)、海帆抔寛典有度事ニ候、老夫事、昨夕例之卒倒久しふりニて發候、今日ハ平日之如し、餘疲未復候のみ也、草々、已上

　二月十九日　　　　　　恒蔵

政次郎様

(1)安藤対馬守。
(2)文久二年二月二日、和宮結婚。

十四—9　文久二年二月二十三日（六—五）

貴〔破損〕□ふすま之事承知、尤如山推積候間、少々隙取可申哉、夫ニて宜候ハヽ、紙御遣可被成候、已上

薫誦、昨廿二、前夜より尽日好雨、貴地如何、愈御安静大慶、此方無事、老夫も大半快候
一、小銭貴地ニ而も六ケ敷候所、御世話ニ相成候、是ニて餘程間を合せ可申候、此地一比よりハ《當今》さし引致よく相成候
一、豈好云々、とかく宜様御托申候
一、國さて〳〵こまり申候、半三擔當新知至願々々
一、石支九三ハ誰之事ニ候哉、考付不申候
一、大冠云々、委曲御申聞至極之手続ニ候、当秋位迄ニ南上之事、秋長ゟ申遣候由、撃剱之為ニハ宜候へ共、一國之上ゟ見候へハ、近来士風崩潰候を纏め候為ニハ此地ニ居候方、大益可有之候、弓街抔ハ庄井〔カ〕等ニて看守持ニて帆年ニ一度ツヽも南上、世話致候而も可然、一式場と一國とニてハ大小軽重同日之論ニ無之と存候、如何、秋へ御致意對話次第可申通候、一家之事ニハ候へ共、娘事貴地ニ居候時ハ多病ニて、此地へ来候而ハ追々持病も減候事水土ニも因候哉、

廣宅を賜り日ゝ庭中歩行候も養生の為ニハ宜候事と
相見候

一、両眼考、論を加候事御尤ニ候、何とか工夫可致候、邇言中諳夷と書候所を諳國又ハ諳人抔と改可申候、同し様なる事ニ候へ共、危行言孫(1)之意味ニて少しツヽも耳立不申方ニ可致存候、邇言中御一覧可被下候

一、中街古風、長篇ニて氣力續き不申候、古詩十是の内様ニ候へハ、両三度ニ二三枚位ハ出来可申候、如何、已上

二月廿三日認

香之物たゝき無之候ハヽ、夫切ニて御打捨可被下候、石臼石杵ハ如何之物ニ候哉、目方有之、下し候ニ六ケ敷候哉、銅ニておろし候物ニ而も宜候、いつニても御買物御序ニ御頼申候、已上

恒蔵

政次郎様

十四―10　文久二年二月二十九日（六―六）

如諭少雨之所昨夜ゟ雪、早く止候様ニ致度候、愈御安静大慶、此方無事、餘疲も九分程快候

一、國友危篤之由、扨ゝ致方無之今程如何、百石ニ而も宜候間、新知賜候様至願ニ候、石逡巡も不得已、前節之士ニ無之而ハ不能事と相見候

一、大塚云ゝ、不忍聴候、平宅関應接有故と相見候

一、大冠今以沙汰無之候哉

一、闢邪管見如諭近来之佳書、芝之僧も殊勝也、寺中之僧ニて如何身柄之僧ニ候哉、聖經を讀候者うか〳〵致居候ハ可愧事也、来書一寸見候ハ和泉ゟ被贈候事と存、表紙へ折を付候処、若左様ニ無之、英國志の如く借覧之事ニ候哉、若夫ならハ宜御申譯御頼申候、如諭三眼も学之板ニ候ハヽ、済候欤も不知、如何、豈好云ゝ、和泉伺済之上ニて跋を直し候事承知、迪彝板を為登候事ハ郡ニて不承知なるへし、大

(1)『論語』憲問。「邦有レ道、危言危行、邦無レ道、危行言孫。」

半紙ニて摺候事ハ宜候様也、郡板を学へ預り置候而須原へ下ケ、為摺候様とかけ合候筈也、南上吏も下り候由、御投金虚庫ニ成候事是非もなき次第也
一、和泉當頃北下之由、失望不為致候様致度候
一、先日之小銭之料弐朱御入手可被下候
一、烈公御墳上ニて何者か昨朝割腹、百姓體三十歳計、股引をはき姓名在所共不知と云、狂夫と見え候所、御墳上を汚し恐入候事也
一、久留米藩松浦八郎[1]先日来訪、拙著を貴地ニて写取候ニハ、和泉へかけ候ハヽ、出来可申哉と申候間、随分出来候と答、若し和泉手元ニ無之候書も、足下へ御相談申候ハヽ、分り可申と答候間、定而御尋申候事と相見候、先日忘却候間申進候、宜御指揮可被下候、
已上

二月廿九日　恒蔵

政次郎様

（1）松浦八郎。のち禁門の変に参加。真木和泉らと天王山で自決。

十四―11　文久二年三月四日（一〇―九）

此度華表北轅ニは星乱、尾執抔ハ如何ニ候哉、半三へハ翠恵（カ）より一書遣し候由也、北斗放妖光候事可嘆〻〻

如諭春光十分、御安健大慶、此方無事
一、國友も属纊大乎〻〻、國家之不幸ハ勿論、老夫も如失左右手、御察可被下候、仲弟情態致遥察候、息も貴地へ置、貴地へ葬之由不得已候、貴地ニ候へハ駒込龍光寺と致度候所、何寺へ葬候哉、新知も半三骨折ニ而も不行致方無之候、墓誌承知、老筆如何敷候へ共、知己尤深不可以辭、乍去此節ハ餘疲未全復、今便ニハ間ニ合不申、葬へ間ニ合不申候なれハ跡ゟ埋候より外無之候間、全快次第立稿可致候
一、大冠之事六ケ敷候由是又こまり申候、尤後策ニて関も十か十と申候由、夫なれハ无妄之幸ニ候、此度醍醐南上ニ而ハ弓街も先ツ大ニ済し候様のつり合も

有之、玉池も鈍く成不申候哉
一、石傳ハ父八十三、大半ハ父八十五、両人南上仁政とも難申、然所以教人孝と存候、如何、石も三納戸の下班ニて、且進取之風ニも無之候
一、唐紙六枚入手、全快之上認可申候、素絹同断
一、両眼考承知、迩言事理分候へハ夷字等不言憾候
一、宮様紀公御入、御庭も大抵ニてよさそうなもの也
一、告志篇、出勤次第青へ相談可致候
一、諳墨同等之扱《アツカヒ》ニて不承知之筈と存候
一、松浦八郎参堂候哉、渠生〻も書き物被頼候所、是又全快之上と申事、御次《序》ニ御話可被下候
一、香之物たゝき感謝、代料為登候〻久〻ニて香之物旨く食申候、
已上
三月四日
諸公子御見物有之候、藤田村へ御日帰り、
金砂祭一國如杞愚亦甚矣、角抵願済此節寂中也、
色〻賑候事ニ候
恒蔵
政次郎様

十四―12　文久二年三月九日（一〇―一〇）

名和序文御手元へ為登可申と存、一枚写置候所忘却延引候、今日為登可申候所
九郎之君へ御呈覧ニハ誤字改写等ニて不宜候間、
後便為登可申候、已上
如諭朝夕峭寒、御安健大慶、此方無事、餘疲快候へ共少し之事ニて埒明不申候
一、祭文改渇望候國も何事も不届、御同意遺憾不可言候、臥棺高燥之地へ葬候由せめてもニ候、巣鴨ニ候へハ龍光寺之近所なるへし、高燥ニて佐々介三郎(1)抔之墓有之、よき寺ニ候、東福寺と申も是ニ類候所と相見候
一、闢邪管見贈候口氣之由、先ツ其心得ニ致、朱点等も加可申かと存候、芝僧ハ宿坊抔ニも候哉、儒ニも僧ニも右様之者澤山ほしく候
一、大半紙之事、須安へ申通候様可致候
一、両輪王以下御入、莫大之冗費、當今天下之勢如此、國用之窮如此、民の窮如此、敬金帛如糞土、指鹿為

馬之者多き故か、学士本職へ引出候も度々ニてハ迷惑なもの也、星大動揺、華表之外不残引込中ニも多稼ハ堅臥不起候心得之由、半三ゟも御承知なるへし、近比戸ハ出勤之由　大夫人ゟ御諭なるへし、外ハ未承候、星ゟ違ひ返シニ成候ハヽ、先焼留り居候と見ゆ、貴地之情景ハ如何候哉、本ハ激徒姦計より出候て、役人を取替自利するの策、如見肺肝之所、御大故以来未満三年候而ヶ様之勢　御先志も烏有と成可申候

一、長州侯閣老へ激論、つまりハ
天子を挟云々ニ至り候由、御承知候哉、此上
朝廷奉激候ハヽ、如何成行候哉、貴地ニ而ハ如何、已上

三月九日

政次郎様　　恒蔵

(1)佐々宗諄。

十四―13　文久二年三月十三日（一〇―一一）

若海村三光院東禅賊就捕之由也

此地ハ春未十分候、此節彼岸桜満開、貴地ハ楽山落花之由、よほと早く候、此間ハ御發熱、醫も疲候御下地と申由、乍去御順快ニて茵上讀書も被成候由、安心、打續御順候ニ候哉、何分御加養可被成候、老夫九分位ニ成、依然少々ツヽハ快候間、今少しニ候

一、國海蔵龍光臥棺出来兼候由、東福ニ而も宜候、誌之事、系譜之様なるもの御遣可被成候

一、石傳先ツ一人南上之積り、陳情も其上之事と存候

一、石咫尺之所、御愀容も不被為在候由、去者日疎、如諭石傳南上ニ付石楊一喜之由、其中へ参候事察入候

一、竹芽御投恵、柔なる所老大も歯ニ叶、謝々

一、名和序為登申候　九公子へも宜御申上可被下候
因君へハ　餘四公子ゟ御上ニ成候事と存候、尤御報等頂戴ニ不及、但御書を一幅相願度奉存候、宜御取

計御頼申候

一、小君　女公子御廢業可惜、御書面朦朧、且読め兼候字も有之大《候所》意半の意ハ、楊ハ奥六ケ敷候間、石寺との意ニ候哉、如諭夫ニてハ譏間を来し可申欤、先ツ石一人ニてハ如何候哉、是迄も國《一》人ニて済候間、夫ニてもよさそうなもの也、尤石ニてハ咿唔而已ニて輔徳之益ハ如何候哉、若又是非両人と申事ニ候ハヽ、先ツ傳を加候而ハ如何、若し傳陳情候ハヽ、其時ハ一人ニても又其時寺を加候而も、石寺同時ニ被命候より楊の妬心も薄く候半欤、如何、已上

三月十三日認　　恒蔵

政次郎様

十四―14　文久二年三月（一〇―一二）

足下御北帰ニ候へハ、和泉かけ合ニハ指支候所、誰かがなく〳〵ニも引受候人有之候哉

一、華表土産先ツ破候由、夫ハ夫ニて宜候へ共、星《北》ニて黒氣土崩瓦解之勢、是ニ乗して日貞蚌鷸の術を挟、乗込之勢不容易、貴地情実委曲御申聞、詳悉相分申候、御答之事情実御尽、御採用ハ如何候哉、いかなれハ少しハ御耳ニ留りそうなもの也、乍去尤と思召候而も、権臣の劫制御蹴破り被《ハ》遊間敷、皇極不建候而ハ、一國ハ権臣の國ニ成り候のみ也、飯上之蠅集散無時、如諭醍醐等を為登候も餘烬を吹付候下地かも知れ不申候、仇士良輩寄りたかり、石場御驕奢を助長し奉り、石場金抔と鹿を指て馬とし、有用の書ニハ一銭をも惜ミ、褒賞舎長等之事も、俗吏の意ニて押付候抔ハ北地にも其弊風か、夫等ニ付御占筮、いかさま括嚢之時節と存候、依而北帰之御説御尤ニ候へ共、半三陰助の為ニハ可惜候間、南留ニ而も括嚢も出来可申候所、楊國忠之譏間も有之、如諭長き内ニハ事ニより不得不争候様の事、必しも無しと計も難申候へハ、北帰なれハ真の括嚢ニ當り可申欤、尤北地ニも常住候て見れハ、胸悪き事も不少候へ共、楊國忠の如くうるさき事ハ先ツ少かるへし、乍去御つぶやきと申候而も半三も取次候哉、安心不致、石

吉もさすが取次兼候半、是又短経などへ御内談欤、外ニ何とか御心付も候哉、尤九五も餘り御孤走、一人ツヽも南地ニ置度事勿論ニ候へ共、左候而ハ括嚢ニハ無之候間、不及是非次第と存候、乍去急き候ニも不及候間、遅々我行之意味ニて徐々と御思慮可被成候、〔後欠〕

十四―15　文久二年三月十八日（一〇―一二）

餘寒未去、御復常降心、此方無事

一、芝僧学頭内名ハ何と申候哉、何際とか申所ニ住事と相見候、如何、豈好献本ハ如諭ニ可致候、處々へ配りハ和泉之伺済を待可申候、献本計美濃ニて餘ハ延紙ニて可然候、須安之事石幹へ話候所、和泉ゟ須安へ及門数本下し候所、何の譯ハ分り不申故、須安近日江戸へ参候間、其節和泉と面談と存候而、未發途不致候由ニ候間、石幹ゟ須安へ話候筈ニ致候、先ツ書状ニ而も為登候様話候筈也、豈好巻末へ須安名之事も話候筈也

一、半三閑話、機密ハ斗危之由、威福　皇極無之、噫、此節三執(1)も出勤、動揺も先ツ静り候姿か、乍去松坂計と通候て、猶又如何なる動揺を生し候も不可測、随而人心も一定不致候、半三も拱手之姿之由致想像候、翠も六ケ敷事ハよき程ニ致候ハ、半もこまり候事も有之筈也本より智者の常態ニ候へ共、他の人よりハ勝る事可有之欤、学へハ帰り候ニ不及、やはり依然として学長ニ候間、学も夫ニて持合申候、息も先ツ善士ニハ候へ共、眼へ入候而も指て益ニも成申間敷、邪魔を不致候位之事なるへし、半の歎息ハ尤ニ候へ共、権臣ニ被忌候人の一人ても有之ハ國家之宝ニ候間、何分御勉励可被成候、御着帯御はやしも蛇足也、政府小梅放鷹、天下之勢ハ勿論上下の困窮中放心ニも候哉、緒先抔も平氣ニ扣居候哉、如何

一、長州云々、何共不容易事ニ候、大正論ニハ候へ共、　朝庭ヲ激　公武ニ分レニ成候ハヽ、外虜付込候而蚌鷸の術を施候ハ必然也、啻ニ兵力のみならす、自由ニ邪教を以人心を傾候ハ眼前也、諸侯ニも大友・

小西の如きもの出来、内應候ハヽ天下の大患也、長州兵力強く候而も勝敗ハ兵の常、百戦百勝と計も難申、諸侯瓦解盗賊群起、天下鼎沸候ハヽ、長肥薩ニて早速平定も如何候哉　車駕を挟て万一西走ニも至候ハヽ、檀浦之偏安も亦可慮、乍去長州等ハ利を見て害を不慮之事と見ゆ　幕ニてハ　御上洛連署失策なれとも不得已ニ出候と見えたり、當今御上洛と申候而ハ寛永の時ニ十倍の費なるへし、諸侯士民此節大尽ニ而ハ天下万民の難儀、天下極貧、兵力弱り叡慮ニも御憂なるへし、失信候ハ恐入候へ共、御上洛御年延ニて、先ツ　尾公なりとも御名代として御上洛、且幕政も　尾公・越老侯等《脇坂・板倉》を引出可申なと、申様之事ニ而ハ如何《半三抔ハ如何存候哉》、乍去長抔吹毛求疵事を生し度ニ見え候間、天下治平ハ不好候事と見ゆ、四海困窮万民の難儀ハ　叡慮ニも被為叶間敷と申事ハ　京師へ通して見度様也、但し閣老謝罪之事ハいやなるへし、浅野長州家老西上等之事、其後如何候哉、いろ〳〵認度候へ共、老衰疲候間申残候、已上、佐賀も実ニ智者也

三月十九《八》日認

天下乱候而ハ邪教を姿恣ニ於〔カ〕て、人心耶蘇のミ尊ひ、尊王之義ハ益〳〵暗く成候事必然也、長州等不心付候か、噫、張武ハ不辱國體ニ候へ共、人心西洋ニ傾き、神州を捨て西夷を尊候様ニ成候而ハ、辱國體莫大焉、西夷の属國と成候而も不知恥やうに成候而ハ、一國ニ國張武候而も天下之人心陥《傾》候而ハ、屈辱の甚しき至り可申候、如何

一、幕ニ百張も大費なるへし、夫も不得已候へ共、幕有司ニ御引込れ候而、万一公武分争之時大義を失候様ニ而ハ以之外也、右様之時《九五之》御處置如何御了簡候哉、已上

恒蔵

政次郎様

(1)三執とは岡田徳至、大場景淑、武田正生のこと。

十四―16　文久二年三月二十四日（一一―一）

御同様負花候、先ツ御復常位ニてハ御全快ニハ無之と見候、何分御加養可被成候、此方無事
一、十五日幕除目御同慶（1）、跡も追ヽ出候様致度、大越出候へハ至極也、安對出候事不叶とハ腫氣故ニ候哉、如何、横濱ニて諳夷を殺候者有之由、諳之ミニストル（2）俄ニ帰國之由此故ニも候哉、御殿山も夷之付城と成（3）候事と見たり、よき様被致候
一、國改葬之意ニ候ハヽ、誌なり碑なり其時之方可然被存候
一、名和紀事為登申候、宜御取計可被下候
一、紀公以下御客、例之通漫遊、鼻猪侍姫も劇場、政府泛舟、内帑を以供費之由、星符も星符也、如諭未満三年如此大崩、如何なる事ニ候哉、狐澤ハ誰の事ニ候哉
一、北帰之事、半三ハ左様申候筈也、石吉も出来申間敷、徐ヽと御謀之事御尤千万と存候、楊國忠先ツ指たる事無之歟、牛門出候而もこまり候事と相見候、先ヽ徐ヽニ候へハ、和泉之かけ合ニハ大慶之事ニ候、文稿態書寄置候所、有ニ任て拾集候事故、一閲を不経候而ハ指支申候
一、長州之事、鈴安長藩ニ懇意之者有之、ゟ来書ニて詳悉を得候所、実ニ幕へ尽忠之志之由ニて、わさヽヽ出府、此度も御指留ニて周旋之由、防州出現も藩人誇候通と相見候、腹心之家老永〔長〕井雅楽西上（4）致させ、調和之策と云、木村云ヽ、感入申候、已上

三月廿四日

恒蔵

政次郎様

（1）板倉勝静老中就任。
（2）オールコックのこと。
（3）文久元年七月十一日、幕府品川御殿山に各国公使館設置を決す。
（4）文久二年三月三日、毛利慶親、長井雅楽に上京して公武周旋に当ることを命ず。また、島津久光参府の途上、之に会し意見を徴すべきを命ず。雅楽、十日江戸

を発す。

十四―17　文久二年三月二十八日（一一―二）

倏忽緑陰、御佳健大慶、此方無事、賎恙未復常ニハ至り不申、腹力一段減し居候、是ニて居り不申様いたし度

一、十九日御成ハ講武場ニ候哉、銃声御嫌ニ而も三發ハ致候事と相見候、両人即死ハ取扱不案内なるへし

一、松浦[1]浪華へ参候由、拙書も和泉ゟ遣候由承知

一、國友系譜行状落手

一、追々御客、毎度百金之由金帛如糞土、鋳銭之議先公之遺意も烏有と成、甲源復燃之勢をなし可申歟、芝金石場等山師世界、いかさま赤林寺の故轍かゝへ候事ニハ無、小東抔帰情も尤ニ候へ共、大病人ニも少しつゝも良醫ハ付置度事也、緒兄も両大ニ而定候由、半三へ親文ニ致度候

一、三執呼出何事ニ候哉

一、長州云々、家老西上も前便申進候通、調和策と相見候、後ニハ長肥薩争、長の勢も有之候へ共、是ハ後之事ニ而初ハ打合之勢也、乍去長ハ治平之所ニ尽力候なれハ、肥薩をも調和之意なるへし　九五之御進退御尤ニ候へ共、戒勅〔飭〕幕吏之事も分争ニ不至前なれハ出来候へ共、万一分争と成候而ハ戒勅〔飭〕も六ケ敷かるへし、しかし長の尽力ニて分争ニも不至かと存候、如何、幕の失信ハ安《如論》ニ為負候事か、何ニ致せ前書之通、今御上洛と申候而ハ天下之窮、万民之窮、國力弱り候而ハ防禦も成兼候ハ、叡慮ニも不被為叶の意を長ニてのみ込《先ツ尾公御名代ニ》、取扱候事先務か、如何、已上

三月廿八日認

一、両眼考落手、一々論を加候様ニも出来兼候間、跋をざっと書可申存候、明吏外國傳見合之上ニて為登可申候

一、松浦生へ常山御文集ハ御許借ニて可然候、修史始末ハ他藩人見候而ハ指て益も無之、内のごたすた他所者へハ見せ度も無之様、是非見度と申ならハ峻拒候ニも不及候歟、草偃和言郡宰不

以為意候間、何をかけ合候而も埓明不申候、迪彝・草偃共伺も相済居候事故、和泉ニて別ニ刻候抔も可然歟、左候ハヽ、郡宰へ一寸かけ合之上ニて可然候、已上

恒蔵

政次郎様

(1)久留米藩士松浦八郎か。

十四―18　文久二年四月四日（一一―三）

此地ハ残桜少々ハ見當リ候、御全快御休薬降心、此方無事、平出勤之由、浮腫ハ快候哉、其後如何

一、國友墓誌之事承知

一、狐澤之名御申越、是も讒ニ預り候哉、斗國忠招《ヲ》云々、是迚もさしたる事出来申間敷、高が北飛位之事か、國家の為ニハ可憂候へ共、足下ニ在てハ括嚢も不得已候

一、王姫云々も今ハ既往ニ成候所、長州抔　朝廷へ可然申上候欤

一、御次御稽古場御酒二百餘人之由、近来何事ニも御酒也、此地ニても昨日清水原町打終て御酒、是も大勢之由也、政府梅○《ヨメズ》を満邸嘲譏、分り兼候、何の事ニ候哉、石榻女公子御相手之由先ツ宜候、武場狐狸之遊所ニハこまり申候

一、修史始末他所人へ示候も氣之毒と先日申越候所、夫ハ酒泉佐治抔之事ニて惣体之所ハ随分示候て宜候様也、已上

四月四日

恒蔵

政次郎様

十四―19　文久二年四月九日（一一―四）

千林深緑、御安静大慶、此方無事、老人全快

一、國友墓誌構思可致候、著述ハ何々ニ候哉

一、長州書生ハ誰と申人ニ候哉、愚論も御話之所、重役へも申《可》聞と申由大慶、公武分争ニハ不至と見候間、御進退も難豫論候

一、平老不測之患無之様御同意也、大政引抜ハ先宜候、

應接ハ誰も迷惑と相見候、且平之様ニハ出来兼候半
一、両眼考為登申候、迪彜・草偃板を学校へ頼み預り
候様郡へかけ合候筈也、左候へハ時ニ須原へ下ケ候
而為摺候様ニ可致候、夫も不用候ハヽ、郡へ断り和
泉へ授可申候
一、松浦生修史始末之事、前便申進候へき、讀書日札
承知
一、法主親臨ニ付、小梅《三後》垂釣ハ先ツ宜候へ共、八百善
仕出ハ失體也、川崎遠馬も冗費なるへし、石吉得色
之由、善士ニ候へ共無識ニハこまり申候、小者ハ寡
扶持も不出之由、とかく損下益上ハ人皆不怪、國忠
ハ随分御話相手ニ成候事と相見候、如何、守山濱町
等遊宴而已流行、殷《イン》民沈酗の轍迹、面のあたり見ん
とハ思ひきやニ候　大夫人御南上ハ奉祈候所、大夫
人も近比ハ宴楽ニ御流れ、好文亭桑富に度々御垂釣、
近日湊へ御泊りニ御出之御沙汰、瑞龍御拝ハ宴遊ニ
無之候へ共、先公思召之由ニて、瑞龍ハ御本供と申
事ニて、御家老始皆《ミナ》本供ニ而大勢召連、其上婦女子
乗物等ニて大勢也　御代々様ゟハ騶従如く《多く》、太田御
泊ニて村入用も莫大、師行糧食、民間の疾苦ハ幕ニ
も御存無し、長幼卑尊宴安ニ奉導候者計ニて、南北
一轍、此世の中千年も太平の見込か、半三ハ扼腕之
由察入候、已上
一、御北帰之事、短経ものみ込候由、先ツゆる〱御
待可被成候、石傳南上當月末と申事也、是も父　御
廟勤御免を願候而済候上之事也、父も傳と別候ニ不
忍、先ツ登り候心ニハなり候へ共、此地へも弟次男
三男孫も大勢有之を捨て登り候も不忍、八旬餘ニ而
江戸の士と成候事を愁、傳も子として不忍候間、不
遠して北帰を乞候心得之由、俗吏世界孝弟之教無之
筈ニハ候へ共、人情をハ酌候様致度候、願くハ御廟
御免願を済さす、傳定府《八十餘の父有之を以》を御免と出候へハ仁政無此
上候所、半三抔申上候而ハ　思召ニて左様ニハ出来
申間敷候哉、大胡抔も其例ニ致度候也、俗吏世界ニ
てハ行れ不申事ニ相見〔候脱〕へ共、余も八十餘、不忍見候
而一應申進候、已上

四月九日

政次郎様　　　　　　　　恒蔵

十四―20　文久二年四月十四日（一一―五）

如諭とかく冷氣勝、御全快後續て御安健と存候、此方無事、令姉御脚氣、扨ゝ危き事ニ候へき、御治療効験有之、御心下少ゝ開候而、先ツ衝《シヤウ》心之患ハ御免被成候由、先ツ安心、其後追ゝ御順快ニ候哉、承度存候、赤小豆少ゝ為登申候、何分御加養可被成候、君側指南へ賜宴分謗之由、小人の常態如此、長沼へ御出、御大酔ニ不至候様御希候

一、國友碑誌之事承知、両様ニてハ行文ニ指支候へ共、何とか工夫致見可申候、著述も行状中ニ有之候へ共、朋党論廣義・閑道録之外何か有りハ不致候哉、佛法祆教之事抔有之様ニ覚候所、やはり閑道録之内ニ有之候哉、如何、伯兄没時所親寄書とハ誰之事ニ候哉、名ハ不著候共、其人を心得候ハヽ、認申度候也、已上

四月十四日

政次郎様　　　　　　　　恒蔵

十四―21　文久二年四月十九日（一一―六）

一瞬中藤花も残紫ニ成候、愈御安健、令姉御順快、御心下も漸開、御小水も御増、薄様御用之由大慶、追ゝ御順候と存候、大御心配遥察候、御安心之事と存候、此方無事　東照宮御祭も無御滞被為済奉恐悦候

一、柄原御世話ニ相成候、熊〻宜御致意申候、両眼考為登候所、未た佛郎機の條ニ落丁一枚有之候間、写候而後便為登可申候、孝経考ハ和泉へ許し可申候、尤弥之所ハ跡〻可申進候、讀書日札来月中旬迄ニハ出来可申候、廸彜・草堰ハ郡へかけ合候所、役所〻須原へ百部為摺、日限を切、納させ可申との事之由、須原ニて長く留置候を妨候事之由、須原迄持運の物入ハ須原ニて為出、書物へわり掛候より外有之間敷候、尤百部へ割掛候ハヽ、何程ニも有之間敷候、郡ニてハとかく板を手放し候をいやがり候様子、手代等俗吏ニてハ手付ず仕舞候を好候と見ゆ、とかく詰り

ハ和泉ニて為刻候より外ハ有之間敷候
一、餘一公子云々、不可奈何、扨〻こまり申候、白平等得寵候而奉欺罔、此先之事実可憂
一、平閣免職(1)之由、天未弃　徳河氏候哉　京師之方も御申譯候へハ、諸閣老も安心之事と相見候、長藩生ハ黒田―次郎と申由、昌平書生抔ニも候哉、國生云々、忝品所生氣毒千万也
一、石傳父　御廟勤済次第近日登り可申、先日船廻候も指出し登候上、遅〻陳情之積りニ御さ候　大夫人云々、出来兼不申、且一旦登り不申候而、彼是申候而ハ如何敷との事、尤ニ存候、大胡抔も父極老ニて指支候を被思召、定府御免抔と出候ハヽ、仁政且孝弟□□〔破損〕之教も立可申候へ共、俗吏世界不可奈何
一、閑道録・朋党論廣二書共、一二冊ツヽも下候様ニ致度候、如何、唐本邪教書二冊落手、先日忘却、不申越之事と存候
大夫人御宴遊、令長姉も御こまり察入申候、此間中山与三等好文亭下釣御免との事、是ハ止ニ成候由、とかく江水共機嫌取の風流行、是又太平之餘習也
老輪王御供中ニ水浪一人入込との事、御發途御日延之由、激徒の失風亦如是歟、已上
四月十九日
平閣免職ニてハ大冠開門ハ出来申間敷候哉
著書目録之内　讀直昆霊　昆を毘と改へシ
附讀葛花トスヘシ
豈好之事御申越之通致承知候
政次郎様　　恒蔵

(1)文久二年四月十一日、安藤対馬守信正、老中罷免。

十四―22　文久二年四月二十四日（一一―七）

日々陰雨、令姉次第ニ御順快、大御心配之所、當月末ハ御復常ニ可相成候由大慶、足下御口中ハ今程如何候哉、熱田も早速参候事と存候、何分御加養可被成候、此方無事、先日下痢、是も全快
一、國友著書之事先年寓目之所、久き事故猶又一閲致

度、一二冊ツヽも下し候様前便申進候所、御口中御快候ハヽ、御下し可被下候、所親書ハ大道忠〔カ〕之介死候時、梅澤ゟの書と存候、立稿候へ共未浄写も不致候

一、稲葉武人之由、乗輿ハ當り前と存候所、かげ供等ハ迷惑なるへし、万石以下乗切登城ハ火災之時之事か、如何、執政書記等牛込ゟ招候様ねだり候由、口腹之事ニハ油断無之事と相見候、咲止千万也

一、石傳近日發途と存候、南上之上陳情之積りと云

一、先日為登候両眼考末之方、佛郎機條落丁為登申候、御綴込可被下候、右之外用事不心付候、已上

四月廿四日　恒蔵

政次郎様

十四―23　文久二年四月二十九日（一一―八）

如諭催暑之所皆様御安健奉賀候、御口中も出血、血度ゝハ御快候由、追ゝ御順快ニ候哉、懸意致候、何分御加養可被成候、此方無事

一、此度寿宣〔カ〕拝領、難有存候、早速寿筵可開候所、幸誕辰五月廿五日ニ候間、日ハ透候而も誕月ニ可致と存、尤熊ゟ南北へ詩哥を請候積り也、鬱ゝ度日、実ハ寿之段ニも無之候所、御促れ申候而設寿之心ニなり、賦一詩之後御目ニ掛可申候、近来悦人の政ニも候所、養老ハ実ニ難有候

一、両眼落丁前便為登候き、迪彜等之事前便申進候き

一、尾老公・獨木君天下之大幸、(1)長州之奏功と相見候御釣合ニ而ハ平も再出ハ有之間敷、再芳の事も太迅速ニも不限、とかく諸方之都合宜敷様ニ計候方歟

一、國友碑誌立稿、後便為登可申候、賜盃ニ付候而も國之事思出申候、石傳も明朝發途之由又ゝ廿日願延、来月中旬發途と相見候、大胡ハ近く登り候、是も武場ニ指支候由、実ハ江戸へ為登、他所者の益ニ致候より、水國の武を引立させ度候、小牛老○○〔ママ〕ハ何の事ニ候哉、解兼申候、彦根藩士亡命ハ如何、西國薩州等之事ハ如何、所ゝゟ御招等ニて小隊御出等も御用心有之可然候様存候、如何

一、目録ハ附讀葛花、讀級戸風、讀万我と書つヽけ一て下の二の付字ハ入不申候、夫ニて字数ハ次第無之

候、已上
四月廿九日
政次郎様　　　　　　恒蔵

（1）文久二年四月二十五日、幕府、尾張藩主徳川慶恕・一橋慶喜・松平慶永・山内容堂の接客及び通信の禁を解く。

十四―24　文久二年四月二十九日（一一―九）

如諭催暑候、令姉御全快、足下も御出勤御順快之由、可賀、今程御全快ニも候哉、此方無事

一、尾一越永井岩瀬云々、殿山土木止候由、是ハ如何之釣合ニ候哉、安對板防引移（1）、搢紳帰京、何レも可賀、長州之誠忠御同様感心々々、此上之美事企望候

　先公を奉追慕候事御同意也、何か一層之恩命奉渇望候、扨又土浦ニて往来を改候事、実事ニハ一益も無之、他邦對候而も水戸の恥辱也、動揺之徒ハ土浦ニて改られ候様迂闊《ナル》ハ不致、願済其外公用ニて登り候者計被改、且御進達も隙取レ、急き之事も公用迄遅滞候様之事、尾一始め御不興之廉尽く洗除候而、水戸計恥辱を与へ置候事、可謂不平、何とか御掛合も有そふなもの也

一、所親寄書諸方ゟと申内、梅澤云々、左様相察候、夫等之事も認候所、餘り長くとも認兼、當人の氣ニハ不入候事と存候、先ツ立稿ハ致候へ共、青山等へ相談候而為登可申候

一、高須老侯（2）其外追々御招云々　幕府羽翼之御方此節如此之事、不勝浩歎候、扨又他ゟ御招ニて入御沈酔、小隊ニて御帰、彦根賤者百十四人出奔、内三十人ハ引返、外ハ所々潜居候由、実ハ　御家を奉怨候筋ハ無之、猶更今ニ成候而ハ擬似之事も無之候へ共、病犬の如く何レへ喰付候も難計、小隊御夜行ハ危き事ニ候、扨又薩州始西州諸藩ゟ亡命上京、外夷打拂之勅を請候沙汰も有之、万一　水藩ニても御名代なとニて御上京抔申事難計候所、彦根邊御通行ハ危く候、右様之事も御含被遊候様、半三抔より申上様ハ無之

候哉、幕へも響かせ申度候
一、両眼此方ニ別本有之候間、御差置ニて宜候、三眼も伺済候へハ大慶
一、松坂斗と通謀、半三も小傾首之由、可憂、半三も公平論と申ニ欺れ候哉、公平ハ尤之様ニ候へ共、似而非者調停之異名也、真の公平ハ君子ハ君子の用をなし、小人ハ小人ニて夫〻ニ用をなし候て、内君子外小人ハ泰卦の象也、今の激家と申ものハ朋党比周して要路を除き、是一代人と謀ハ小人の所行也、國是一定して紛〻の論をつき《蹴》破りてこそ皇極ハ建候也、堯舜も孔壬を悪ミ、庶頑《舜も〻〻》讒説を聖ミ、君子を挙て佞人を遠さく、國是不定、君子小人雑處して治る事、堯舜といへとも不能為之、半三も是等之道理をのみ込候様ニハ出来不申候哉、如何、魁乗輿御免抔ハ半三もよきとハ存間敷候
一、因君御書御下しニ成候ハヽ、宜御頼申候、夫人御病氣ハ以之外也、因石二君御帰國(3)心細く奉存候、川越侯云〻、御察申候、已上

四月廿九日　　　　恒蔵

政次郎様

(1)文久二年四月十一日、安藤罷免に伴い、水野忠精・板倉勝静に外交事務を担任せしむ。
(2)美濃高須藩（尾州支藩）松平義勇か。
(3)文久二年四月二十三日、鳥取池田慶徳・石見浜田松平武聰就封により登営。

十四—25　文久二年五月九日（一二—一〇）

如諭大嵐、令姉も足下も御全快位可賀候、此方無事、老夫三四日風邪伏、寿席へも出候へ共引込候仕合、右故御細書之所御答も認兼候、寿詞も追〻集り候事と存候、二公子　松公子も御出来ニ可相成之由難有候　餘四公子も御出来ニ相成候筈也、此世界其段にも無之候へ共　恩賜之事故先ツ太平心ニ相成候
一、國碑誌も青山へ相談可致候所、折悪敷隙取申候
一、嘯聚之事驚愕、やはり水の少年之故轍ニして甚きもの也、群ド騒擾して要上之事、乱世ニハなり申候、

薩の狡謀可悪之所、攘夷と申事ニて得衆心候と見申候、長州ハ忠誠ニ候所　京師ニて何レニ御従可被遊候哉、蒸氣船之事可悪、長ニ而も薩の手へハ渡さすと手當致居候由也、西諸侯も攘夷と申事ニて薩と合従と見候へ共、薩ニて得志之時ニ至候ハヽ、肥筑等之大諸侯、薩へ臣と称候事ハ恥可申候間、今之内ゟ一料簡有之、薩ニ捲込れ不申候様致度候也、是等之事情ハ長ゟ西諸へ諭し度候、如何、如諭大越一踏張り致させ度候、佐賀傍観さも有へし、頭痛ニて閣筆

一、寿餅熊ゟ為登候、藤健老大母へも贈度候間、御届可被下候、已上

五月九日

外ニ為登候ケ所有之候へ共、今日ハ封し等も間ニ合不申候間、跡ゟ為登可申候

政次郎様　　恒蔵

十四―26　文久二年五月十四日（一一―一一）

両度来書、熟誦、大抵ニハ角〻摘て御答申候き、此節好晴ニハ候へ共、とかく冷氣ニ候、皆様御安健、貴恙も御快、降心、此方無事、風邪も少〻ツヽハ順快也

一、公子御寿詞等之事、前便ざつと御答申候き、御出来ニ候ハヽ、宜御頼申候、八日ニハ少一人之事遺憾〻〻

一、碑誌出勤後青山と面話ニて乞正可申存候間、夫迄御待可被下候、石傳も昨日老翁御廟勤御免、三人ふち被下難有候、發途も廿三四五日比ニ成可申候哉

一、賊□〔ママ〕田某就捕之由宜候、何賊ニ候哉、斗水患之由、関鉄ハ出候様ニ成候事と相見候(1)、なるほと心配も有之事と相見候

一、大胡之武場も小児の遊所ニ成候事と相見候

一、處士嘯聚之事も大意前便申進候へき、殿下御落職(2)、所司代ハ二條へ引込、自保之由、和泉之周旋ニて少〻静り候哉、攘夷之事、公武合體云〻ハ宜候へ共、関東へ申付ハ公武合體を御申付ニ候哉、若又攘夷が主ニ成候而ハ恐くハサツの術中ニ御落可被成哉、黒田抔帰國、公武合體を心得ニてなれハ宜候へ共、攘

夷を主ニ致候ハヽ、サツの掌中ニ愚弄せらるへし、肥筑等大侯、今の内ゟサツニ愚弄せられさる様ニふまへ居申度事也、長なとより説を入候手段ハ無之候哉、徒ニ攘夷ニ援助多きを喜ひ、サツゟ臣とせらるゝ時ニ至て瓦解候ハヽ、其隙を伺外夷ゟ蚌鷸の術を施さるへし、國内大乱候ハヽ、天朝如何御支吾可被遊候哉、深謀ありたき事也、長もサツへハ不渡と申候由、左もあるへし、左候ハヽ、右之大勢を明論して、大諸侯へ〔今之内〕よく結ひ置候様致度候　勅ニて處士各邸へ引取候由、衝心ハ少々ゆるミ候事と相見候、九条公落職之由、遠島ハ少々甚敷候所、其位之意氣組と見ゆ　尾一越ハ宜候所、如諭劫制ハ可悪、関宿召登ハ宜候へ共、輔佐無之候而ハ指支可申候、長州も登りと云あり、如何、何ニ致せサツ之不軌を今之内より抑制之策なくんハ有へからす、九州参府之諸侯を引付られさる策急務也　因石二君蹴破り御帰國之由敬服、夫ニてこそ　先君之御子様と可奉称候、諸侯の模範と御なり被成候事可賀、佐竹云々、大迷惑也、参府之上ハ何とか中立候と相見候〔大橋之徒所為なるへし〕(3)、如何、宇都宮辺ハ逮捕も有之、可然事也、如何、幕長へ依頼ハ尤也、結局見中度候、公も度々閣老へ御用談も有之、且長抔御對話も有之度候、如何、大ニ付候而も例之太平ニハこまり切申候、天下之事御話申上候者一人も無之と見ゆ

一、会津　尾一越何レも可賀　公も御城ニ而時々御逢ニ仕度候

一、調練始り候由　公之御心膽を御練りニ仕度候、紀邸へ御出之由、不入夜候へハ先ツ宜候所、九八屋抔遊宴御好候、紀公抔へハ御心安く　尾一越等へハ御疎遠ニ候事、何之　思召ニ候哉、噫

一、土浦云々、如諭妄徒暴發ハ不可測、左様之者ハ何程見張居候而も、見咎られ候なる身なりニてハ通り不申、土浦ニて改と申候而も、何レも公用願済等公然と通り候者計ニ候、夫ハ皆監府之鑒札を持参候間、鑒札さへ有之候へハ紛敷事ハ無之候、土浦ニて改と

中事も、本ハ　先公を奉疑候より起り候事ニ候間尾一越等ニ准し其角一切御除去、此後土浦ニて改候ならハ、鑒札無之者計改候様ニ成候ハヽ、幕ニてもどこニても何の指支も無之事と存候

一、御別紙之事、三眼ハ来書之通リニて宜候

一、茄子胡瓜御恵被下、毎度御厚意感謝〻〻、已上

五月十四日

横濱殿山等之乱妨、関東へも波及候事と相見候、

其後如何

政次郎様　恒蔵

(1)文久二年五月十一日、幕府、元水戸藩士関鉄之介を斬に処す。

(2)九条尚忠、文久二年四月三十日、関白辞意、五月十四日、所司代酒井忠義に命じ、尚忠を罷免とする内旨を幕府に伝える。六月二十三日、尚忠関白を罷む。

(3)大橋順蔵、訥庵。宇都宮藩士。水戸藩士と連繋し、安藤信正襲撃および攘夷の計画を立てる。文久二年一月十二日、幕府により逮捕される。同年七月七日出獄、宇都宮藩に預けられ同十二日没。

十四―27　文久二年五月十九日（一二―一）

如諭梅天、御安静、令姉も御休薬降心、此方無事、風邪も大半快候、寿之事此時節寿の段ニも無之候へ共、恩賜難黙止、熊ゟ詩文等を募、貴地管庫舎長等ニて幾人位ニ候哉、先ツ有合之紙為登候由也、不足ニ候ハヽ御申越可被下候、寿餅三十一軒御配分被下候由、越王河上の酒と存候、佳品御投恵毎〻芳意感佩之事ニ候、

國友不在御同感

一、大越大政参与(1)、御同慶、提燈山越之由想像致候、関宿長州同道之由(2)、夫なれハ宜候所、一説ニハ御上洛之議論不協、引離候とも申候所如何候哉　尾公御《大越之意如》名代《何候哉》位ニハ出来そふなもの也、如何、京も依然と見候へ共、中ニハ種〻異論も生し、弥張長岡之姿と相見候、《縦令》サツ得志候而も西諸侯臣伏ハ不致、九州大乱候ハヽ、外夷ゟ蚌鷸之術を施れ可申候間、詰り万乗之主を何地ニ奉置候哉、今之内ゟ此勢を知、西諸侯ハサツニ欺れ不申様致度候、佐賀・熊本・久留

米多分長と同意之由、左候へハ追々同志も出来可申、天下之大幸也、安退防出(3)、大越も出候而ハ是迄之通り夷人跋扈と出来申間敷、公武合體可想見、田安御免、尾一御輔佐(4)御同様奉仰候　九五御はやし云々、御申越之所先日関宿御應接、以御憤激御はやし等も御止とも伺候、如何、夫ニ付候而も仇士良輩多く如何御なやし〔ま脱カ〕可申上も難計候へ共、何ニ致セ御憤激ハ可賀候、近状如何

一、御寿詞感吟慙愧、字句之所ハ後便可申進候

一、讀書日札前便為登申候、紙代別帋通り、筆料ハ六文ツヽと覚申候　余一公子拙書御需之由、来月初迄ニ為登可申候

一、士林發船之事、此地ニハ一切沙汰も無之、彦根人勝倉ニて一人見付候由之所、五十餘ニて久敷以前彦根を出、所々徊〔ママ〕歴候由、双刀抔も極麁物ニて何も可疑事無之候由也、已上

五月十九日　恒蔵

政次郎様

(1)文久二年五月七日、松平慶永を幕政に参与せしむ。久世広周に上京を命ず。
(2)文久二年五月二日、毛利慶親、老中久世広周を訪い、将軍上洛の要を説く。
(3)文久二年四月十一日、安藤信正老中免、同年三月十五日、板倉勝静老中任。
(4)文久二年四月二十五日、尾張藩主德川慶勝、一橋慶喜を宥免、同年五月九日、田安慶頼の将軍後見職免。

十四―28　文久二年五月二十三日（一二―二）

如諭梅中雨不足、御一同御佳健大慶、此方無事、風邪も順快ニハ候へ共埒明不申、痔醫伏熱からまり虚労ニハ無之候へ共、其氣味を帯候由申聞候、腹力無之のみ

一、柴田市ノ木松就捕之由　幕取込遺憾々々

一、越老参邸云々　尾一御親云々、御同意恐悦、此上白平等之十日寒無之様至願々々

一、石君御發書云々、御目撃之所と相見候、関宿辞職之由(1)、見危授命之事も出来兼候事と相見候、板倉ハ随分はり込居候事と見ゆ、長州も西上候様致度もの

也、永井〔長〕雅楽ハ登り候由(2)、世子も在京之由、諸方へ十分手廻り候由、夫なれハ宜候所、サツの説搢紳へ入り易き勢、油断不相成、此度ハ関宿埒明不申ニ付三位東下之由(3)、是ハ満腹サツの説ニ候哉、サツゟ名剱黄金白銀等多く贈候由也、何卒敗レ事不申様致度候、長州之説ニて公武御合體の意貫き候様至願也

三位激論候而も越老抔善對候様渇望也

一、永井書取、豊田へ人遣候所留守、此方ゟ返事と申来、未遣候

一、日札紙代写料百疋落手、写本を為登候而紙数分り不申候、一枚ニ付六文ツヽと覚候間何程ニ成候哉、御申越可被下候

一、田安御後見御免之由、追ゝ宜く相成候、已上

五月廿三日認

寿餅為登候間宜御配分可被下候

恒蔵

政次郎様

(1)久世広周、病いのため文久二年五月二十六日辞職を請う。六月二日罷む。

(2)文久二年五月十二日、長州藩主毛利慶親の命により長井雅楽入洛し、公武周旋の活動。六月十四日、江戸に入り、七月二日、在府の世子定広より老中久世広周に建白。

(3)文久二年五月二十二日、勅使大原重徳京を発す。島津久光従う。

十四—29　文久二年五月二十八日（一二—三）

如諭梅天陰晴不定、愈御安健大慶、此方無事、賤恙順快ニ候へ共埒明不申時《微寒熱》ゝ下痢、乍去追ゝ宜方ニ候

一、壽詞承知之所、御文と見合之上と存候間、先ツ御草稿之儘御下可被成候、日札料入手候所、全部為登紙数不分候間、御申越可被成候

一、九五関宿へ御對話ハ無之事之由、何か間違之事と相見候、駒邸調練も止候由、先ツ宜候、児戯ニハこまり申候

一、大原殿東下も延候由、夫《長井西上》ニて見合ニも成候へハ宜候所如何ニ候哉、石勝ゟ呈　覧之書いかさま偽作な

るへし、大原殿云々　先公御評御明眼と存候、幕吏狼狽可想、脇坂再勤(1)大慶、越老西上抔申事ニて相済候へハ御同意大慶、西諸侯も大半長と同意之由可賀、搢紳之正議客氣敗事可中寒心、外夷應接ニ閣老貪金候事可悪、防州以天下自任之由可賀　尾一御後見御同願、黒田帰國(2)ハサツへ結候ニハ無之由、夫なれハ宜候

一、夜中御登　城、修文奮武節倹等被　仰含、閣老ゟ天下之形勢申上候由、此地ニ而も執政ゟ口達、存意申出候様との事也、何とか申上度乍病中工夫致候、雑楽も止、御小姓等之奢も止候事と相見候

一、茂姫様(3)御詠頂戴難有候、官女の哥も一同石川ゟ御廻申候由、御下し被ト御世話ニ相成候、石川へも書状遣候所宜御頼申候

一、魚尽(カ)し大冠ニても既ニ一見之由ニ付、廻し不申候

一、越老参邸、起風候事一々感服、此方ニてハ実ハ一々可愧、何卒審詳御繹思御さ候様万祈々々、如諭原ニ御親交奉祈候

一、石傳今廿八日着と相見候、此地之事御聞可被下候

一、國忠ゟ来書、閑道落手、病中故返書此次ニ可遣候、宜御致意可被下候、已上

五月廿八日認

政次郎様　　恒蔵

(1)脇坂安宅、文久二年五月二十三日、老中再任。

(2)筑前藩主黒田斉溥。島津久光の大叔父に当る。参府の途中、文久二年五月十三日、播磨大蔵谷で平野国臣に上京の不可を諫せられ、病いと称して帰京。

(3)茂姫、繁姫。のち貞子と改む。生母万里小路氏（秋庭）。慶応三年将軍慶喜の養女となり、有栖川熾仁親王に嫁す。

十四―30　文久二年六月三日（一二―四）

如諭梅霖両三日冷氣、愈御安静大慶、此方無事、伏熱往来も大半消却、腹力も少々ハ増候様ニ候、先日中下痢抔有之、旁餘疲さへ復候ハヽ不遠全快と存候

一、石傳一同無事上着安心、寿餅所々御配分、人数無

残所御面倒之御事謝候、御寿詞轉換之所抔御文と見合度候所、餘り延引ニ成候間後便抔為登可申候
一、内藤閣免職之由(1)、安對も近〻と相見候、跡ハ土屋泉州両説之由如何相成候哉、大原卿愈東下之由如何之事か、乍去五摂家方へ長説十分之由、猶又　密勅之意も三ケ條之由、其内　一公越州等之事ハ行れ可申、夫等ニて事済可申か、如何、サツ輦下を為引候事、越も心付候ならハ行れ可申か、早川(2)除却ハ天下の幸也、板越同心可賀、御茶会一通なれハ宜候所、棒一両井等密会ハ可憂　一君越周脇等之御噂御同歎　幕政一新ニて水政改観之事御同願、御登城之時越侯の正言感服、仇士良之妨害可悪、両國川開等之事可愧
一、日札之料御書付被下、先日百疋受取、壱朱と三百九文為登候間、遠候ハ、又〻御申越可被成候、畧文御見分可被下候、已上

六月三日認　　恒蔵

政次郎様

(1)村上藩主内藤信親。文久二年五月二十六日、老中免。
(2)早川庄次郎か。幕臣。文久二年五月二十二日、二の丸留守居任。

十四―31　文久二年六月八日（一二―五）

如諭梅霖、田も大抵潤候由、御安健大慶、此方無事、伏熱も如無ニ成、食もよく下咽候、近日出勤と存候
一、御寿詞少〻手を入為登可申存候所、御下し被成候由故扣中候
一、水羽免職(1)、君側も黜陟、西城下通行夷人警固等御除之由、関宿免職(2)、諸役人増供新供等禁止、得體之事ニ候、杉浦云〻、餘考等之為ニも宜候事と存候、関宿免職ニてハ此方之事をのミ込候人なくなり、邸中ニてハちとこまりハ不致候哉、如何、奥津所之事もよく出来申候
一、東禅寺之事も丹州之臣自尽候へハ、神州の義勇を示候哉と存候
一、京師之事、長サツ等之事明了也、御上洛(3)も詰りハ

尾御名代ニて宜候所、同しくハ　京師ニて四海困窮を思召、御止之上ニて御名代ニ候へハ別而宜候様存候、如何、御上洛ニてサツを壓候事、いかさま左様之勢と相見候、肥筑中國之大侯、鷹司以下名公、何レも長論之由、國内治平之実有之事故左もあるへし、天未弃徳川氏と相見候　天使東下ニて　一君も御出と相見候、和泉之見込ハ如何可有之哉

一、九五　哀公を御慕ハ御病根と相見候へ共、京師之事も御軽視ハ棒一等之所為なるへし、老夫も京師之事　幕命ニて御動かと存、呈疏之積り草稿も立候所やめ申候、門開所ミトタン高野金等之事、投匕居候も不忍候へ共致方無之候、斗歌妓星吏賄賂等無所不至

一、此地執政達ハ教長へ計と見へ、其他へハ不出　幕令ニ付練兵之事ハ出候へ共、例之児戯花法何ニもなり不申候、餘一公子云ミ可嘆、如諭省事候間草ミ、

已上

六月八日

政次郎様　　　　恒蔵

(1)沼津藩主水野忠寛。文久二年五月二十九日、側御用人免。
(2)久世広周。文久二年六月二日、老中免。
(3)文久二年六月　日、将軍家茂、上京の旨を布告。

十四―32　文久二年六月一四日（一二―八）

如諭晴暑、愈御安静大慶、此方無事、次第ニ順快、近日出勤と存候所、療醫ニ押られ候間先ツ用心致候

一、斬夷可憐、乍夷人も懲戒之氣味も可有之候

一、三眼之事《炳竪入手》承知、寿詞集り候分落手、感謝、告志青山取扱候所、對話次第承り可申候、草偃等之事郡吏ニ承候所、俗吏ニて出納吝候氣味、須原へ手離し預候事快からすと老夫へ預ケ、須原ニ而部数を限り為摺可申抔と申、面倒ニ候間、和泉ニ為刻可申と話候所、夫も可然抔とハ申候へ共、明了ならす候へ共、弥張和泉ニ為刻可申候、学校板之事ハ青山へ話可申

候

一、将軍家御英断奉感服候　東照宮餘澤未尽、天未弃
　徳川氏ニも候哉、何卒長く御持張ニ致度候、石谷
市尹轉除(1)ハ宜候へ共　一橋之御為ニハ如何候哉　天
使サツ之臣計陪従ハ何か譯ある事ニ候哉、如何、御
用談度々登　城之由、とかく非常之事と相見候、今
程模様御分被成候哉、所司代等奉書出候由、是も今
程分り候事か如何、長州上京世子東下之由、非悪聲
と相見候、邸ニてハすねも益もなき事也、乍去　哀
公之風御慕ニ候へハ其筈之御儀と奉存候、宍戸御茶
会御直諌敬服々々、揚弓打毬ニ而ハ密語も出来不、
御茶会少々減し候たけハ見付物之様也、如何　一君
御兄弟と申のミニて只々御つき合被遊候事か、是非
もなき事也　幕令も示不申候由甚しと云へし、石場
金ニて驕奢を助長之由、其様之事ニて一日〳〵と偸
安、ケ様之世の中ニ天下と別世界と申も餘り之事也、
黄金典物此節黄金も莫大之價なるへし、両井閑散と
申事解せ兼候様也、斗も立場柄　幕へ対し不相済
候《て》何とか申上候か、平も本家ゟ何とか被申候而、申
上候事も有之ニや、如何、九郎南上之事出来候へハ
宜候所、是も安心不致、又出来候て弥張閑散なるへ
し、大冠へ御状廻し申候、幕改り候而も邸依然、御
同感、妻木云々、咲止千万

一、幕ニ在てハ御上洛極て盛事ニ候へ共　萬乗ゟ御覧
被遊候而ハ、四海困窮ハ御忍不被遊事なるへし　将
軍家ハ何程御手軽の思召ニ而も有司の調ハとかく手
重ニな《る》へし、然ハ敬上候所を叡賞有て四海困窮を思
召、先ツ暫く御扣との
叡旨出候ハ、盛事之上の盛事なるへし、其上ニて尾
公抔御名代と申事ニ成候ハヽ、益々得體之事奉存候、
是ハ外ニ申上候人無之、長州侯其任なるへし、元就
朝臣　御即位之料を調進候先蹤を追とも可申候、兵
備充実の命令有之砌、四海困窮諸侯靡弊候而ハ　神
州之手薄也、長州之臣抔へ御話ハ如何

一、先日御下之竹半筒、何欤御下し之時御入用も難計
為登申候、已上

六月十四日十三日認

政次郎様　　　恒蔵

（1）石谷因幡守穆清。安政の大獄の五手掛。文久二年六月五日、町奉行から一橋家老（西丸留守居）に転ず。十一月二十三日、隠居差控。

十四―33　文久二年六月十九日（一二―七）

如諭晴暑、御安静降心、此方無事、老夫も順快

一、寿詞揃候節御頼申候、貴稿延引、尚又存分可被仰下候

一、薬師寺落職（1）、不残掃除済候由可賀　天使登城（2）寛和之由大慶、今程其詳相分申候哉、賤人之子抔の説も有之由、いかさまわるきニも候哉、政事改観東下ニも不及　宸襟安し候はんの語実事ニ致度候、サツハ狡謀破　天使護送と号候由（実ハ後悔之由）、夫ニ而も帰國ハ致候事と相見候、如何、後悔と申もの、数百年之狡謀、実ハ匿尾候のみなるへし、長州上京サツ不撤兵、内ハ輦下を不去との事、土木云々、神州へ大忠と存候、十一日御登云々、盛事ニ候　幕下御盛立、老越御取持、定而美談も多く候半、近侍武芸御覧云々、是又美事也、帰御後云々、相反し候光景御同感ニ候　一君御出ニて御議論　一君御はづし被遊候義、不得已御次第と奉存候、夫ニ付候而も揚々の怪物等云々、御意外之事と奉存候、扨々とんだ事ニ成申候　一君も御氣之毒ニ思召候由、左も有へく候へ共、此後巽与之言御坐候而も（一君をも兼々御軽悔被遊、）説而不繹ニ可有御坐、夫すら田君へ御逢無之内ハ御出ニ不相成候由、御同意握汗ニ候、半三云々、牛門之事も出来不申候由、投匕も尤ニ候へ共、何分御勉勵尤ニ候、只一人のみ実ニ大切之人ニ候、何卒緒先を同腹ニ致度候へ共、夫も出来不申事と相見候、足下も御諫外之勢勿論ニ候へ共、頽波中之砥柱、何分風浪御凌可被成候、川瀬等之事毎々不相替と相見候

一、今書之事承知、文字分り兼候所も多く、鈴木四郎右衛門抔之外無之、写ハ隙取可中候へ共、讀書家と

うか写取可申欤、其外美本所持心當り無之、安食喜八郎抔写置候哉、貴地ニて石傳抔ゟ御聞被成間敷候哉、今ニてハ時世変り蔵本之人心付不申候

一、和泉拙書を求候由、古詩十首之内ハ宜候へ共、字数多く小字ニて揮筆窮屈ニ候、小字ニてハ得意ニ出来兼申候一室五洲計抔ニ而ハ如何

一、幕御番士等徳丸ニて銃陣を練候由、一宿ハいかさま板橋の利ニ成そう也、蛮陣より　日域之兵御同意也

一、御安産　世子ニ無之奉遺憾、水谷へ密夫ハ以之外也、此上幾度も御出産可被為在、追而御後悔無之候様奉至願候、如何

一、御上洛　天使西上之上御名代と申事ニ成候へハ無此上候へ共、幾重ニも手厚く致度前便申遣候、長州抔よりも手を尽し申度候、尤其大意ハ前便申進候へ共、其外ニも御上洛之御費用を兵備へ掛ケ、諸侯ニ令し銃艦を作り申度候、前便認落候様覚候間聊申進候、如何、已上

六月十九日十八日認

餘一公子御需之書、認可申候所、不快中延引致候、何日比御引移ニ候哉

今▨十九日御用朝比奈(3)願ニ而も有之か・武田彦右衛門(4)・太田新蔵・赤林山三郎(5)・久木達(6)、國勝手抔と出不申候へハ宜候所如何候哉

恒蔵

政次郎様

(1)薬師寺元真。側衆。文久二年八月十六日、隠居を命ぜらる。
(2)大原重徳、文久二年六月十日、江戸城登営、家茂に勅旨伝達。
(3)家老朝比奈泰尚（弥太郎）。
(4)武田正勝（耕雲斎の子）か。
(5)赤林三郎兵衛重道（久馬之介息）か。
(6)久木直次郎久敬か。

十四―34　文久二年六月二十二日（一二―八）

一、國友ゟ来書、外ニ用事候間書状不遣候、御逢

被成候ハ、宜御頼申候
一、邇言今日不残為登申候
一、餘一公子御頼之書出来候間為登申候、宜御申
上可被下候
如諭晴暑無雨之所、十日雷雨、今十二日ハ小雨、此上降せ申度候、挙家御安健大慶、此方無事、近日出勤と存候
一、京師之事益〻盛事と相見候、長人数盛ニてサツ了簡遠とハ、サツ之人数計ニて固め候積り之所遠候事か、如何、和泉越ニて頗窮候由左も有へし、石傳ハ泉も正論ニて随分宜候様申来候所、是ハ表向之所なるへし、天使云〻可賀、神田山王見合愉快、新令邸中ニて秘候由可悪、小人平之時を慕候由、古今之常態左も有へし、大城中園池武場ニ変し、御菓子もキナコムスヒニ変候由、美事也、邸中ハ棒一梅老専寵、政府も疎外命卿も云〻、扨〻手の付様もなく候、二万大金なれ共本不立候而ハ無きニも劣り可申候、楊弓の外、茶会も夜中行れ候由、昼ニも劣り申候、両井閑散ハ尾半の誤之由、夫なれハ分り申候　大夫人云〻、万〻手の付様も無之世の中と成申候、半もあきれ候筈也
一、御上洛之事御申越、良風光と存候、四海困窮を御憂、其費を銃艦之方へ轉候ハ、、真の　萬乗主の御處置なるへし、其上ニて尾御名代と成候ハ、、上下得體之事、至願〻〻
一、土浦印鑑通行ニ成候由大慶、大冠之事越近臣之説之由、渇望候、宋元落手、代料宜奉頼候、第二帙之代も未済不申様ニも覚候由、和泉之方御聞可被下候
一、金姫様御事御同意恐入候、先日御申越水谷之事、其後如何
一、今程　一君御出被成候哉、如何之御沙汰ニ候哉九五営中ニて彦根へ御逢、御懇之仰を蒙候由、為御礼使者参上之由、是ハ宜き、如何
一、諸有司乗切[1]登城之由、供連減少の為と相見候、鹿服等都而宜候、其順ニて酒楼妓娼之類も御手入有之様致度候、如何

一、草偃等先日元締へ話候時も、答ニ板も頗磨滅候間、新刻出来候も可然抔申候間、直ニ和泉へ申付候而可然候所、近日出勤候ハヽ、荻郡宰へ為念話可申候、告志之事石吉〻申来候間、青山何とか扱候事と相見候所、猶又相談可致候、邇言四冊為登候一冊ハ、跡〻三眼も写出来候間為登申候、但し筆料を増候而念入写候様申越候所、眼霞ニ而不出来候間、他へ別ニ御申付可被下との申聞ニて、筆料やはり四銭ツヽニて百六十八文ニ御座候、書体見苦候ハヽ、少〻隙〔取脱カ〕候共他へ可申付候哉、如何、銃陣説も為登候、是ハ別本無之候ハヽ、御覧後御下可被下候、已上

六月廿二日認　恒蔵

政次郎様

(1)文久二年六月三日、万石以下の者が乗切登城の際に用いる笠をきめる（『続徳川実紀』端反笠之令）。

十四―35　文久二年六月二十八日（二六―一）

如諭冷雨之所又〻望雨候所又望雨候、此間喜敷候所旱損之田も少〻ハ有之由、乍去豊熟之地ハ宜候由、愈御安健大慶、此方無事、老夫廿五日出勤、障りも不致候

一、今書御左右次第筆者へ遣可申候　公子御頼之書前便為登候

一、諸夷帰國之由、其後越藩人へ御逢被成候哉、防州ニて議論、諸夷も改観之事と相見候、貿易等之事此後如何相成候哉、赤川在京之由、此節正論ニ与し候事と相見候、御上洛之事御申越之由大慶、如諭多分越周旋ニて出来可申渇望候、防州家士へハ今程御逢被成候哉、よき手筋と存候、棒一専寵も不得已候へ共、水谷婦人御召返抔を唱候而ハ以之外也、半三勃〻其筈ニ候所、左様之事ニ而万一失職之様ニも成候而ハ、國事益〱不可為ニ至可申寒心ニ候、緒先半三へ親候釣合ハ可賀、両大意ハ何人ニ候哉、繆穆も北閑人ニ成候而ハ南地ニてハ損ニ成申候、當人の

為ニ宜候而已也、邸中之光景ハ越臣抔へ御話被成候事も有之候哉、老越抔ハ如何存居候哉、実他藩抔ハ為聞不申候様祈候へ共、是非ニ不及事ニ候
草偃須原ニて摺立候筈ニ候所、大半紙と申ハ此地ニ無之由ニ候間、和泉へ御話、貴地ゟ下し候様可相成候哉、二百部程も為摺置可申候、壱冊六十枚位ニ候、紙代ハ老夫ゟ指出置可申哉と存候、尤須原へ紙遣候ハ、須原ゟ指出候事と存候、（是ハ先ツ見合可申候、委細ハ期後便）
一、故紙堆積中ゟ壱分三百文余欤、紙へ包、金鐚と表書致候を此間見付候所、足下へ何欤御勘定ニて、先年取落し候ニハ無之哉、餘程久敷事と相見候所、御覚ハ無之哉、如何
一、石傳ゟ来書ニ　一越之事發候後ニ、サツゟハ天下へ大号令出候様ニて尽力之由、攘夷之事ニハ無之候哉、客氣之論大害を生候事、越も承知と見候間、何とか處置有之事と見候へ共御聞及も候哉、和泉抔も右之見込と見候所、何も是等之事ニて先日も（越宅ニて）辭窮候哉、如何、已上

六月廿八日認

今日青山一同御用昨夜申来安心不仕候、已上、廿九日

十四―36　文久二年七月三日（二六―二）

如諭又々大暑、御安静人慶、此方無事、愚老出勤後障り無之候、旱抜之村々頗有之、水有之分ハ豊熟と相見候、麻疹ハ如何、御軽症ニ致度候
一、三眼筆料入手、今書承知、草偃之事荻郡宰へ相話、南西へ申通候様頼、尤断り候迄ニ頼候間、直ニ和泉へ申付候而も宜候所、跡一ツ便も待候上ニて和泉へ御話可被下候
一、時勢云々、サツ之狡謀も拙候由ニハ、十年を期候而攘夷之叡旨も有之由ニ候へハ、御臍下ニハサツへ御左袒ニハ無之哉、如何、幕中奥の勢も少々腰を掛候様ニも承候(1)、越と防と隙を生候様も承候、外夷應接後野々山(2)轉職も如何之釣合ニ候哉、長井雅楽も奪職國愼之由、長藩激論家より姦物抔とか申候由にも

承候、赤川抔ハ如何之論ニ候哉、越近臣も麻疹之由、今程如何ニ候哉、邸中膏肓扨ゝ致方無之候　一君御出ニ而も御投匕之外無之歟、半三云ゝ、一人なり共在職
先公へ忠節御尤至極、何分御激励可被成候　三藩三卿御登　城何事ニ候哉　一越之事ニも候哉、夫も御〔衍〕御托病之由、扨ゝ掣〔カ〕戎之事ニ候、御上洛之事多分行れ候事と相見候、尾一公ハ御後見と申ニハ御輔佐抔と申事歟、越も越前家大老と申も不得躰候間、何とか名ハ改候事と相見候
一、横濱引拂も訛傳之由、水谷へ密夫大病様也、已上
　七月三日認
廿九日之御理法ハ管庫ゟ扱之事ニ存候間、別而ハ為登不申候、両石川へも宜御頼申候、已上
　　　　　　　　　　恒蔵
政次郎様

(1)文久二年六月二十三日、前福井藩主松平慶永、病と称して政務参与を辞す。
(2)外国奉行野々山兼寛のこと。

十四―37　文久二年七月八日（二六―三）

越州・防州異論を生し候由ニも承候、外夷交易抔之事ニも候哉、如何、○〔ママ〕長サツ異論、隙を生候勢ハ無之哉、如何
如諭亢旱之所、五日六日ゟ甘雨御同慶、愈御安静大慶、此方無事、出勤後中暑下痢又ゝ頼合、夫も快、十日ゟ出勤と存候、麻疹も先ツ御受不被成候哉、此地も近隣迄参候由也、今書近ゝ出来可申候、金鏸之事、何か間遠候而、別ニ為登候事ニも有之候哉、柄糸必急不申候
一、酒若も弥罷職、松伯(1)も搢紳含も有之事ニ候由、辞職も其筈と相見候、松豆(2)面白くもなき様也、大原殿今程(3)發候哉、右西帰之上ハサツも帰國ニ致度候、夫迄ハ長輩下を不去、右相済帰國、世子ハ東下之事、何卒左様致度候、サツ攘夷論も敗られ、大原殿も最初云ゝ、開悟之由大慶、和泉(4)甲源風と越州可申候由、和泉ハ氣力有之、腹も実候と見候へ共、甲源も他ゟ見候ハ、其位ニハ見え候哉　勅意ハ公武御合躰、攘

夷も突然無謀ニ出不申候様越州も憂候由、近憂ハ無之事と相見候　君父侯無事、御同意安心、御上洛も
　京師ゟ御免と不参候内、深秘之事御尤至極、此地ニ而も極秘ニ可致候　一君御後見(5)弥〻仰出恐悦、越州も定而出候事と存候、邸中之光景乍例浩嘆、御行実も御厭、楊弓も　一君ゟ云〻、却而甚くさてく御こまり被遊候半、御閑話ハ如何、今日御示被成候哉、棒一カステラ易牙の故轍を追候事か
哀公を御手本と申上候由、左候へハ赤林寺十坊六区の徒群衆ニて、此間迄賄賂公行之事〔抔〕も御手本ニ成候哉、半三石之上ニ三年死候へと思候事、実の精忠と存候、男先両大ニ而寒候而ハ致方無之候、越老三藩無人を嘆候事左もあるへし、眼目済候ハヽ、参邸至願也、何卒投匕無之様致度候　一御後見之事抔何とか御なため中候様所祈也、水婦復入候ハヽ、　小君貫魚も失寵の勢、至憂〻〻、幕ハ傾否我復埋〔カ〕扼腕、乍去
　幕も傾否ハ大喜也
一、大冠之事□〔ママ〕兄ゟ廻候云〻御中越之所、何方ゟ廻り候もの無之、御書面一切分り不申候、青山ゟ申上候様との事、少〻分り候様ニ候へ共、愚老ハ間柄之事を申候も成り兼、誰も青山へ申入有之間〔敷脱カ〕、且青山もはり込不申候哉とも被存候　九五へ申上候而ハ馬耳邊風とも被存候、如何、已上
　七月八日認　　恒蔵
政次郎様

(1)文久二年六月三十日、所司代酒井忠義免、大坂城代本荘（松平）伯耆守宗秀を以てこれに代える。
(2)松平伊豆守（大河内）信古か。文久二年六月三十日、大坂城代。
(3)文久二年八月二十二日、大原、江戸を発す。
(4)島津久光。
(5)文久二年七月六日、慶喜、将軍後見職。

十四―38　文久二年七月十五日（二六―四）

如諭今日も暁ゟ好雨可賀、愈御安健大慶、此方無事、出勤後障り候程も無之候へ共、暑ニハ困候間用心致候

一、松姫様御歌奉感佩候、横山へも一書遣候間、南部屋ゟ届候事と存候、外ニも詩歌御下し被下謝〻、御序文御示是又感謝、外なれハ愚意も不申候所、毎〻求我之御心厚く候間申進候、寿序抔ハ短文之方可然、其人之徳業等之事ハ、昼錦堂記抔の如く大綱之所ざ《を》つと《書候》ハ各別ニ候へ共、其平生を詳尽候ハ、寿序抔之體ニハ不釣合之様ニ候、又其人を称誉之事過甚候而ハ、其人も実ハ指支候次第ニも有之、実汗面之事も有之様ニ候へハ、猶又緩〻御再思、いつニても御間暇之時分ニ御立稿被下候而ハ如何ニ候哉、無伏蔵申進候

一、一君御義、為天下可賀、乍去御配慮ハ奉敬察候、越侯(1)ハ如何、今程ハ御出勤ニて奉命候哉、如何、越防異論も各〱一理有之様ニ候へ共、第一不奉　朝命候而ハ、公武合體之
叡旨を空く致、御中興之障りニ可相成　大将軍ニも如失左右手ニ可被為在　一君をも御引離しと申姿ニ致、長侯抔解體可致、天下を如何可致候哉、寛永以前以後等之事ハ幕の御内政、天下ニ大関係とハ非同日之論候、又寛永以前との事眼目ニハ候へ共、人情時勢随時轉遷候へハ不可執一而論、眼前ニ外夷之事抔も寛永之故轍ニハ参り不申事、越侯も承知ニ可有之候、孔子も為東周平ニて、東周ハ東周ニて恢復之外無之、不残西周之旧ニ復候事ハ聖人ニても出来不申候間、包荒の量を以、防州之意をも容れ、又防州ハ如右天下之大勢ニ目を付、越防両立、廉藺(2)の義を慕ひ、幕政御内輪之事ニ候間、越論を過剛と存候事有之候共、用馮河の《以》勇を決断、泰九二を踏行候ハ、天下の大幸と存候、越臣防臣抔へ御寛頬ハ如何

一、大冠之事御進達御扣云〻、いかさま激家抔ゟ三俚〔カ〕之事抔申上、例之双方かぶれニなるな〔と脱カ〕の御見込抔ニて、先ツ一概ニ手を付不申方抔之義ニハ無之候哉、夫を棒一輩先ツ御捨置と申上候も難計、何レ左様ニ成候而ハ致方無之候、幕ニて扣も無之を、幕ゟ御免とハ成兼候由、是ハ當世風之文法ニて、易簡之御政事ニ立帰とハ大相遠也、越板直御話　幕ゟ出候事、

幕ゟ御免可然との事、寡君へ申出候と申候なれハ、大抵夫ニて分りそうなもの也、原誠催促如何ニ候哉、青へ話候事も間柄之事、話候も指支、且青も時勢行き兼可申と存候事決而不申風故だめと存候、自言ニも先達而之如く水國ニ動揺等有之時ハ時〻御尋も、〔衍〕有之申上候事も御用被遊、水國無事ニ成候而ハ何を申上候而も所詮御用不被遊候〔政府ゟ申上候事ニも出来申間敷候〕と申候而、何事も不申上候積りニ成候間、話候而もだめニ候、秋長之心付ニハ大冠門人等ゟ願出有之候間、写を原誠へ廻し、幕吏へ廻候ハ、可然と申候、其書付を種ニ致、夫等之事ゟ議を起候ハヽ、扣無之候共、空ニ起し候より幕議へ便ニもなり可申候哉、情実ハ分居候而も、扣無之故打捨置と申ハ餘り杓子定規ニて、易簡之御政事とハ難申候、越板直ニ御のミ込ハ如何候哉、大冠之書、入用ハ無之候へ共御目にかけ候

一、餘四公子(3)可惜候、何も心付候手筋無之、指支申候、猶更水谷婦人之事有之候而ハ、御扣ニ抔との嫌疑ニ渉り、縦令　大夫人抔御承知ニ而も御こまり被遊候半、尤水谷婦人之事ハ　大夫人御心得ニも可相成候間、入御耳候様ニハ手配致候、已上

七月十五日認　　恒蔵

政次郎様

(1)文久二年七月九日、松平慶永、政事総裁職。
(2)廉頗と藺相如のこと。
(3)松平左衛門佐昭訓。少年より国事に奔走。元治元年、京都に卒す。

十四―39　文久二年七月十八日（二六―五）

如諭冷涼、今日ハ暑之様也、御安静大慶、此方無事、老夫當時障りも不致候、本務引候者有之時ハ本務勤候事悪風也

一、大冠之事、佐ゟ青へ説候様御申越之由、青のミ込候へハ大慶之所安心不致候、若し青ゟ申上候而も御取用ハ猶更不安心也、幕ゟ命候を扣無之迚、究罪と乍知いつ迄も呵リ置と申政事古今無之事也、門人之

願を原誠ゟ廻し、猶又千葉ゟも願候由ニ候間、夫を本ニ致取調候而可然様也、杓子定規ニ手数を掛候事、易簡之政とハ難申候、何とか幕吏へのミ込せ候工夫ハ有之間敷候哉

一、老越惣裁登　営之由降心候、越防異論と申事無之、夫なれハ宜候、御側後宮不如意ハ其筋也、二丸等冗官を省候も省費の要務ニ候へ共、夫よりも急務有へし、どふでもよき所改正ハ不宜候へ共、先ツ公武合體修武備候所を専務ニ致度候へ共、サツ抔とかく難制勢ニ候哉、和泉抔も今以在江戸之由、大原卿もサツの為ニ周旋と承候、和泉も大名ニなり度抔にて営私之由、如何、卿も御馳走掛りも御免、供給も手軽く成候由、サツ之為ニ滞留とも承候[1]、如何、夫より早く西帰候而、御上洛之事抔以出申候様致度候、後宮御側一洗ハ急務ニ候へ共、群小側目可想、夫さへ仕抜け候而、もり返されさる様ニ出来候へハ無此上候へ共、第一の難事なるへし、長サツ生隙候事無之様祈申候、長ニてハ随分如在なしとハ見候へ共、何レニも謙下ニて慰候工夫急務と存候、石谷罷免渇望候

一君へ御瑕付不申様御同願、幕吏中ニて好人物を幕賓ニ御引込ニ致度候、左様之所ニ御腹心無之候而ハ御孤立ニ可相成候、如何、浅野中務[2]肝煎ニ成候由、是ハ好人物と承候、如何、御親厚ニ致度候、如何

一、迪彝等之事、郡ニて情実を不辨、あちらこちら齟齬いたし候、今少し御待可被下候、外用事不心付候、

已上

七月十八日認

政次郎様　　恒蔵

(1) 久光が江戸を発したのは八月二十一日。この間、大原は久光の叙位任官に当るが、幕府認めず。

(2) 浅野備前守長祚。文久二年七月八日、寄合肝煎に任ず。なお文久二年十月十七日町奉行に転ず。

十四―40　文久二年七月二十四日（二六―六）

先日細状中富永謙蔵等三人共病死候由也

如諭先日暑ニ成候所とかく冷涼、挙家御安健降心、貴恙ハ如何候哉、此方無事、中大事(1)麻疹ニて六日程之所軽症ニ相見候、若黨両人内一人ハ肥立ニ相成、守りニ置少女も麻疹也、貴家ハ未タ無之候哉

一、御送序一閲候所、小家と申且祖先も此彼一ツ取り所無之候所、大議論ものり合兼候様ニて、成書致候間、一ツ工夫可被成候

一、大冠之事、門人之願渡部徳蔵取扱候間、是ゟ下書写遣候筈之由、参り次第御手元へ為登可申候　九五を奉動候も宜様ニハ候へ共、三陰等之引張ニ而ハ所詮御動無之事と被存、一度呈覧候而御用不被為遊候を、幕吏へ廻し候よりハ、呈不申内、直ニ廻し候方都合宜様ニハ無之哉、如何、越板迚も各別之存意ハ有之間敷候へ共、俗吏之杓子抔ニて御引かゝり候哉、藩ゟ願ハ出来不申、貴藩《ゟ》其筋《へ》御迪云々御申置被成候由、其所へ門人願下書出候ハヽ、夫手掛りニ取調候様ニなりそうなもの也、且千葉ゟも周旋之由、左候へハ(2)中川侯抔も周旋有之事と相見候間、取調候心ニさへなり候へハ、手掛りハいくらも出来候事と存候、縦令申立無之候迚、冤《後日》罪長々難儀之もの有之と入耳候ハヽ、早速糺《取調》候こそ真の政事なるへし、▨《申》立無之迚等閑ニ致候ハヽ、自分〳〵が面倒也とて逃ると申ものなるへし、原誠抔右之ふまへ《含》ニて掛合候ハヽ、幕吏ものみ込そうなもの也、如何

一、越侯打續出居候由可賀候、大原卿ハ今以滞留ニ候哉、サツ之私謁故ニ候哉　一越等も御指揮之通ニ成候上ハ、早速反命可致筈と存候、或曰　京師ニてハ鎖國開國之事ニ付、開國論御尤ニハ被思召候へ共、先達而　伊勢以下へ誓て攘夷との事を以御禱ニ相成候間、今開國と成候而ハ欺神ニ成候との御事ニて、開國《ハ》御許無之由ニ候、信を御立ハ宜候へ共、尾生が信ニをつるへし、開國ニ御決候ハヽ、此節の時勢ニてハ開國之方宜候間、開國之令を下し候と　諸神御告ニ而も宜候様也、此意味長藩へ御寛頼ハ如何

七月廿四日廿三日認

政次郎様　　恒蔵

（1）熊三郎の長男。
（2）豊後岡藩主中川久昭か。

十四―41　文久二年七月二十九日（二六―七）

欠字ハ邇言之事ニ候哉
國友墓誌青山《出来居候所》へ相談之上為登可申候
如諭秋凉、御不快不日ニ御快候事と存候所、今以起臥相半位之由、醫ハ熱田ニ候哉、何と申候哉、何分御加養可被成候、時事御耳ニ不入、御意地がき致遙察候、此方無事《中大も全快》、大澤直来訪之由、大澤へも御逢被成候へハ好修致大慶候
一、大冠之事、秋長願下書遣候筈之所、此間中行違秋へも逢不申候、此節所々麻疹ニて親姻中も面会少く候
一、サツ三郎、大原卿へ私謁ニハ無相違、此間　一君・老越閤老傳奏屋ニて会議、大原卿三郎を此席へ出し候而も可然哉と被申候所　一以下陪列席と申、不罷出候由ハ実説也、来書中越直話ニ　勅意之下十字程不可讀、大筋之所分り不申候、如何之事ニ候哉、君側後宮第一之難物、是よりして敗を生候事可懼
九五御すね可憂
一、序文新稿宜候様也、今日館丁来宅候間、何も期後便候、已上
七月廿九日
政次郎様　　恒蔵

十四―42　文久二年八月四日（二六―八）

如諭凉氣之所昨今残暑相覚候、症瀉ニ御変被成候由、御艱難致遙察候、一日幾度位ニ候哉、何分御療養可被成候、又々奇病流行之由可畏候、此方無事、中大全快、二郎[1]《命婦峠を越》も熱氣有之、今朝發疹軽らしく相見候、筆料三百銅入手
一、御送序　東藩御貴志御継述之御意味之由、御草稿ハ夫とも不分候様覚申候、御継述と申候而ハ、御養家之御事業を御継述之事當り前ニ候所、御実家之御事業を御養家ニて御継述と申候ニハ、餘程うまく持

込不中候而ハ、事體分り兼可申哉、御事業ニ不関、
御学問とか御志とか之所抔ニて御書取なれハ相當なるへし
一、大冠門人願書、其後秋長不来、子女發疹ニも候哉、
今日抔人を遣可申と存候、是迄若黨中間何レも麻疹
ニて、下町之消息不分候所、若黨一人大抵肥立候間、
今日抔ハ可遣かと存候、書案来候ハ、原誠へ書通候
事承知
一、時事御聞不被成候由、岩宮二生もこまりもの也、
一越へ願候而も取受も不致候事と相見候、何事を
發候哉、安心不致候
一、西遊候て帰候者之説之由、京師ニてハサツ大ニ金
銭を蒔散し、町家ニてハサツ之評判計ニて、サツ之
天下之様ニて、江戸ハ有や無哉之様、搢紳家へも金
装行れ、東海道も大抵雲介迄称し候由、箱根を越て
始て江戸なる事を知れりとか、和泉サツ士を断候旅
亭抔も普請を致し候、旁千金程も遣候由也、京ニて
ハ長サツ同意之様ニ心得居候との事也、是ハ長の術
歟、已上

八月四日　　恒蔵

政次郎様

（1）雄二郎。

十四―43　文久二年八月九日（二六―九）

貞芳院様〻麻疹之御薬被下候由、若免れ候御薬ニ
候ハ丶、此節御用被成候而も可然歟、定而令姉〻
何と御申越之事と存候、已上
宋澤文集二部并諸役人武鑑横切本一冊可被下候、
已上
外之書物御頼申候も不急、此次之事ニ可致候
如諭冷熱屢變候、挙家御安健、御症瀉も御止望位迄ニ
ハ御全快可賀、其後打續御快候哉、弊屋無事、麻疹無
難ニ相済候、老夫事先日吐瀉、昨夜も又發熱水瀉、今
日ハ身體如綿ニ成候間、書状もざつと認候、貴地疹、
加之奇病死人夥候由以之外ニ候、文淵餘波序感慨之事
ニ候、病中故此次為登可申候　勅答申上候所、又〻難

問来候由、如何之事ニ候哉、とかく大原卿と島津三郎とにてぐらかし候事と相見候　一越離間之小人出来候由、可悪、他期後便候、已上

八月九日八日認

恒蔵

政次郎様

十四―44　文久二年八月十四日（二六―一〇）

如諭残暑之所頗秋涼相催候、五日ゟ御發疹之由、足下之事と存候所、堂《北》御書中令閨之事之由、御病状同様ニ候間、令閨と相見候、足下ハ先年御済之由ニも承候、如何、熱田も色〻指合ニて折悪き事ニ候、今程ハ御順快と存候所如何ニ候哉、今便待遠ニ存候、麻布も軽症ニも無之欤ニ候所、是も無難ニ仕舞候事と存候

御見舞所ニも無之由、遙察いたし候

一、牛門ゟ詩盃投送感謝之至ニ候、謝礼ハ如何致候而可然候哉、追〻和歌ニ而も可致哉とも存候、如何、何レ先ツ御手紙ニ而なり共宜様御頼申候、盃ハ奥ゟ相達、安中刀書状共早速大冠へ届申候、是も雄二郎麻疹、下女も發候而手なしニてこまり候所、雇女出来候事ニ候

一、京師ニても九條公諸大夫斬殺され候由(1)、いろ〳〵之事出来申候

一、宋名臣言行調申度候所、和泉ゟ人参候事も有之候ハ、御申付可被下候、人も不来候ハヽ、いつ迄御指置ニ而も宜候、先ツ一方半為登候間、長く御預り置可被下候、必〳〵急き不申候、已上

御序ニ袖玉武鑑一冊御調可被下候

八月十四日

恒蔵

政次郎様

(1)九条家家士島田左近が殺され、首は四条河原に梟される。

十四―45　文久二年八月十八日（二六―一一）

大冠之事、願書写先ツ為登申候、原誠へ書状遣度候所、今日ハ館丁来、間ニ合不申候間、原へハ此

次遣可申候、原へも先ツ宜御頼申候
如諭朝夕涼氣、昼ハ今日抔ハ餘程半熱、愈御安康、令閨御事大御難儀致遙察候、十日十一日ハ危き事ニ候所、其後十二日ゟ御快方ニて、十四日ハ半膳位御用候由、安心之事ニ候、其後打續御順快ニ候哉、御順ニさへ参候へハ、今程ハ万全ニ存候所、今日之御便相待申候、北堂如何程か御苦心致遙察候、宜御頼申候、老夫も全快、餘疲復常之一段ニ相成候、奇病可畏、此地ニもおほく有之様子也、治方御申聞感謝、塩を煖め腹中へ氣を入候ハ、紙へ包腹を煖め候事か、如何、痧の食禁謝〻、早速郡へ頼、郷中出入之者へ分布いたし候、海帆へも三枚も可遣存候所、二枚遣、秋長も郷中出入多く候間可遣候所、是へ未遣候、其外へも可有之間、和泉ニて博く施し度候ハヽ、又〻御下し可被下候、郡宰もいか程ニ而もほしく候事と存候、宋澤文之事承知
一、京師之事、島田・永野(1)之罪勿論ニ候へ共、人〻勝手次第ニ天吏ニ成候世界、天下無紀綱も甚し、弥張長岡勢の同類大橋之徒か、三郎腹内ハ其類と相見候
一、御序文先ツ為登候、寿詞未名付不申候、贈寿吟咏なとニ可致候哉、未定、已上

八月十八日認　　恒蔵

政次郎様

(1)彦根藩士長野主膳。直弼死後も藩政を掌握していたが、島田左近横死後反対派が抬頭し、文久二年八月二十四日揚り屋入りを命ぜられ、同二十七日斬罪。

十四―46　文久二年八月二十八日（二六―一二）

原誠へ今日書状遣候、宜御頼申候
両度御状披誦、前便御用便無之、書も為登不申候　此節涼冷、愈御安静、令閨・御小児弥御快之事大慶、此方無事、老夫も全快、昨日ハ　上使弘道館へ着ニ付、御用有之、終日居候而大ニ疲労、今日も餘疲未復候上使然所御同意也
一、平・関宿等被罰(1)、関ハ可憐候へ共不得已候、不遠慎御免ナレハ大慶

一、餘六公子(2)云々、御同意也

一、麻布ニて長女再感之由、今程ハ貴家先ツ御平和、麻布へも度々御出、御世話有之事と存候、外ニハ可頼由緒も無之事と存候、奇病治方委細御申聞感謝、此地も新屋敷邊ニハ数多有之よし之所、此近所ハ不多候、貴地ハ未成候由、此地此位ニて止候様致度候、麻疹食禁鳥居上木再板之由ニて澤山御下し被下、早速郡へも可遣候所、此節ハ上使ニ付諸役繁務、ろく〳〵逢候事も出来兼候様子也、今日切ニて静ニ成候間、熊より郡へ申通候様可致候、肉醤之事御尤存候、午より未迄不食之説、此地も行れ申候、食候而も何事も無之、呵々　九五云々、宮女輩さそ〳〵喧傳之事なるへし、御不讀書故と被存候、雷神へ濱より大勢来候、家之手洗をガリ〳〵こすり毎夕喧候

一、桜未亡可憐、是も奇病ニも候哉、當時元之所ニ居候哉

一、島津三郎、父を以子之跡を取候事　幕ニ例無之故（ニ付）、京を擠　勅命ニて襲父（子）之後之策之由、人情ニ悖候事ニ候へ共、薩侯死候を秘置候ての事ニも候哉、人倫を乱候事、流石京師ニても　勅も有之間敷候へ共、黄物ニて万一出来候時ハ、幕ニても政體を失候事ニ候へ共、京師ニて發候上にてハ遠　勅抔と申事ニ被致可申間、前杖をつき、未發以前ニ豫防候様致度候

一越板等之臣へ御寛頼ハ如何、餘疲中草々、已上

八月廿八日認　恒蔵

政次郎様

(1)文久二年八月十六日、幕府、安藤信正・久世広周に致仕・謹慎を命じ、信正の加増二万石、広周の加増一万石を没収。

(2)昭嗣。文久二年十月十六日、肥前島原藩主松平忠愛の後を承ける。主殿頭忠和。

十四—47　文久二年閏八月四日（二六—一三）

國友之事何とか工夫可致候、此節ハ石川も川上之事抔指掛候事と相察候間、一方片付候上之方可然歟存候、如何

今朝ハ見微霜候、御風邪之由色〻之事ニ御坐候、今程
御快候哉、令閨御浮腫且餘毒團結之由、追〻宜候由ニ
候へ共如何ニ候哉、承度候、御小児ハ如平常候由大慶、
此方無事、楊進危き《灸ニ而も致候哉、如何》事ニ候所、治候由大慶
一、三郎斬夷之事(1)、曲在彼候間、大抵ハ何事も無之候
半、如何
一、伯州・石谷等先ツ宜候(2)、西上使属無事候様致度、
乍去欲敗事候而ハ如何ニ成候哉、長ハ盛之由、何卒
夫等ニ而乱源を杜申度候
一、告志篇之事、老夫ハ古人之例も不覚候所、青山四
庫全書を見合候へハ、都而編字中ニ急就篇・玉篇抔
も有之候間、弥張篇ニ而も可然と青山申聞候
一、言行録御世話ニ相成落手、渋帋溜り候間御返申候
一、拝領鮭魚少〻御配分申候、麻疹後ハ如何ニ候哉、
よく御聞合可被成候、御風邪御快候ハヽ、麻布へ御出
と存候、麻布之麻疹ハ如何ニ候哉、懸念いたし候、
小家ニ而も麻疹後ハ《鮭ハ》不食《少〻ツ、》、尤長緑ハ五十日ニ近候間、
湯ニて煮出し候て為食申候、已上

閏月四日　　恒蔵

政次郎様

(1)文久二年八月一日、生麦事件。
(2)文久二年八月二十四日、本荘伯耆守宗秀所司代を免ぜらる。一橋家老石谷穆清を講武所奉行に転じる。

十四—48　文久二年閏八月八日（二六—一四）

御贈官位御同意奉恐悦候
如諭凄冷、今日抔ハ餘程冷ニ候、御安健、四日ゟ御出
勤之由降心、令閨暴瀉之由、尤御軽症之由ニハ候へ共、
色〻之日ニ御逢被成候事也、御發熱流汗御下痢止り、
小水計ニ候へハ定而其後御順候と存候、今程如何候哉、
冣早時節も凄冷ニ趣候へハ、病勢も衰そうなものニ候
所、此地も随分盛之様子也
一、麻布ハ今程御出ニも成候哉、長女ハ益〻疲、食氣
も無之危篤之由、然所一昨六夜四ツ過、宿次書状佐
野仁左衛門方へ着、横山之細君大病之由、佐野も看

病願、弊廬ニ而も婦願候而昨《七日》夕七ツ頃發途、昨夜小幡泊り之由、十日着ニハ安心不致候、麻布ニ而も貴家へ御見舞も無之よし、一ツハ挙家数人之麻疹ニて何之段ニも無之欤、今程麻布之様《子》御目撃被成候半、如何之様子ニ候哉、懸念致候

一、金鐚落手、御世話ニ相成候、外ニハ用事不心付候、已上

閏月八日認　恒蔵

政次郎様

十四―49　文久二年閏八月十四日（四―一一）

如諭多雨、今日ハ晴申候、御出勤後御障りも無之候哉、令閨御順快、両度位果ニ御通し之由、御障りニ成候程ニも無之候哉、致遙察候、此方無事、二郎留守ニて寂莫也

一、麻布へ御出、様子委細御申越、得詳悉申候、初ハ尓来絶食の説ニ被誤候事きのとく、栗原の治にて小水通候ハ薬應通ノ氣味も候半欤、何ニ致セ得効験候事と被存候、楊の小水をコロリの変症と申候ハ餘り素人らしき様也、先ツ食もかさニ而二碗位ニも成候へハ宜候様也、此上之所又ゝ栗原へ為《度》見事之様存候、食禁をハ守り候様致度候、此方よりも疹後両人参り居心痛致候、大病ニ付看病之積りニてお志けも為登候所、手不足之手傳ニ致候意ニ而ハ指支申候、熊も怒り、次郎計下り候様可申越抔と申候間、左候而ハ事こわし候間、程よく申遣候様とハ申候所、壮年之儀如何申遣候哉難計候、左様申遣候而もあの方ニ而も次郎計下し候も致間敷候へ共、一旦の怒ニ両孫を母ニ離れさせ候も不忍事也、夫程之事ニハ成申間敷候へ共、何ニ致フシを生し候而ハ此後何の為にも不宜候間、丸く済し申度候、乍去足下と麻布ハ毎事齟齬致候間、足下御拘りニ而ハ不宜候も難計候、幸筆婆大抵礫ニ居候由、是へ御申含、程よく扱候様御指揮相願度候、如何候哉、下女の代りニ三十里呼登せ候と申ハ餘りなる事也、熊の怒り候も尤ニ候へ共、何卒無事ニ致度候、佐野ハ願日数廿日ニ候間、夫迄

ニハ下りニ成候事と存候所、筆婆と佐野と相談致候而扱候ハヽ、日数之内ニて下り候様ニも致度候、佐野も俗子中ニ而ハ少ゝ才も有之候間、相談出来そうなものと存候、綿引の傳言も麻布ニ而ハ何とかおり〳〵考不申様致候、是等も筆婆抔心得候様致度候

一、鮭魚御謝辭痛却、中太ハ五十過候比故、湯ニて煮抜候而為用候所、二郎ニハ用不申候、麻布ニて悪き物不用候様致度候

一、御贈官位(1)御同意奉恐悦候、権ニ不被為在猶更御座候

一、九五御下痢如何被遊候哉、奉伺度候、熱田も不憂之由、安心ニ存候、三郎之事今日之御状相待申候、

已上

閏月十四日　恒蔵

政次郎様

(1)文久二年閏八月五日、家茂、老中水野忠精を水戸藩邸に遣し、故斉昭に従二位権大納言追贈の勅旨を伝達。

十四―50　文久二年閏八月十九日（四―一二）

家内ゟ書状不遣候

如諭湿霖凄冷、愈御安健、御出勤御障りも無之、令閨も御脱蓐大慶、此上何分御摂養可被成候、此方無事、楊進察入候、蘭方而已ニて灸治ハ不致候哉、九月節ニ而ハ追ゝ減候哉、如何、此地も少ゝ減しつゝ候、坂場抔大慶

一、お志け無事上着、病人も順快之由安心、其後追ゝ食も益候事相見候、長姉も黄ハンニ候へハ、指當り患ハ無之と相見候、彼是致候内お志けも下りニ成候半、待遠ニ存候、楊語ニて委曲相分、なる程へんな風ニ候、令閨も御出抔と申候半、冒雨ニハ不宜、快晴見合可然存候、足下御出ニ而も御相談様之事も無之とハ見候へ共、時ゝ御出ニ候へハあの方ニ而ハ安心と相見候、熱田遠所之事、参候も迷惑察入候、且薬もろく〳〵不用ニ而ハ参候而も無益也、とかく致候内、病人も宜候ハヽ、夫ニて済候半か、如何、于前

物と思抔ニ而ハ御指支察入申候、無人ニてこまり候ハ平日迚も同し事、致方無之候、十五日ニハ御出ニ成候哉、如何

一、大冠難有候、老母ニ不逢御同憾、夫ニ付安島・茅根(1)両孤子御免ニ致度候、原田へ序ニ付申遣候、越蘭癖いかさま失望候

一、公御儀、三郎襲封願中将等之事御決断之由敬服、濱御殿之儀も大原卿を甘くあしら〇《い》ゝ為登候積りか、ちと甚きと見申候、京之事長も手を引候一段ニ成、妄少促戦之事、生民を塗炭ニ苦んとす、不及是非次第也、東下焼打播紳難出を要求《等》、実乱世界也、長世子奉　勅書候次第、餘り不辨事體之事也、鎖細之事迄御手を被為入候事言語道断也

一、邸中之事御同意、恐入候事共也、發書刻ニ成、草々、已上

閏月十九日

國友之事先日石吉之書状も認候所、一寸心付候ニハ、楊進不服之事ニてハ舍長ニ成候而ハつき合ニ指支ハ有之間敷候哉、如何

政次郎様　　恒蔵

（1）文久二年八月二日、安政の大獄以来、処分あるいは幽閉された者を赦すことの勅旨を、議奏中山忠能ら、毛利定広を通じて幕府に諭旨。斉昭への贈位贈官と共に、安島帯刀らの赦免、収葬に関する勅命あり。

十四―51　文久二年閏八月二十四日（四―一三）

海帆(1)本宗ニ死喪之憂有之、急ニ今日《廿三日夜》發途南上候、邸中へハ参り不申事と存候

如諭凄冷数日湿霖、挙家御安健、令閨も愈御快降心、此方無事、貴地暴瀉再起之所も有之由、可恐、寺院之届も可畏、黒瘆尤可畏　神州之人情ニてハ病人を棄候事も致兼可申、人種暫時ニ尽候譯ニ候へ共、夫程ニも有之間敷か、何ニ致せ大変也

一、麻布之事前書中ニて御指支之趣不審ニ候、来書之所〻事敗云々、左様之事可有之とハ不被存候、来書

中障り成そうなる事抔、麻布へ申遣候事ハ勿論無之、足下ゟハ毎度御親厚故、何事も無御伏蔵申文通故、従是も足下へのミ無伏蔵申遣候事也、南町なれハこそ直様為登候云々、佐野一同下り候様筆婆へ御申聞との事ハ、夫ニてよきとの御了簡之様也、其次へ返〳〵も御運之所ゟ事敗候而ハ《と》有之候ハ夫が悪候ニや、宜取成候様との事、如何様ニ取成候事ハ分り兼候、来書前後分り兼候様ニ候へ共、書中ニて御指支とハ、足下へ申進候事ニ付而御指支か、夫なれは足下へ計ニて毫も麻布へ響候事ハ無之筈也、此後共此方も是迄之通何事も無伏蔵申進候間、足下ゟハ左様ニ致度候

一、佐野も帰思御手判之段ニ成候へハ、とかく近〻下り候事と相見候、扨〻待遠なる事ニ候、中大へ梨御恵感謝大喜ニ候

一、十三日も御登無之由、可嘆、新号令一果断ニハ候へ共、京師諸浪人の説の如く、鎖國之論ニて兵端を開候ハヽ、軍艦参勤も出来候、患なきニ非、期を緩候も遠近不料候而ハ不平ニ成可申歟、富強奮武修文よく行れ候様所祈ニ候、棒一侍坐水門老茶会等如何之事ニ可成哉、御茶室を不能諫止も左様之勢也　大夫人之事も　御母子御熟議ニ無之候而ハ　大夫人も御登り兼被遊候半、且御登りと申候而ハ、又〻礫邸へ土木抔曠日弥久之内ニハ、事勢も色〻変遷可致後期会候半、貴意如何、已上

閏月廿四日

海冠海上より直ニ衝城壁の患あり

一、據大坂の説可畏、諸侯も分争ニ可成歟、已上

一、海帆南上永住之事論候者も有之、秋長抔も同論之様ニ候所、玉池の為ニハ可然候へ共、水國例之十人分黨之勢ハ御承知通り也、帆ニハ信服之者多候間、開門ニて稽古場押立、其勢ニ而少壮之子弟を開諭候ハヽ、水國之益不少と存候、玉池の勢を助、他邦の益ニ致候よりハ、此方ニ有物ニて此方之益ニ致候方可然、是等事も可然方へ何とか御周旋ハ如何

一、先公御開明ニてハ、幕ゟ水藩を疑候事何も無之筈

也、然ニ水藩之士人ニ限り土浦ニて往来改め、監府之印鑑ニて通行の事是又國恥の一也、此外安島・茅根・鵜飼孤子も罪御免之事、青山へも相談申出候き、是等之事ハ半三抔周旋ニ而も嫌疑も有之間敷候間、何とか御相談ハ如何

一、お志け下りニハ、登り之節召連候供之者迎ニ登り候筈之所、間ニ合不申候、熊申候ニハ下リニハ貴地ニて同心抔之内ニ供致下り度と申者可有之、道中ニて二郎を負せ候ニ、前々供人ニ無之而も随分出来可申と申候、筆婆へ御話合、佐野四郎抔も組も有、出入も多候間右様之ものハ無之哉、宜御周旋可被下候負候ハヽ、別ニ酒料遣候而も宜候、組之者ニ下り候人無之候ハヽ、貴家御出入り黒鍬なとかニも可然人有之候半歟、とかく宜御頼申候

〔紙継ぎ目〕

左之通お志け下り迄ニて宜候間御調可被下候

恒蔵

政次郎様

（1）文久二年閏八月九日、禁錮中の海保帆平・山園共昌（喜八郎）ら、幕命により赦免。

十四—52　文久二年閏八月二十九日（四—一四）

海帆参堂之節一書御届可被下候

如諭湿霖之所先ツ晴申候、愈御安健大慶、北堂御下痢御心配遙察、熱田御薬ニて早速効験有之可賀、なるほと良医頼敷事ニ候

一、麻布も順快之由申来候、令閨も筆婆御一同御帰と存候、彼地之様子も委曲御分と存候、波瀾起り候事ハ毫も無之様存候、前便も申進候通何か行違之事と相見候、熱田へ薬取ニも不参候由こまつた事ニ候

一、幕府大変革(1)痛快也、此上一和ニ而終りを善く候様祈申候、藩ニ而も来三月御就國、富強之政御行、幕令ニ御遵奉至願也、如諭御すね無之、すら〳〵と参り候様致度候、御致仕抔之事、御戯ニも不被遊候様致度候、何程御すねニ而も、三月ハ御就國ニ而なくハ御なり被遊間敷候、此先如何可憂、邸中婦女川瀬

等情態可想、安茅之事、幕ニ而も其儀有之由原誠ゟ申来候、夫ニ付候而ハ　先公御開明之上ハ、土浦ニて士人往来(是も國恥之一ツ也)を改候譯無之候間、除却候而可然、原誠へも申遣候間御相談ハ如何

一、山本山ハ十匁ニ而も宜候間御頼申候、下りも寂早御手判願ハ出し候事と存候、如何、道中ニて小児を負候人、前書之通御頼申候

一、中山殿[2]以下御當り、三郎之意可悪、とかく公武生隙候様也、噫

一、國友之事、今日石吉へ書状遣候、已上

閏月廿九日

恒蔵

政次郎様

(1)文久二年閏八月二十二日、幕府は参勤交代制を緩和。

(2)中山忠能か。尊攘派の四奸二嬪排斥運動に関連し、忠能、正親町三条実愛も和宮降嫁に関係した公武合体派として、文久二年八月二十一日、議奏の辞表を呈す。

十四―53　文久二年九月四日（五―一）

大冠江戸好ニ候所、新号令[1]ニてハ是非御國勝手指見候事と存候

如諭湿霖、今日好晴夕刻又〻催陰候、挙家御佳健可賀、此方無事、暴泻も消除之由、此地も亦然、黒痘虚と見候所、此地ニ一女子額ニ痘の大なるか如きもの一ツ出来、醫黒痘《トウ》なるへしとて、蛇ニ血を吸候へハ夫ニて快と云、水土ニ因て軽重も有之か

一、大冠ニ御逢被成候由、道中艱苦察入候、孤子之事一決候事と相見候、麻布御同断之筈之由想像候

一、麻布之事御中聞之程之事ニ無之、熊も一旦ハ怒り、二郎計も下し候様可申遣候抔と申候所、發書之時ニ至り、圭角無之様申遣候方可然と申候へハ、のみ込候て其通り認候様子、其後互ニ書通候へ共、右様之事ハ毫も無之候間御安心可被成候、筆も帰り、滋も帰り度との由尤ニ候、廿七日御出之所、御手判も差出、五日方北帰候由、近〻ニ成相待申候、何レへも

不出積り之由不得已候、病人も起臥相半候由降心、長女ハ大病之由、宗春針ニて順快ニ致度候所、其後之様子如何候哉

一、買物之事御世話ニ相成候、志け𛀁お話申候位價之品無之、所〻御尋被下候由御労申候き、山本山御下之品隨分宜候

一、餘一公子𛀁頂戴物恐入申候、御礼御取扱ニ相成感謝

一、新号令其弊も無ニハ有之間敷候へ共、吹出候ものニ候へハ、首尾よく押抜申度候、三藩抔へ御相談ニ而ハ所詮出不申事と存候、加州後宮引拂、速ニハ感入候、邸之模様御申越、御就國御いやニハこまり申候、廿万金御加封等ハ所詮出来ぬ相談なるへし、副将軍之事ハ貴考之通りと相見候、石吉御答出来不申も其筈也、御内〻ニて二万位も出来候へハ、夫も患ニハ候へ共、少く御無聊を奉慰候一ツニも成可申候哉、何ニ致せ御就國ニハ致度事ニ御座候、此地の命虛文ニ而ハこまり申候

一、お志希供人も大冠僕之由、とかく宜様御頼申候

一、大越閣老供減少、手當り失産も不得已候へ共、手廻りも何とか處置有之、可然事と存候、副将之事貴考位𛀁外ニ心當りも無之　義公之御時　大樹公𛀁江戸ニ御出ニて旗下の士御下知との御意之由、貴地𛀁申来候由、是　九五様𛀁出候哉と存候　威義之御時ハ左様ニ而も、外之御方ニてハ旗下之御下知如何候哉威義之君徳被為在候上の事歟、已上

〔九〕十月四日認　　恒蔵

政次郎様

(1)参勤交代制の緩和を指す。

十四―54　文久二年九月九日（五―二）

副将金策、牛込冷噬之由、さすが牛門ニ候如諭晴雨無定、御佳健、北堂も御快候由可賀、此方無事、麻布も長女竟不起、可憐、熱田手にも不叶、宗春云〻、こまりものニ候、長女苦悩氣之毒也、寺へ権展

不得已候、追而帰葬も六ヶ敷事可想、支配怒等之事筆ゟ承り可申候、お志けも九日發候由相待申候、僕も貴家之黒鍬御頼被下候由謝申候、足下夙出夜帰御察申候
一、副将之事御申聞一〻御尤ニ候、古暦不用也、幕ゟ被詰候事傳播之由、可恥、被詰候ハ実事ニ候哉、如何、濱御成云〻、如諭愉快也、諸侯内室就國、酒ニも高價、其他も其通りと相見候、御茶室近〻落成候由、御常住の思召か、又ハ御在府之年之御用か、扨〻也、棒一如妖狐憑人、噫
一、土浦之事少しも早く國恥を去り申度候
一、御上洛(1)之事不得已勢也、乍然海上ハ洋船ニてさへ折〻漂流破船あり、万一　明君・賢佐一時ニ罹災之事も有之候而ハ、中興之業半途而廃、千金垂堂之戒可慮、夫よりハ少〻ハ手重ニ而も、陸路各處諸侯順繰御供可然候
一、令閨七日御帰宅、此方へも帰り候ハ、如諭寂莫察入申候、已上
九月九日出ス八日認

政次郎様　　恒蔵

一、國友之事、石吉へ申遣候所、藤小四・金子安次郎を飛越候而、國友と申も如何と申来候、是も尤之様ニ存候、廿石五人扶持ニ而ハ困窮を申立も通り兼可申候間、是ハ跡ニ致方可然と存候、此節系図纂之写出来候由、筆料も高價、随分足り合ニ成候事と存候所、當人ハ不承知之由申来候、石吉も折角為写可申と申候を断候而ハ、石も面白く不思かとも被存候、夫ニ而ハ不宜候間、當人ゟ石へ頼候而写候様致度候、足下ゟ國を御諭ニ而ハ如何

(1)文久二年九月七日、将軍上洛を諸侯に布告。

十四―55　文久二年九月十三日（五―三）

（三）昨十夜九ツ時着
如諭湿霖、昨日ゟ晴申候、御佳健大慶、此方無事
一、滋事一昨日發候由、昨今之天氣ニ而ハ今晩遅〻も着歟と待申候、封物落手、単物油ハ筆婆之品之出、

承知、砂糖御恵被下感謝、麻布ニ而ハ婦人如論俄ニ
寂莫察入候、大冠御供之事御周旋之由、何卒相祈申
候
一、副将之事、学校ハ手切レ候由、先ツ宜候、御借金
之事も一ノ國恥ニ候へ共、奉慰候ニハ其位ハ先ツ宜
き歟と被存候、如何、牛門も指支候由想像候、御就
國ハ是非無之候而ハ不相成、棒一輩献諛言候事如見
也、近日戸執政南上之由也、六日御登営ハ先ツ宜候、
七日上使御加封之見込、如諭一咲柄也
一、海上御上洛愉快ニハ候へ共、海上之事風波難測、
洋船すら漂流破船も間々有之、万一不測之事有之候
へハ　明君・賢佐一時ニ如何様之事歟不可知、折角
大果断有之候而も、水泡ニ成候而ハ噛〔噬〕臍ニも不及、
先達而天下之勢を筮候所、遇同人之明夷、當時同人
之勢ニ候所、変卦ニ明夷有之候而ハ寒心之事と存候、
依而鈴安へ相談、阿候へなりとも口上書付を呈候積
り也、危き事ハ御扣、老夫兼々持論之通、中山道御
登り、御道筋を傍々順繰りニ御供候ハ、天下之罷弊
ニも不至、万全と申事建議いたし候、宜御相談可被
下候、手廻り等御處置、乱機を殺候一端なるへし、
上野御成云々、可賀、邸之情景致方無之候
一、買物代料御取扱謝々、会計分り次第為登可申候、
已上
九月十三日認　　恒蔵
政次郎様
邸中何レも北帰之所、鈴安ハ他藩之交廣く、國家
之益ニ成候事も可有之候間、長詰ニ致置度事と存
候、原誠抔へ御相談ハ如何

十四―56　文久二年九月十八日（五―五）

如諭陰寒、御佳健奉賀候、此方無事
一、吹上云々、誠ニ盛事　九五金針等万々奉敬服候、
御庭之光景如見絶世之美談也　九五木綿御羽織ハ幸
也、良心萌候所又々消磨、不勝切歯候、一月三会始
り候へハ大美事、何卒御引無之毎度御登ニ致度候、
戸も束手候より外無之か、牛見習九郎再勤も難物な

るへし、半三察入候、原大人如何候哉、至憂也

一、一公御上洛云々、御中聞御尤ニ存候、乍去海帆ゟ来書ニ講武所ゟ百人登り候様被仰付候と申来候、是ハ　一公ゟハ不出、幕星符ゟ被命候か　公御戒心ニてハ御過慮之様ニも聞へ候間、星符より出候か、猶又貴地ニて御聞繕可被成候　大夫人ニも手を廻し見可申とも存候所、右之次第故夫ニも不及と存候　大夫人ゟ被仰進候而も　一公之方ゟ御召連とハ不被仰候事と相見候、夫ニ付　一公来春迄御滞留ハ餘り長く江戸を御明ケ、御留守ニ蘭癖家如何なる妄作を生し候も難計、天下之至憂と存候、京師ニて此度之御用御済ニ候ハヽ、一旦御東下ニて、御上洛之節又々御登りも御六ケ敷事ニも無之候間、此度ハ是非御下りニ致度候、嶺庵抔御相談、手の届候丈ケハ御尽力被致度候、如何

一、幕下御親諭ニ而も御遵奉無之ハ、棒一之所為と申事ハ閣老抔も承知ニ可有之哉、幕命ニて棒を遠さけ候様ニハ出来申間敷候哉、東藩第一之急務なるへし、如何

一、中山道等之事、嶺安ゟ御承知と相見候、乍去陸路ニさへなり候へハ、山道海道ハ小々之得失と存候、初め海路と承候而ハ明夷象を畏候所、陸と成候而ハ明夷も却而宜様ニも被存候、明夷利艱貞、寛永以後ニ無之御上洛と申事を京師ゟ責言有之、恭順ニて御遵奉ハ文王之艱貞ニも似候様也、殷紂の如き暴政ハ無之候共、実ハ天下之勢も不顧無理なる事をも御遵奉と申ハ文王の徳の如し、同人明夷随分宜様ニ候、如何

一、蘭癖中ニ防州正ハ天下之大幸也、乍去老越ゟ下位ニ而ハ持張安心不致候、是非　一公御東下万祈、永井（1）玄蕃御家老之儀、御同意渇望、蘭嫌ニ而も　一公御懇請ならハ出来そうなもの也、木村も宜事ニ存候

一、両女公子御入、横翁吹出、為指事ニ無之由滋ゝ申聞候、御殿山御覧之由、可醜、已上、此地之事熊ニ御聞可被下候

九月十八日認

政次郎様　　恒蔵

（1）永井尚志か。文久二年八月七日〜元治元年二月九日京都町奉行。

十四―57　文久二年九月十九日（五―四）

御城書御示被下感謝、陸路御上京可賀ゝゝ、其外除目等惣而可賀候、〔ママ〕○貴作情景可想

如諭湿雨、皆様御安健、御風邪と相見候所、夫も宜候由大慶、此方無事、熊南上候間何も御聞可被下候、両〔貴〕家へ参候而も厚御世話感謝人道中艱苦御察之通、乍去安心致候、麻布婦人浮腫見候由之所梳髪之由、さしたる事ニ無之と相見候、筆婆封達申候、二郎下駄其侭御捨ニて宜、御下し被下憚なかる事、麻布寂莫察入候

一、御上洛弥陸ニ相成安心、東藩御留守(1)ハ宜候所、今以御永住之論勃ゝ之由、北斗棒一等御突立申上候事と相見候、御就國ニハ十万金之費用抔と申奉御安之由、此地ニ而ハ三万位之見込とも承候、夫も新屋敷之拝借等ハ後ニハ上納ニ成候間、不残冗費ニも無之候、夫等ニ而ハ御見込替り候歟とも被存候、何レ斗之光鋩熾盛ニてハ六ケ敷かるへし

一、公御西上ハ何卒御奏功有之候様致度候、三郎無位衣冠失體甚し、寵遇過優長州ニハ却て勝を取られ候勢也、當サツ廢立破とハ如何様之実事ニ候哉、御示可被下候、處士三郎を詰り候とハ、處士ハ本三郎と同論之所、少しく悔悟候ニや、是等之事御詳を得申度候、如何、長人数を呼、七分之勢ニ候由可喜、京師も長岡之勢如見ニ候、馬夫認可悪

一、副将之事西野等徒労、心思之事可想、六日御登ニハ御鋭氣甚く、閣老之中ニ誰か私御話合申候と申者有之、夫ニて御退出ニ成候共承り候、其釣合ニてハ幕ニてはね返しも隙取候か、何卒早く致度候、星符ニてこまかくも其筈也、畢竟斗魁故也　一公之御聴明ニ而ハ肺肝御見付候半、光鋩挫候様所祈ニ候、邸中も北帰之意消候事其筈也、乍去御家中計も追ゝ御下し無之候而ハ、幕へ御對し御済被成間敷歟と被存候、自分勝手計ニて幕ニも構不申か

一、仙臺女公子来月御帰國、宮女之事可想、南部も年

内、其外も同様ニて、暮ニ成候ハヽ、都寂寞可成候、竹腰(2)ハ宜候、羽倉翁可惜、先月始御永訣之由、御心中察入候、半切一枚御投恵可被下之由感謝、何分渇望致候

大将軍御膳服可賀候、実ニ美事無此上候　一公以下准之、盛事〻〻、此地ニ而も人〻ニ話候事也、邸云〻、濺涙候、牛門心中深察いたし候、戸大夫南上如何之様子ニ候哉

一、藤小四・金子之事御尤也、遠方一寸聞ニてハ分らぬもの也、今ハ善庵を思慕候者無之事、不勝感愴候、石吉不欲候而ハ備生ハだめ也、乍去写物ハ活計ニもなり、且石吉之世話ニ成候事何の為にも可然、御開諭相祈候、迪彜等期後便候

一、久七事明日發途、罷登候ハヽ、逗留中道中共世話宜奉頼候、封物二ツ同人ゟ被頼候間、御渡し可被下候、

已上

九月十九日　恒蔵

政次郎様

(1)文久二年九月九日、家茂、徳川慶喜・茂徳（尾張）に上洛の随行を、慶頼（田安）・慶篤（水戸）・茂承（紀伊）に留守を命ず。

(2)尾張藩付家老竹腰正寫か。文久二年九月十日、藩主茂徳、幕命により竹腰に隠居を、ついで十四日、帰京差控を命ず。

十四―58　文久二年九月二十九日（五―八）

國友ゟ来書、他用事無之候間、書中之事承知と御傳可被下候

来書披誦、此節好晴、御安健可賀、此方無事、熊も無事之由安心、久吉も上着、是又降心、御傳声被下御世話ニ相成候、入念之事宜御頼申候、麻布吹出為指事一無之候由安心、羽倉翁書御投被下感謝〻〻、詩書両飄逸、珍蔵不啻候、寿詞来贈候積り之由、遺憾之至ニ候、既ニ賦得候事之由、猶又遺憾ニ存候

一、一公長御滞留ニ而ハ数多之害有之、一ニハ蘭風行候而ハ　叡慮ニ背き、公武合體之障りニ成、二ニハ閣老も板閣等の立場ニ而ハ力ニハ難及、万一引込候様ニ而ハ大

患也、三ニハ　一公を老越へ讒候者有之候而も、御留守ニ而ハ別ニ情意相隔候患あり、京師御用済候ハ、是非御下り、御上洛之節ハ別ニ又ゝ御登リニ致度候、此事阿侯[1]へも通度、鈴安へも申遣候所　一公へもよき手を以申上度候、如何

講武処士登りも止候様ニも承候所、是ハ有司之扱ニ而登リニ成候事とハ見へ候得共、如何ニ候哉、彦根領之内、収公有之候而ハ猶更激候事と相見候、一公ハ三郎と浪人の中へ御入との事ニ而手もなく参り候事と相見、猶更早速御東下ニ致度候

長州ニハ激論と鎮論有之由之所、土州等同意為致ハ鎮論之方ニ相見候、如何」〔ママ〕

一、副将論之事、委細御申越相分候、何卒はね返しを早ゝ致度候、南留ハ所詮出来不申ハ勿論、邸中邪論種ゝ有之と見申候、足下御立論御喜無之ハ其筈ニ候所、戸大夫等登りニ付、少しハ御首か怒り候様之由、道醇[2]老直言御同賀、何ニ致せはね返しを早く致度候尾公御論ニもこまり申候、石吉無見識も不得已候、今便石吉へ返書遣候所

東照宮之御時、諸侯之妻女國ニ居候事、源流綜貫[3]ニて明了也、石吉も少しハ氣か付可申候、返書後機之事遺憾也、尾公ハ御承知被遊候様致度候　幕ニ而ハ明ニ分り居候事と見へ　九五へ閣老中ニて御受合と申人有之ニ付、はね返隙取候か、如何、御就國ニ極り二三万も出来候ハゝ、御心を奉慰候ニハ少しハ宜候半、遣ひ捨ニハ成候而も國用之方へも少ゝハ入候半、早くニ致度候、岡山之事出来候由可賀、何レ棒ハ遠さけ申度候、已上

九月廿九日　恒蔵

政次郎様

(1)阿波藩主蜂須賀斉裕か。文久二年閏八月八日、家茂、斉裕を召見し、臨機登営、政務参与を命ず。

(2)掛川藩主太田資始。安政五年六月二十三日～六年十二月二十四日、文久三年四月二十七日～五月十四日老中。

(3)家康以来の徳川氏の系譜。光圀の時、侍臣に編纂を

命じ、以後これを後代相承して増補し、全十五巻。

十四—59　文久二年十月四日（五—七）

如諭晴霜之所又陰、挙家御安静大慶、此方無事、熊も無事之由安心

一、一公御發途、壮士御召連無之ハ御雄志敬服、何事も無しとハ見候へ共、非無過慮、礫へ御入、両白侍坐之由、熊ゟ白戸を申来候、如何、老越・大久保(1)の狡謀可悪、防・圖(2)周旋之由、何卒夫ニて御東下被致度候所、如何可相成哉、二閣上言ニて　幕下御決断奉至願候、永井(3)出来候へハ可賀、是も　幕下御決断より外ハ所恃無之候、蘭癖妄作大下あきれ候由、さもあるへし、三郎(4)帰國候由、心下の病ハ先ツ去申候、此上如何候哉、處士御親諭仰望候事也、長・土・藤(5)同意之由、夫なれハ宜候所、長・藤ハ破約之論ニ成候由ニも承候、如何、土ハ如何

一、邸中替り候事も無之由　幕へ御申立御恃、御温和と相見候所、早くはね返しニ致度候、御上洛御留守故、御東帰後御就封とハ見候へ共、夫迄どつち不付ニ押付置れ候而ハ大手遠ニ成可申候、棒之事ハ幕の手より外ハ無之様也、大冠間柄豊前邸ニ有之由、夫等ニてよく参候へハ國家の幸也、加州・南部（仙臺）等可羨、邸天下の咲柄御同歎

一、明夷云々、如諭同人ニて貫申度候、本卦同人之彖を失候へハ、明夷も文王之艱貞とハ難申候、何レ明夷ハいやな卦也、御上洛も羅紗（短筒とハ短衣筒袖之事か、如何）ニて御供、蛮語を習候抔失心亦甚

一、土浦ニて水戸士人往来を改候事、他藩ニ無き事ニて國恥なり　先公御開明之上ハ早速復旧度事、御周旋所祈也

一、川上喜太郎ゟ書状来候所、御礼と申来候間返書不遣、宜御頼申候

一、原翁病状御同意こまり申候、老夫ハ別而旧好、苦心ニ候

一、豈好討云々、宜御頼申候、孝経考之事承知候、邇言原本ハ貴地へ為登置、和泉へ写ニ御廻置し存候所、

若山城之方ニも有之候哉、手元ニハ原本無之候間宜
御頼申候

一、海帆へ書状間ニ不合、御逢被成候ハヽ、宜御頼申候、

已上

十月四日　　恒蔵

政次郎様

(1)政事総裁職松平慶永、破約攘夷論を主張し、文久二年九月二十七日、辞職を決意し登営せず。側衆大久保忠寛（一翁）は慶永の所論を幕議で開陳す。横井小楠を招き、慶永の所論を質した後、慶喜は攘夷説を斥け、開国を主張。

(2)板倉周防守勝静と、唐津藩世子小笠原図書頭長行。長行は文久二年九月十一日～三年六月九日老中格。文久二年十月十九日、連署して慶喜に開鎖の決断を建言。

(3)永井尚志か。文久二年八月七日～元治元年二月九日京都町奉行。

(4)島津久光、文久二年閏八月二十三日、退京し帰藩の途につく。

(5)津藩主藤堂和泉守高猷か。文久二年八月、蜂須賀斉裕・伊達慶邦らに薩長と同じく国事周旋の内勅。

一、四書訓点失所在、管庫抔之内覚候人も有之哉、
承候様横須かへ御話可被下候

一、海保ゟ海書、返書間ニ不合、御逢候ハヽ、宜御頼
申候

十四―60　文久二年十月九日（五―八）

如諭降雨、御安健可賀、此方無事、熊も昨七日入夜帰
家、貴地之事も粗承候へ共未詳候

一、一公御上京御延[1]ハ宜候所、上國之事追々承候通り
驚入候事也、攘夷ハ不容易候へ共、此勢ニ成候而ハ
天使居催促[2]ニ而攘夷之命ニ御従無之候而ハ違　勅
との事ニ成、天討有之候ハヽ、上國へ対し弓を引候
事ハなり不申、征夷府之業を失候様被成可申候間、
令各國攘掃より外有之間敷、西諸侯人心如此興起候
而ハ、勝敗ハ不可測候へ共、必敗と申ニも無之歟、
東兵弱候而も西兵ニて小吐氣候ハヽ、今の様ニ侮れ
も不致様ニもならん、存亡ハ天命也と決断より外無之か、

幕とて攘夷ハ可致候へ共、御年延抔と申事ニ出候而ハ　天使承知不致、やはり違　勅と申事ニ成可申候間、決断不得已候様被存候、破約之事曲在我之様ニ而ハ不宜候へ共　天勅如此、其上亜墨諳佛盟約、我國を取て四分すへしとの趣も有之候ヘハ、包蔵禍心ニ而、外面ニて親厚候ハ不信也と申事ニて、獨立すへしと申候抔か、右等之情を　一公御耳ニ入候様致度と存候所、貴意如何候哉、猶又委細ハ今日間ニ不合候間、後便可申進候へ共、指掛り候事故先ツ大意申進候、幕之蘭風切歯ミミ、京師之無紀綱是又同断、老越之事同断

一、邸情如見如諭、所帰ハ斗棒也、排斗之事ハ幕意ニ而も○〔ママ〕ハ中ミ御承知有之間敷、且斗のミにも無之、満邸不欲北〔帰脱カ〕候而ハ、幕ゟはね返無之内ハ所詮就國論ハ行れ申間敷候、且何より翠巒ハケ様之類ハ避て不立入候事、如見肺肝也

一、國友碑誌稿御存分御批評可被下候、國忠へも書状間ニ不合、宜御頼申候、是へも存分申遣候様御通可被下候

一、尾公云ミ、ケ様之職掌ニ而申候事ハ翠もはり込候へ共、職掌ニ非る事一切はり込不申、毎ミ皆然、石吉も好地ニハ候へ共　大将軍　一公の御言さへ御用無之、石吉位ニ而ハだめ相見ヘ候

一、牛門和韻承知、今日大急、前文人草略也、已上

十月九日　　恒蔵

政次郎様

(1)文久二年九月三十日、幕府、慶喜上京の日を十月二日から九日に延期、その後さらにこれを延期、結局同年十二月十五日上京す。

(2)文久二年十月十二日勅使三条実美・姉小路公知京を発し、十月二十七日江戸に入る。

十四—61　文久二年十月十四日（一—一）

一、青蛮南上可致哉と只今承候

一、鈴安も阿侯等之手つる有之候間、別帋認可申遣存候所、本文之仕合ニて間ニ不合、宜御相談可被

下候

晴寒御安静可賀、此方無事、熊へ御傳意申通候

一、邇言後便之由、豈好も廿三部御遣之由承知、夫ニて大抵引はへ足可申候、蔵本もやはり延帋ニて宜候、公子も延帋宜候、貴地ニて贈候名前、此前及門之節ハ誰々ニ候哉、一寸御書付可被下候、竹内序ハ除候而宜候

一、上國之儀委細御申越、浩歎　天使攘夷之義之事ニ而、速ニ不奉命候ハヽ、関東へ　御親征との事也と云、左候へハ官軍へ弓を引候事不相成候間、戦ニ決候より外無之候、筮候所、遇解之師解九四解而拇朋至斯孚師六四師左次无咎、解拇ハ柔弱を解去也、朋至斯孚ハ公武合體也、師左次ハ敗軍も有へし、無咎なれも〔と脱カ〕宜様也、依而　獨松へも御決策之事申上度候、別帋足下への書、切抜之形ニ認候、実地ニても可然と御了簡候ハヽ、宜御取計可被下候、幕中之光景御心中奉察候

一、礫事可嘆、翠之事も前書之通、何欤御掛等ニて職ニ當り候事張込候へ共、此方ゟ持出候事不致之風ニ而、猶更撃斗抔之事ハ尾を引込可申候、乍去話ニ而ハ見可申と存候所、此間中行違不逢候

一、北堂御北帰もいかさま春之方可然存候、老人此節下痢不快、且今日遅刻館丁来候間何も申残候、已上

十月十四日

一、懐爐之炭二袋程御調可被下候、已上

一、牛門御呼出云々ハ宜候、何卒上野ゟ御願抔と出不申候様致度候、已上

政次郎様　　　恒蔵

十四―62　文久二年十月十九日（一―二）

太夫ゟ昨日於中御殿、紅白羽二重拝領難有候、八十以上也、在町迄九十以上夫々頂戴候由也

寒氣御安康可賀、此方無事、老翁風邪軽症

一、御在府之事　尾へ御倚頼之義こまり申候、御上洛御帰迄ハ御留守之様ニ覚候、されハ御在府ハ勿論之様也、如何、彼是御長引も其内ニハ　幕政敗可申と

の御見込か、夫にしても御長居ハ相成兼候半、乍去幕政も春惣抔異論ニてハ、御城坊主等之説の様ニ成候も難計、尤　天使東下ニてハ時勢如何様ニ変も難計、累足立候勢也、排計之事書面抔ニて申候ハ、はり込不申事如見肺肝之所、先日南上ニ決候間、夫なれハ出来るも知れすと存候所、南上も見合と申候事ニて止被成候ハ知れす、昨日同職を訪候而事情を問、且南上を勧可申と存候所、留守ニて不逢、乍去止候事、戸執なとニ南上候而もだめ也なと、被申候ての事かと存候、夫ニてハ勧候而も決申間敷候、しかし

　太夫人ゟ　一公を御促ハ御内〻ニ有之候か、未詳候へ共多分左様なるへし、防図等のミ込候ハヽ、夫ニて出来候かも不知候へ共、不可必之様也、排計ニ而も其他満邸長幼卑尊皆非薛居州之間、御決策安心無之様也、如何

一、天使近〻御下着と相見候、如諭攘夷二年も過候方可然候所、断然之外無之様也　一公も其了簡之由、老越ハ唱和候由、いかさま大久保・横井(1)等不除候而ハだめなるへし、出来そふ也と申越、夫なれハ宜候所情勢如何　因君云〻、左様之勢と相見候　一公之御羽翼ニハ宜候

一、國友碑誌何分御存分御評論渇望〻〻

一、四書訓点何程位不足ニ候哉、思出候ハヽ、管庫を可承候

一、戸藤へ御状早速届申候

一、先日銚子近海ニて佛之商船一云亜船朝霧中浅沙へ乗かけ不能發、小舟ニて上陸、幕吏来護、蒸氣船ニて江戸迄護送と云、貴地ニても御聞と存候、已上

十月十九日

海帆参堂候ハヽ、書御届可被下候

政次郎様　　恒蔵

(1)横井小楠のこと。

十四―63　文久二年十月二十四日（一―三）

英國誌和泉へ返し候事延引候、宜御頼申候、〔　〕[マヽ]英

國誌古本抔ニて拂本御見當被成候ハヽ、御調可被下
候
又ゝ暖ニ成申候、御安健可賀候、此方無事、邇言原本監府へ御出候由、届き不申候間今日受取人遣候筈也、懐爐灰御世話ニ相成候、三袋ニ而隨分宜候、是も今日受取可申候、熊引込居候間、役所ニて打込置候事ニ相見候

一、前便書取、鈴安阿矦へ為見　一君へ御廻申候筈之由、大ニ宜候き、大澤も俗子ニて畏縮之事も有之と相見候　太夫人へ奉願御廻云ゝ御尤ニ存候、此方ニ而ハ夫程ニハ出来兼候へ共、先日之占筮抔も同職ゟ呈　覧致度と申候間、畧解を加へ遣候、定而呈　覧候事と存候

＊一、与〔カ〕下嫁之名卿、洛中御構之由、是も甚き様也、長土参内(1)、薩献米(2)・長土献金之由、騒ゝ敷事也、長も軽率ニて深謀遠慮無之、臨事而懼好謀而成と申様之事無之人と相見候、長井引込候而ハ左様之人無之歟天使も最早御下着と相見候、天下之事如何可相成哉、土老矦(3)称病ハ如何之意ニ候哉、廟堂議論まち〳〵左も有へし、解拇の象、聖人詢ゝとして指示たる也、小人陰柔之群議を解散すれハ朋来斯孚、朋ハ旧説ニ九二ヲ指と申候所、愚見ハ六五を指たる様也、二と四とハ間ニ一爻隔て朋とハ難申、五ハ四ト相比して中を得たる六五の君ニ親く承け、朋と可称、五ハ陰柔なれとも陽剛之位ニ居り、震動の威有て群陰を解散す、さすれハ先日之明夷も文王の艱貞ニなるへし、不然ハ明夷の全く明夷の暗ニ陥へし、師之左次も无咎、決断之外ハ無之様存候、佛ゟ開端も隨分可然候　一越不協之事(4)大患也、大久保・横井を除候事、此節如何之様子ニ候哉　一君御持重ニ而も官軍へ弓を引候事ハ被遊間敷、つまり御決断ゟ外無之歟と存候、如何、土老矦越邸ニ而の騒き何の譯に候哉、長臍下直様横濱等を壊つも非之由、一日ツヽも緩ハ宜候

一、翠窓桑監南上止ニ成申候、執抔ゟだめと被申候様之事と相見候、縦令だめニても　一公抔へ謁候而、

少しハ益も可有之候所遺憾也、御膳表伺出も可止云々、御笠御拝領厚き思召奉敬服候所、御登城御延引等何共申上様無之恐入候、長土蒸氣船を購可羨、邸事假幕力之事、よく参候様所祈ニ候、土長越合一阿合之由、乍去長土も蘭癖ニハこまり候事か

一、豈好二本落手、両石楊へ御贈被下御世話ニ相成候、如諭鈴安・國忠・藤田へも御贈可被下候、夫ニ付而も羽倉翁を思出し申候、右之外ニも又追而御心付も候ハヽ、宜御頼申候

十月廿四日認

豈好二十三冊落手、邇言原本も同断、豈好小跋も載候方宜様也、擬論之事を除可申哉、夫なれハ跋文を御書抜可被下候、已上

政次郎様　　　恒蔵

＊(付紙)「京師ハ長州始め都而深謀遠慮なく、大事を容易ニ十分ニ出来候様ニ心得居、師左次之日ニ至り狼狽すへし、天使抔へものみ込せ申度候へ共、中〱のミ込兼可申候、至憂〱」

(1)毛利慶親は文久二年十月四日、山内豊範は同年十月五日に参内。

(2)文久二年十一月二日、島津久光の献米を廷臣及び社寺に頒賜す。

(3)山内豊信のこと。

(4)慶喜、文久二年十月二十二日後見職の辞表を提出す。二十六板倉勝静・小笠原長行、辞表の撤回を求む。二十六日、慶永出仕を説き、これを容れて登営。

十四―64　文久二年十月二十九日（一―四）

一、國忠ゟ前便来書、何レも承知、返書遣度候へ共、申遣候様之用事も無之候間相畧候、宜御頼申候

一、一嶋周八・大島平九郎ゟ来書、御礼状故返書不遣候、若御逢被成候ハヽ、宜

増寒、御安静大慶、此方無事、邇言・爐灰相達候

一、貴地老人恩賜無之候而ハ如諭失體也、此地ハ在町迄有之、貴地ハ何故ニ候哉

一、御留守と有之候間、江戸ニて御留守之事と存候所、御國ニて御留守之事と相見候、然ニ松宮之御跡一百金もかゝり候出、致方もなきものニ候、如諭計柄轉

跡へ正人御挙用ニ候ハ、可然、何ニ致せ御就國ニさへ成候へハ、跡ハ其上之事ニ候へ共、夫迄之所が六ケ敷と相見候、御精忠ハ感服候へ共至難勿論也、何卒押抜け候様万祈ニ候

一、天使着ニ候哉、越侯引込候由、大窪(1)・横井外除ハ宜候半、乍去老侯蘭腹ハ依然なるへし、議論粉ゝハ指見候へ共、何卒解拇之所ニ帰宿候様至願也

一、國友墓表之事、書字ハ如諭老衰ニて出来兼申候、宜御申通可被下候、佛如《船論》神罰かも知れ不申候、國友誌碑之事御尤也、未た佐ゝゟ返り不申候間、返り次第御相談可申候、迪彝等之事御尤也、乍去何レニ而も手数掛り候間、和泉ニ為刻可申候、左様御傳可被下候、編字ハ篇ニ致度候間宜御頼申候、已上

来書之趣も郡へも可申通候

十月廿九日

政次郎様　恒蔵

(1)大久保忠寛のこと。

十四―65　文久二年十一月四日（一―五）

今朝雪寸餘、御安静安心、此方無事

一、豈好小跋御尤、其侭ニ致置可申候

一、幕中も多端ニ相見候　天使御着後如何、長も軽慓御同憂也、只今も長藩大野修蔵来訪、發出前急き草ゝ談候、又夕刻来候筈ニ候所、安井塾生ニて軽慓へハ深入も不致候か、攘夷ハ可然之所、軽易ニてハ敗事可申を論候所、よくのみ込候哉否、夕刻来候ハ、寛話可致候、如諭　一越協和何より急務也、大久保・横井よく参候様万祈、乍去越の蘭腹ハ急ニハ直り兼可申、至憂ゝゝ　幕下御麻疹も御軽症ニも非と承候、如何

一、〇〇〔ママ〕御すねニハこまり申候、御贈官御後見等可喜事を御不平と申(1)も人情ニ非、狐狸輩御欺申上候事可悪　餘四公子を出し　鉄公子を立、所生を引入等何レも狐狸之態《ワサ》也、御致仕ニても御在府ハ出来不申となり候ハ、、夫ニて喰留り候様至願此事ニ候、牛門

尽忠敬服、井上学も一狐、楊國忠も一狐ニ成候て、
狐狸ハ頻ニ蝟集候事と相見候
一、牛門和韻延引、此次こそ為登候様可致候、迪彝等
手元ニ無之、須原を承り見可申候
一、國友忠ゟ来書ハ今日ハ返書間ニ合不申候、碑誌は
佐々へ廻し、夫ゟ梅澤へ廻候筈と相見、夫ニてハ何
時手元へ返り候も難計、返り次第御相談可申候、國
忠ゟ佐梅を催促も可然歟、浄写ハ所詮出来不申候、
来客ニて遅刻、何も草々申残候、已上

十一月四日　　恒蔵

政次郎様

(1)文久二年十一月一日、後見職慶喜、権中納言に任ぜらる。慶篤これに不平の意か。

十四―66　文久二年十一月九日（一―六）

海保へ一通御頼申候

昨夜も微雪一抹、御佳健可賀、此方無事
一、老人恩賜之事、青山ゟ申上候筈也
一、國友碑誌未た返り不申候、梅澤引留置候事か、
佐々ゟ催促返却候様國忠へ御話可被下候
一、邸事御同意痛心、御致仕ニ而も御南住不相成と幕
ゟ響早く致度候、何分御尽力如諭排計遠棒より外無
之様也、扨々扼腕切歯ニ候
一、幕情委曲御申越、先ツ攘夷論ニなり候へハ先ツ宜
候[1]、松浦赤川東下、松浦も令夫へ御傳声被下、尚又
宜御頼申候、八郎過激御折鋒之由大慶、よくのみ込
候へハ宜候へ共不安心也、何ニもせよ事を軽視して
必勝と存居てハ、臨事必狼狽する事あるへしとの事
ハ心得させ度候、師左次も必有之事と心得居候様致
度候、京情も御聞被成候由、御閑暇之節御示被下候
様相祈候、三条殿・姉小路少年之由謹慎所希也、姉
ハ久き以前ゟ年々人相應ニ年を取候哉とも被存候、
如何、三条殿先人ゟ生れ勝り候由大慶、御拝謁ハ嫌
疑ハ可有之候へ共渇望ハ致候ハヾ、御對話東藩之事
ニハ御指支察入候　天意も二ツ一ツ之御詞ニ候へ共

幕ニて御奉命候ハゞ何も御次第無之事と被存候、幕も攘夷、因君も御立入(2)被成候ハ、弥堅く相成候半、実ハ京論大早計ニ候へ共、當今之勢右様より外無之様也　幕下御他病(3)と申説も有之哉ニ候所、御麻疹ニ相違無之と相見候、如何、當月末之御對顔ニ相見候一公久く江戸を御留ハ如何との御儀、御尤也強ちニ離間ニも無之欤、如何、占筮之略解ハ　太夫ゟ　一公へ御遣候様、昌ゟ申上候由之旨、定而御廻しと被存候、手元ニ下書も無之候　三条殿拙書御求之片面也、近日為登可申候、粟田様御労療之由苦心ニ候　東宮御明敏可賀、京も所聞程ニ過激ニも無之候由、情実委敷承度候、如何、一越云々、俗説之由承知

一、牛門へ和作認候計ニ致、昨日来客ニて延引ニ成申候、後便こそ為登可申候、楠公書感謝、一刀之儀熊へ申通候、一見致度存候、豈好之事承知、未た御手元へ廻り不申と相見候へき、昨日来客ニて今日急き草々、已上

十一月八日

政次郎様　　恒蔵

(1)久留米藩士松浦八郎のことか。文久二年十月十二日、三条実美・姉小路公知の東下に際し、武市半平太らと共にこれに従う。
(2)文久二年十月二十日、池田慶徳、参内。江戸に至り、攘夷の勅旨の貫徹に尽力することを命ぜらる。
(3)文久二年十月二十五日、家茂、麻疹を患う。十一月九日癒ゆ。

十四—67　文久二年十一月十四日（一—七）

一、京師関東情実行遠、松浦等足下へ御話申候由、石傳ゟ申来候、どの様ニ行遠候哉、承度候、如何

如諭冱寒、御安静可賀、此方無事

一、長藩修蔵のみ込候様之挨拶ニ候所、心中ゟか否や未試候、赤川等ゟ愚老へ何か申遣候由ニ申候由、石傳ゟ来候所、定而足下へ御話申候事と相見候、如何、大久保外轉(1)之由可賀、横井ハ未た沙汰無之候哉、如何、周図尽力感服、京も長崎・箱館位之見込ニ候へ

ハ宜候所、今度　天使之携《奉》候　勅ニ而ハ餘程過激《切迫》之様ニ被存候、如何、駒邸敗候由大慶、獲狐御持病御平快之儀御同意奉祈候　幕下御麻疹御全癒之由、献上物ハ蛇足也　因君今程御出(2)ニ相成候哉、如何

一、迪彜等足下御蔵板至極宜候、假名等之事平坦へハ為見候所、久孝へも為見可申候、孝経考為登申候、紛失無之様御頼申候、大急き草々、已上

一、諳國志御世話ニ相成大慶、二分一朱御入手可被下候、已上

十一月十四日

政次郎様　　恒蔵

(1)大久保忠寛、文久二年十一月五日、側衆から講武所奉行に転じる。十一月二十三日免職差控。

(2)文久二年十一月五日、池田慶徳江戸に入る。

十四―68　文久二年十一月十九日（一―八）

入寒今暁雪一沫、豊瑞可賀、御揃御安健大慶、此地無事、迪彜等代之事、諳志代ハ先日為登候間、此後何ぞの御指引ニ可致候

一、御致仕御見合之由、命卿正言敬服々々、此上御致仕ニても、御在府ハならぬとの事分り候ハヽ、御北帰ニも可相成哉、早く幕ゟ響セ候様致度候、如何、因君参邸御断之由(1)、可嘆　天語御傳ニてハ是非御逢ハ有之と相見候へ共　一君御同様(2)御悔悟ニハ無之事指見候、御母子ニ而も御兄弟ニ而も御離絶同様、如何なる天魔の所為に候や、痛哭《コク》此事ニ候、於陵陳仲子の所為不可奈何候、飯も出勤之所　御前へ不出、白棒之類専寵之由、趙高・仇士良之徒充斥、何故一天も水國へケ様ニ降禍候哉、三条殿云々、追躡云々、うるさき事也、先ツ御見合可然存候、大君の称僭一近く候様也、タメニスと訓候もこぢ付之様也　九公子御叢脛之説あり、如何

一、豈好手一盃ニ引はヘ候所、不足ニ候ハヽ、可遣と和泉申候、厚意可愛、若此上入用有之候ハヽ、書林仲間取引之價ニて引取申度候、如何

一、國友碑誌御心付之所、御付札ニ而御申越被致度候
一、蜜柑御恵被下感謝〻〻、家内ゟ宜御礼申候、已上
十一月十九日　　恒蔵
政次郎様

(1)文久二年十一月五日、池田慶徳、江戸に入る。同年十一月十八日、徳川慶篤を訪い、関白近衛忠煕の書を伝達して藩政の刷新を促す。
(2)文久二年十一月二十六日、慶永・慶徳・老中ら、慶喜を訪い、登営を勧むが応じず。将軍家茂、佐野伊予守を遣して登営を命じ、慶喜、ようやくこれに従う。

十四―69　文久二年十一月二十四日（一―九）

臨事懼を三条殿へ御響せハ宜候へ共、夫子之意ハ懼候ニ付而ハ好謀其事を成就するニ在、無謀を戒る事第一也

入寒、御状謝〻、両三日沍寒、御佳健可賀、此方無事、三朱二百文入手、御泄瀉御加養可被成候
一、三条殿嫌疑、何分ニも御慎重可被成候、拙書ハ八郎御託ニて可然候、八郎之頼ハ忘却候へき、近日認為登可申候、足下之分も承知
一、因君云〻、前便ハ訛傳之由、其後之事相分候哉、石川清へ御尋も無之由、是も餘り之事也、御致仕御止ニ候へハ、是非御就國之外ハ無之と思召そふなもの也、御北轅候ハヽ、此地ニ而も湊なとの類相應ニ御楽も有之候半、左様之事申上候ものも無しと見へたり、十五日御登ハ御駕籠ニても先ツ宜候　一越御避夫程ニも御いやと相見候、京関行違相分申候、赤川杉浦之事石傳誤験之由承知、横井除も出来可申候由、早く致度もの也、貴地ニて両白失職ハ宜候所、此地ハ大場・武田・岡田・杉浦執政、小岡田参政、太誠慎隠居(1)、又〻一変之事と相見候
一、土屋正言ハ御就國等之事ニ候哉、御茶室御庭等盛之由、北河原も逢迎家ニ成候由、居移氣こまり物也
一、先日箙候解之師ハ　幕ニて奉　勅攘夷ハ如何と、関東を主ニして箙候所、此間攘夷ハ　神州之吉凶如何と、京師を主ニして箙候所、遇賁之咸、愚論ニハ

両爻以上変候ニハ両卦の彖辞ニて占候方宜と存、貰ハ上下剛柔相貰之卦也　京師之剛と関東之柔と互ニ相貰候ハ、、変卦惑ニて惑通すへし、両卦共ニ存候と有之候へハ、夫ニて事ハ亨候事なるへし、攘夷勝敗等之事ハ無之候へ共　神州之吉凶ニ亨の象なれハ神州の為ニハ宜き事なるへし、貴考如何、已上

十一月廿四日　　恒蔵

政次郎様

（1）文久二年十一月二十二日、水戸藩、執政白井久胤・太田資忠（誠左衛門）らを斥け、隠居謹慎を命じ、元執政岡田徳至・大場景淑・武田正生・杉浦正安らを執政に復す。

十四―70　文久二年十一月二十九日（一―一〇）

国忠ゟ来書丁寧之儀、今日も返書間ニ不合、御逢候ハ、宜御頼申候、海帆へ一通御頼申候

又ゝ少ゝ薄寒、御佳健可賀、尤御風邪之由、御當坐事と存候、今程如何、此方無事

一、十八日云ゝ御同慶　御立腹とハ両白等を御怒之事か、如何、此地も前便之通太誠ハ氣之毒也、筆頭故かぶり候か、山内（田カ）辰輔周旋之力も大也と相見候、半等之事御尤也、九分ハ不安心之様ニ候へ共、行れ候ハ可賀、棒不出とハ御会議之席へ不出之事欤、又ハ引込候事か、如何、川瀬倒候へハ、石場も鎮静と相見候　密勅ニて御煉動御治療も得効之事と見ゆ　幕黜陟も　勅へ御對楊之事か、三郎任官失體[1]也、今ニ成候而ハ幕ハ處置ハ無間然　京ニハ可議事多し、可嘆、是も賢輔無之故か　一公早く御全快奉祈候　九公了云ゝ、こまり候事也　公御上洛[2]と申候而ハ、御継述（國力難堪）之廉さへ有之候ハ、、御西上も及間敷候様也　一公抔御周旋ニハ不相成候哉、如何、是又　京師ニて不戒見成之氣味ニて暴政ニ近し、ヶ様ニ天下の事情御存無之、天下之政ハ如何と存候、若し虚喝ニて実ハ水國の為ニ被遊候哉、如何、長人の過激も可憂、長侯鎮静感服、中川之事如何相成候哉、佛夷襲　京師之説ハ如何候哉、先日筮候貰之感ハ宜候へ共、万一

京佛和議ニて互ニ賁飾相感候様之事ニ而ハ大変也、
佛之術中ニ不陥候様相祈候
一、横須賀生(3)ゟ論語訓点之事申来候、横生之拝借ニて
管庫ゟ為登候方宜候様也、此段御致意可被下候、已
上

十一月廿九日　　恒蔵

政次郎様

(1)文久二年十一月十二日、朝廷は久光を京都守護職に任じ、松平容保とともに協力して事に当らせる命を幕府に下す。これを指すか。これより先、近衛忠熙、文久二年七月二十八日、島津久光の推叙任に関する内旨を江戸在留中の勅使大原重徳に伝達。重徳はこれを幕府に諮るが、慶喜・慶永・老中らはこれを拒む。実際に久光の叙位任官が行われたのは元治元年一月十三日、従四位下・左近衛権少将・朝儀参予。

(2)文久二年十二月八日、慶喜上洛の内旨。慶喜の江戸出発は同三年二月十六日。

(3)横須賀静斎のことか。

十四―71　文久二年十二月四日（一―一一）

海帆へ一通御頼申候、和泉ゟ唐紙只今入手
御出勤之障も無之候哉、如何、此方無事、今日ハ占筮
略解ニて疲労、何も申残候、貴地大紛乱愕然ニ候(1)　京
師云々、井を抱込候而ハ此方ニてハ致方なし、尾飯決
意も不得已候、乍去國事ニ於てハ意外ニ吉占を得候様
也、國事大凶之様ニ候へ共、訟ノ時ハ有孚窒ハ不得已
候所、時ニ處候ハ惕中ニ不克、訟帰而逋之方宜候様也、
此方の主意通さんとして押張候ハ不宜候、手を引候方
ニ存候、尾飯抔も（幸ニして）居置と申事ニも手をハ引候而傍観候
も（他日の為ニハ）宜歟共存候、足下抔も罰せられ候ハ丶、其通りニて
手を引傍観候方かと存候　九五迚も（例之御変動ニてハ安心）三老を善とハ不思
召候半（ハ不致候、如何）、人衆勝天候間、天定を待候方可然、色々御答
申度候所、疲労閣筆、三条へ御出御止ニて可然
一、天下大破、扨々痛哭之事也
一、太夫ゟ　一公へ云々、宜候事之様也
十二月四日

占筮略解ハ御覧後御返却ニ致度候、青山へも示申
度候也
政次郎様　　恒蔵

訟有孚窒、惕中吉、終凶、利見大人、不利渉大川
此時ニ當テ訟ヲ得タルコト妙也、聚訟紛雑ナレトモ、
彼此相訟レトモ、未済ニ之クハ相訟ルノミニテ未タ
看落ナシ、其事未定也、訟ハ孚アレトモ窒テ不通、
惕テ慎重シ、中ヲ得レハ吉則来而得中也トハ九二也、
九二ハ剛ナレトモ柔位ニ居テ過剛ナラス、其位中ヲ
得、九二不克訟帰而逋其邑人三百戸无眚訟ヲ押張ル
コトアタハス、帰テ逋ルハ惕テ中也、逋竄スル時ハ
邑人同志ノ者三百戸アリテ吉ニ〆眚ナシ、若シ是（其事）ヲ
終ントメ押張ル時ハ凶也　一因君ナトノ如キ大人ヲ
見ルニ利アリ、大川ヲ渉ントテ押通スニハ利ナラス
九五訟元吉
五ハ君位ニ〆陽剛中正乾健ニ〆善ク訟ヲ断ス、元吉
也、利見大人トハ九五ヲ指スナルヘシ

未済亨小狐 汔《ホトント》済、濡其尾、无攸利
未済ラサレトモ亨ルノ象アリ、小狐済ントメ未済、
尾ヲ濡〆済ルコトアタハス、陰物ハ利ナル所ナシ、
六五君位ニ在テ中ヲ得テ、九二ノ中ヲ得タル陽剛ニ
應スルハ亨ル也
六五貞吉无悔君子之光有孚吉
六五君位ニ在テ中ヲ得、離明ニ〆九二ニ応ス、故ニ
貞ニ〆吉悔ルコトナシ、君子ノ光ニ〆九二ト孚誠相
通ス、故ニ吉也、全卦陰物不利ニ〆、爻象ハ陰陽相
應シ、中ヲ得テ孚言相通ス、本卦ハ訟ナレトモ九五
ノ〔後欠〕

(1)安政六年八月二十九日、万延元年八月十七日の二度にわたる水戸藩への密勅を、大場景淑・武田正生・肥田政方らと協議して秘す。文久二年十二月十一日に至り、大場ら初めて藩主慶篤に呈す。水戸藩の複雑な藩情を語るもの。

十五—1　文久三年四月（三一—三）

薫誦、如諭薄暑之所ゟ俄ニ冷氣、愈御佳健降心、此地北堂御始御安健、小家無事、御道中無御恙大慶、御旅疲致遙察候、此節御獨居、御不自由御噂申候、北堂御待遠ハ御尤之事、一寸も御帰省ニ致度候へ共、激物側目之由、うるさきものニ候、北堂へ御目ニかゝり候ハヽ、貴意御話可申候、此間中令姉令閨ハ度々御出ニ候へ共、北堂ハ数日御出無之、御出次第御話可申候、薩長下火ハ宜候へ共　廟議頻ニ変候事、如何之模様ニ候哉、獨梁と甲源之籠絡ニ御入之由、源も中〳〵辨士也、償金之事(1)
天朝へ秘候事ハ出来兼可申候所、如何之論ニ候哉、猶又委細今便御申越之由、夫ニて分り候事と存候、大冠ハ江戸好きニ候所、下り候由、相待申候、横濱太平之由　京ニて　幕下ハ如何ニ候哉、償金之説ニハ符合之様也、如何之釣合ニ候哉、〔ママ〕」典謨述義為登申候、如何之御入用ニ候哉、第〔破損〕ハ訓典半〔ママ〕ニ付残し申候、是も為登可申哉、千島異聞上木ニても宜候様也、仕舞込〔破損〕便迄ニ見出し、一應讀通候而為登〔破損〕便申越之所〔破損〕

四月〔破損〕

政次郎様　　恒蔵

(1)生麦事件の賠償金を指すか。

十五—2　文久三年四月二十四日（二五—四）

封物一ツ御入手可被下候

如諭氣候揃兼候所愈御健大慶、此地貴家御一同御安健、昨夜も北堂御出、御寛話御降心可成候、御家書御届申候弊廬無事、貴舎来客蝟集之由、貴眷御不在故是又御迷惑之一ツ也、

乍去北堂御北帰ハ御安心と存候、今ニてハ少々遅き候
方ニても宜候き、何を申も家眷を下し候而ハ、惣交代
之制不立候而ハ相當不致候
○○〔マヽ〕不欲との事ニ候所　幕下御東帰ニ候ハヽ、御守衛《御目代》ニ
も不及、○○〔マヽ〕も御北帰と相見候へハ不欲も佞臣逢迎と
見えたり、金難渋と申も指たる事も有之間敷、詰リハ
知行《扶持》等も止候ハヽ、國用ハ減候事勢也、有司ハ交代之説
ニ候哉、左候ハヽ、学校も有司中との事御尤也、不埒明
候ハヽ、一寸御帰省相待申候、京情今便御申越候哉、長
薩露尾御合體之勢之由、為天下可賀、償金も半遣候由
ニも承候、如何、償ニて外夷謝絶と申事ニ候ハヽ、京
ニ而も御異論無ク御合體も出来そうなものと存候、處《実》
ハ何カ處置之方も可致事也
士就囚少々静ニ成候由、先つ宜候、已上
交代ニ詰候而も此悪風俗ニ而ハろくな事ハ不致候間、
御礼制不立候而ハ不相成事と存候
四月廿四日
恒蔵
政次郎様

十五―3　文久三年四月二十九日（二五―五）

如諭薄暑御安健降心、此地皆様御安康、今日も北堂御
出ニ御座候、令愛ト元氣、御吃出もよほと御快候、本
國寺御修行ニても雑客ニハ御倦被成候半、致遙察候、
石傳着、東西之話も大意ハ承候へ共、雑談等ニて未得
詳悉候、牛門会讀大慶、竹内ハ○〔マヽ〕木藩士、○〔マヽ〕ハ何木ニ
候哉、千島ハ弱冠之抄録ニて餘り蕪雑、醜を遺し候事
故上木ハ見合申度候、御改葬秋ニ御延より外有之間敷
北堂御逢被成候義ハ御尤之御事、先ツ一寸御下り可然、
得面晤候事雀躍ニ候、学校交代之事御尤也、貴地之事
ニ候間、石吉ゟ申出候方得體候様也、左候ハヽ、老夫ゟ
石吉へ委細申遣候様可致存候、如何、今日申遣候而も
宜候へ共、役方交代之事も未發候間、發候上ニて申出
候ニハ、一便くゞり候而も間ニ合候間一應申進候、告
志篇之事御尤、青山へ申遣候間、何とか答有之事と存
候、金子入御届申候、一樽御恵被下感謝痛却、他用事
不心付候、已上

四月廿九日

寺門様

会澤

年未詳

十六―1（嘉永四～安政元年）五月二十四日（三二―六）

両度之貴書致拝見候、軽暑之節愈御安健奉賀候、下谷之儀御察し通跡ニこまり申候、老拙事ハ例之通世事不器用ニて、何之役にも立不申指支申候、贈序之義被仰下致承知候、何歟工夫可仕候、拙堂文説未一閲不致候、文章之口才計ニてハ、六七冊ハ多過候様ニ御座候、如何之書ニ候哉、経済之書外ニ奇書も見當り不申、第一ニハ尚書・周礼、経済之根本ニ候へ共、よく〳〵熟讀玩味不致候而ハ、深意分り兼、其外大小戴記諸篇中ニも餘程有之、賈誼新書等諸子百家之書、純駁不一候へ共足観之事も有之、三蘇論策等諸家文集上書類ニハ、大ニ識見を開候事有之、儀礼経傳通解・文献通考等之

類、唐六典・明律《唐律》等之類数多有之
皇朝之書ニ而ハ令義解第一之書ニ有之、其外格式類も
可閲事ニ候へ共、是ハ繁雑ニて要少し、近世之書ニ而
ハ　東照宮御遺訓、其外大学或問・集義外書・政談等《白石》
ニハ《之書》卓論も有之、経済録等ハさしたる事も無之候、近
比蒲生(1)職官志或草茅危言之類ニも往々可観事有之、先
ツ大通りハ是等之類と存候、猶又御博考可被成候、増
田・村上等へ書之義奉謝候、追々御頼可申候
天朝ニて攘夷之御禱被遊候由、感激之至奉存候、東藩
云々被仰下、是も一時と相見申候、雲丹御投恵、珎品
且好物御厚意奉謝候、外史活板下直御座候、御見當り
被成候ハヽ、御世話可被下候、袖珎本之方ハ何程位ニ候
哉、餘り高價ニも無之候ハヽ、其方ニ而も宜御座候、急
きハ不致候
一、下谷之儀ニ付、妻熊へ御致意申通候、猶又御礼之
儀申聞候事ニ御座候、已上

五月廿四日　憇斎

政次郎様
御答

(1)蒲生君平のこと。

十六—2　(嘉永六年以前)三月二十四日(三二—三)

貴書致拝見候、如仰長雨御座候所、先ツ〳〵快晴相成
申候、御揃愈御安全被成御起居奉賀候、然ハ政次郎様
御下りニ相成候由、私儀ハ猶更久々ニて御目に掛り候
段、大慶此事奉存候、蓮池町も御留守ニ付、大抵私方
へ御止宿可被成候由、無御遠慮緩々御逗留被成候様奉
存候、貴所様ニハ年々御同役衆御頼合も御指支被成候
由、當年ハ不得拝顔之事残念奉存候、色々得貴意度候
へ共、急き相認候間、早々申残候、猶又政次郎様ゟも
御別帋被仰下候間、乍略宜御傳聲奉頼候、其外御家内
様方且又住谷氏へも宜奉願候、已上

三月廿四日　憇斎

喜太平様
貴答

十六―3　（安政元年以前）三月十八日（二五―三）

拝誦、如仰此地〔破損〕□百花之時節、一年増ニ繁盛之事と相見候、皆様愈御佳健奉賀候、佐藤策并萱物語御示被下奉謝候、萱語も久敷以前致寓目候所、又ゝ初而一覧之様ニ相成申候、両様共蓮池へ相廻可申由致承知候、客冬勢州ゟ号令并岡都城等被　仰渡、蓮池ゟ相廻申候、古賀策ハ先年致一覧候へき、天鳥〔ママ〕異聞と欤申書ハ未一閲不致候、折を以御許借相願申候

両公御放鷹、且（寂早弥被為入候哉）神田橋邸へも被為入候由、御同意奉恐悦候

大夫人礫邸へ被為入候由、雨天ニ候由、折悪敷事ニ御座候

一、御改名被成度候由、是迄之御俗称随分宜候様ニ候所、如何ニ候哉、且蔵字よりハやはり郎字之方宜候様也、如何

一、川上物故、竹馬之友と申、旁別而不堪感慨候

一、藤森へ書状大ニ延引、今日御手元へ為登申候、御都合次第御對話可被成候

一、先達而之扇面も認置候所、後便為登可申候、皆様へ宜御頼申候、已上

三月十八日認　　甜斎

政次郎様
御答

十六―4　（安政二年以後）五月二十九日（三二―五）

打続溽暑、皆様御佳健大慶、此方無事

一、除目御示被下、如諭平和之方宜事と被存候、人心鎮撫致度候

一、聲楽馳騁等盛ニ行れ候由、何卒よき程ニ致度もの也

東照威義御言行云ゝ御尤至極、正邪御辨明之所ニて色ゝヒ加減も有之事と見へ候へ共、是迄小人為政、國用大窮、随而庶民迄同窮之事情なとハ追ゝ御承知ニ致度事也、此地も少し之事ニハ役ゝへ御酒被下等、次第ニ増長之様子、中〳〵御借上なと可有之様ニハ

見へ不申候、後宮之事前〻ゟ難物也、昇平之風習御尤也

一、老夫足痛、旧冬ゟ之病後故ニ見へ候所、少しつゝハ快相成候

一、米澤之事、翹楚之外ニも少しハ有之、書名忘却、□□〔ママ〕立教抔申ものも有之候へき

一、増田へ一通宜御頼申候、外之事ハ後便ニ致候、苦熱、考事等出来兼申候、夫人嫡庶等之事、儀礼經傳通解・五礼通考・讀礼通考等ニて御考被成候ハヽ、老人御労被成候ニも不及候様也、何レ人は《を》かりあてニ不被成、自ら力を御用被成候事、御学問ニもなり可申候、已上

五月廿九日　　恒蔵

政次郎様
　御無事

十六—5　（安政三～万延元年）一月二十九日（三二—一）

如諭峭寒之所、昨今日暖氣過候位、愈御安静大慶、此方無事

一、杉山物故扨〻可惜候、如諭國家之不幸、天歳不及是非候、父祖之碑銘兼〻嘱託も有之、父祖も別而懇意之事故、是非認可申とハ存候へ共、一日〳〵と延引、春暖長日ニも成候ハヽ、一工夫可致存候、帰葬ニ成候へハせめてもの事ニ御座候

一、老公御放鷹之由致承知候、已上

正月廿九日　　恒蔵

政次郎様

解題

会沢正志斎書簡の来歴について

飯塚一幸

一

水戸藩士会沢正志斎（天明元〜文久三年、字は安、諱は伯民・恒蔵）は、後期水戸学を代表する儒学者の一人である。会沢が文政八年（一八二五）に著わした『新論』は、近世後期から幕末にかけて広く読まれ、攘夷論に多大な影響を与えた。一方、会沢は徳川斉昭の傅育役として斉昭の藩主擁立に奔走し、斉昭の下で藩政改革に従事、郡奉行・弘道館教授頭取などを歴任した。その後、一時謹慎の身となったが復職し、安政五（一八五八）年の戊午の密勅問題を契機として水戸藩改革派が「激派」と「鎮派」に分裂すると、「鎮派」の中心人物として活動するなど、政治家としても重要である。

ところが、これほど著名な人物であるにもかかわらず、会沢正志斎の著作は、『水戸学全集』第2編（日東書院、一九三三年）に『下学邇言』『迪彝篇』『読直毘霊』が、今井宇三郎・瀬谷義彦・尾藤正英校注『日本思想体系』53巻（岩波書店、一九七三年）に『新論』『退食間話』と「人民去就説」「時務策」が収録されているものの、他は手に入りにくい。また、会沢正志斎の甥で門人であった寺門謹が後年編纂した『會澤正志斎文稿』（名越時正の編集により二〇〇二年に国書刊行会から出版）に、若かりし頃の論策や各種の序文、碑志・跋文等が収められているが、全集は出ていない。書簡となると、国立国会図書館に所蔵されている分が同館のデジタルライブラリーで公開されているとはいえ、公刊されたものは限られており、『茨城県史料　幕末編Ⅰ～Ⅲ』（茨城県、一九七一・八九・九三年）の編纂を終えた現在においても、こうした状況に大きな変化はない。

二

大阪大学文学部は、一九四八（昭和二三）年九月に法文学部の一学科として開設されたのに始まり、翌年五月に文学部と法経学部が分離して独立した。法文学部開設と同時に設置された国史学講座の初代教授として赴任したのが、それまで京都大学文学部助教授を務めていた藤直幹である。

学部創設から間のない一九五二年に、大阪大学は藤教授を通して当時兵庫県芦屋市に在住していた湯浅九市のコレクションを購入し、以来、湯浅文庫として日本史研究室および大阪大学附属図書館で所蔵してきた。湯浅九市は一八七六（明治九）年、岡山県浅口郡の岡本家に生まれ、岡山市の湯浅家を継ぎ、東京高等商業学校を卒業したのち、住友銀行等に勤めたが、一九一七（大正六）年に独立して大阪市内で有価証券売買業を営んだ人物である。政治にも関心があり、一九二〇（大正九）年の総選挙に郷里から出馬したものの、落選している（ループル社出版部編『大日本人物名鑑』巻五の一、一九二二年、倉敷市史研究会編『新修倉敷市史第六巻』近代(下)、倉敷市、二〇〇四年、三〇～三二頁）。

湯浅文庫は、軸物八〇点、書状約八八〇点から構成されており、軸物には、吉田松陰・高杉晋作・大村益次郎・藤本鉄石・梁川紅蘭などの詩・和歌・書が含まれている。書状としては、川路聖謨・中根雪江・井上馨・山田顕義・後藤象二郎・谷干城・田中光顕・大木喬任・中山慶子・近衛忠熙など、幕末から明治期の志士・政治家・公家のものが多い。書状の中には、藤田幽谷の教え子で弘道館教授を務め彰考館総裁を兼ねた杉山復堂（享和元年～弘化二年）など、近世後期から幕末にいたる水戸藩士の書簡が大量に含まれているが、その中心は何といっても会沢正志斎書簡三九三通である。

これらの会沢書簡は、正志斎が水戸藩士の奥右筆頭取・大納戸奉行などを務めた寺門喜太平と、その息子政次郎（天保二年～明治三九年）に宛てて出したものである。このうち、喜太平宛は一九通、喜太平・政次郎宛は二通で、三五三通は政次郎宛であり、その時期は弘化年間から会沢正志斎が亡くなった文久三年におよぶ。その他に、寺門宛が一通、宛名欠が一八通あるが、宛名欠の大半は政次郎宛と推測される。書簡は十数通ずつ巻物にまとめられ、巻子の端裏に「一」から「三十二」までの番号が付されている。ただし、「二十三」と「二十四」が欠落している。この二巻が大阪大学による購入以前からなかったのか、購入後に紛失したのかは定かでない。なお、小林半兵衛祐政家から嫁いだ会沢正志斎の妻（西村文則『会沢伯民』、大都書房、一九三八年、四二六頁）と寺門喜太平の妻同士が姉妹であることから、政次郎は会沢の甥にあたる。以上から、これら会沢正志斎書簡は、なんらかの理由で寺門家から流出したものと見て間違いない。

会沢正志斎書簡については、梅溪昇教授が当時大阪大学文学部日本史研究室の大学院生であった加地宏江氏（現関西学院大学名誉教授）に翻刻を勧め、加地氏の手により地道な作業が続けられたものの、活字化されないまま二〇一〇（平成二二）年に大阪大学大学院文学研究科日本史研究室へ下読みした原稿の提供があった。なお、加地氏は、かつて『茨城県史研究』第三九号（一九七八年）に、会沢正志斎関係史料を紹介した「吉永孝雄氏所蔵　会沢恒蔵関係書翰」を発表している。

この貴重な原稿の提供をうけて、大阪大学日本史研究室では、飯塚一幸を代表として科学研究費補助金基盤研究（B）に「会沢正志斎書簡の研究」（研究期間二〇一一年度〜二〇一三年度）との研究題目で申請し、採択された。研究分担者は大阪大学大学院文学研究科の村田路人氏と宇野田尚哉氏、立命館大学衣笠総合研究機構（当時）の奈良勝司氏であった。このうち奈良氏は、採択後に韓国の漢陽大学に就職したため、研究分担者をはずれたが、その後も研究協力者として書簡の解読や内容の検討に加わっていただいた。こうして、二〇一一年度から一三年度の三年間、大阪大学日本史研究室の大学院生を中心とするメンバーで会沢正志斎書簡研究会を組織し、加地氏の原稿の校正作業を行った。

三

これまでも一部の研究者には、東京大学史料編纂所にある維新史料引継本（文部省維新史料編纂事務局旧蔵史料）の中に、会沢正志斎の書簡が存在することが知られていた。実は、これらの書簡は大阪大学所蔵湯浅文庫中の会沢正志斎書簡の筆写本である。全一四一通に上るこの書簡群を検討した結果、一二六通が湯浅文庫中の会沢書簡と重複し、一五通が史料編纂所にしかない書簡であることが判明した。おそらくこの一五通は、湯浅文庫中の会沢書簡で欠落している「二十三」巻と「二十四」巻に該当するものと見て間違いない。そこで、今回本書を編纂するに当たり、東京大学史料編纂所にしか伝来していない一五通についても掲載することにした。ただし、原本との照合ができないため、これらについては、筆写本に完全に依拠している点を記しておきたい。

また、史料編纂所所蔵の筆写本末尾には、「大阪市北区新川崎町御料地三　渡辺得太郎　原本所蔵」「昭和十三年二月一日」「森谷秀亮印」と記載されていた。つまり、湯浅文庫中の会沢正志斎書簡は、湯浅九市が所蔵する以前、少なくとも一九三八（昭和一三）年までは、幕末維新期における志士の遺墨コレクターとして著名な渡辺得次郎の手許にあったことが明らかとなったのである（渡辺得次郎と住所が同じであることから、「渡辺得太郎」は誤記と見てよい）。

渡辺得次郎といえば、国立国会図書館憲政資料室にある「憲政史編纂会収集文書」に「渡辺得次郎家文書」が含まれており、その内容が幕末維新期の著名政治家の書簡を中心としたコレクションであることは周知の事実であった。ところが、渡辺得次郎の人物に関してはほとんど知られていないので、以下に筆者が探索した限りでの調査結果を記しておきたい。

第一に、渡辺得次郎は、村上雄次郎編『第二十九版　日本紳士録』（交詢社、一九二五年、『明治大正昭和大阪人名録』中巻、日本図書センター、一九八九年に収録）では、「大阪紙器製造(株)専務　北区新川崎町御料地二号」、浅野松次良著作兼発行者『第四十版　日本紳士録』（交詢社、一九三六年、『明治大正昭和大阪人名録』下巻、日本図書センター、一九八九年に収録）では、「大阪紙器(名)相談」と記されていて、大阪の会社経営者であった。

第二に渡辺は、編輯発行人として、『名家尺牘釈文』第一輯～第三輯（一九二四・二五・二六年）を、次いで『名家尺牘』第一輯～第四輯（一九二九・三〇・三七・三八年）を刊行している。『名家尺牘』第三輯には、茨城県出身で帝国大学卒業後に二高校長や東亜同文書院教頭などを経て、一九〇八（明治四一）年水戸中学校長に就任し、晩年に水戸学研究に没頭した菊池謙二郎（慶応三年～昭和二〇年）が序文を寄せている。また、同書第四輯にも、高知県出身の日本史研究者で、東京帝国大学史料編纂所において『国史大辞典』を、渋沢栄一の下で『徳川慶喜公伝』を、史料編纂官として「大日本史料」を編纂したのち、国学院の教授となった井野辺茂雄（明治一〇年～昭和二九年）と、村田清風の孫で太政官御用掛・衆議院議員を経たのち、毛利家に入り長州藩史編修を主宰し、一九二一（大正一〇）年に維新史料編纂会常任委員となった村田峰次郎（安政四年～昭和二〇年）から序文を得ている。渡辺得次郎は、すでに昭和初年には幕末維新から明治期の著名人の書簡コレクターとして相当知られた存在であり、水戸藩や水戸学の研究者との繋がりを有していたのである。

なお、一九三八（昭和一三）年三月二五日から四月三〇日まで、大阪城天守閣において、彼のコレクションを素材に「大阪市　渡辺得次郎氏所蔵　勤皇志士遺墨展観」が開催されていて、その「目録」が現存している点にも留意しておきたい。ただし、『名家尺牘釈文』・『名家尺牘』・「勤皇志士遺墨展観」のいずれにも、会沢正志斎の書簡は含まれていない。

第三に、渡辺得次郎の出自と若き日の経歴である。彼の出自については、先述した井野辺茂雄の序文に、「翁は、水戸学発祥の地に生れて、その感化を受けること多く、弱冠にして国事の為めに奔走し、具さに辛酸を嘗めた」とあることから、旧水戸藩の出身であることがわかる。

さらに、石川諒一『自由党大阪事件』（一九三三年、一九八一年に弘隆書林から復刻）一一一〜一一二頁に、渡辺得次郎について以下のような記述がある。

水戸の野口静一先生に師事し漢籍を学ぶ、生来剛邁にして自から信ずる所は水火の中と雖も辞せず、偶々自由党の志士館野芳之助氏等と政治上の意見を同ふする処あり、若年ながら同志を率いて館野と共に朝鮮改革問題を提げ、大阪事件に参加せんとし八方奔走中捕縛さる、出獄の後は、曾て大阪事件の檄文を起草せられし山本梅崖先生に学び、茨城県人として大阪の人となり、幾度か悲惨の境遇にも陥りたるが遂に屈せず、政治家として独自の所見を持し又処世の途に通じ、実業家として実に関東や東北人の足をも踏込能はざる大阪に於て終始一貫よく活躍なし、又仁義を重んじ単独にて山本梅崖翁の碑石を建設なし、史籍をも編纂せられた

右の文章から推して、渡辺得次郎がこの記述にある大阪事件の被告人渡辺と同一人物と見て間違いない。『明治十九年公文雑纂』に収録されている「大井憲太郎以下被告事件結了ノ件・付裁判所移管ノ件」（松尾章一・松尾貞子編『大阪事件関係資料集』下巻警察調書・予審調書等史料他、日本経済評論社、一九八五年）によると、渡辺得次郎は一八八五（明治一八）年一一月二二日に茨城県で逮捕され、族籍は茨城県平民、職業は「小学七等訓導」、年齢は二〇歳五か月となっている。だとすると、生年は一八六五（慶応元）年と見てよい。また、この記録では自首したことになっている。なお、渡辺得次郎の罪名は強盗罪で、量刑は重禁錮五年監視一年であった（寺崎修「自由民権家の出獄と公権回復――大阪事件関係者の場合――」、『法学論集』五〇、一九九五年）。

茨城県多賀郡磯原村に生まれ、水戸で『茨城新報』の幹事、『茨城日日新聞』の社長兼主筆を務めた野口勝一（嘉永元年〜明治三八年）の日記にも、新聞『大阪電報』の記事を引用するかたちで大阪事件被告の量刑が記されており、渡辺得次郎についてはやはり「重禁錮五年監視一年」とある（北茨城市教育委員会編『北茨城市史別巻6　野口勝一日記Ⅱ』、北茨城市、一九九二年、二一四頁）。野口勝一の日記は、農商務省に勤め始めた一八八二（明治一六）年八月から死去した一九〇五年にまでおよんでいるが、渡辺得次郎はその全期間にわたって野口と書簡の往復を続けている。特に一八八四年九月一三日条には、「〇渡辺得二《ママ》郎書達、曰辞師範校、帰下総猿島郡長井戸村、且問司法省生徒募集順次及明治法律学校在所来」との件があり、渡辺が大阪事件の前年まで茨城県の師範学校に通っていたこと、茨城県猿島郡長井戸村出身であること、司法省法学校の募集要項や明治法律学校の所在地を尋ねており、進学の意向があったことがわかる。

野口勝一は、中根東浦や熊田淑軒に学び、一八七〇（明治三）年もしくは七一年には弘道館舎長に選ばれている。また廃藩置県後に家で塾を開き漢学の教育を行ったこともある。なお、野口勝一については、伊藤隆「野口勝一という人物」（『ＵＰ』一七号、一九七四年）、同「歴史手帖　野口勝一のことなど――『日本史研究者辞典』について――」（『日本歴史』六二〇号、二〇〇〇年）、森田美比「初期議会のころの野口勝一」（『日本歴史』四六九号、一九八七年）、同「茨城県会初期の野口勝一」（『日本歴史』四八二号、一九八八年）、同「研究余録　野口勝一の『維新史料』編纂前後」（『日本歴史』五九三号、二〇〇七年）がある。

もう一人の登場人物山本梅崖（嘉永五年～昭和三年）は、土佐出身で名を憲と言い、漢学・洋学を学んだのちに自由民権運動に参加し、大阪事件で檄文を起草したなどとして投獄され、一八八九（明治二二）年の憲法発布による大赦で出獄した経歴を持つ。その後、大阪に開いていた梅清処塾で教育に専念したが、出獄後の渡辺得次郎は山本を慕い梅清処塾に学ぶために大阪に居ついたようである。一八九一年一一月に野口勝一に送った書簡も、大阪から送られたものであった（北茨城市教育委員会編『北茨城市史別巻7　野口勝一日記Ⅲ』、北茨城市、一九九三年、二四四頁）。

青年期の渡辺得次郎は、自由民権運動の熱心な活動家であり、大阪事件により獄中生活を体験していたのである。志士の遺墨コレクターとして、会社経営から得られた資金を惜しげもなく投じていく動機が、どこから来るものなのか、容易に想像がつくだろう。

四

二節で指摘したように、湯浅文庫中の会沢正志斎書簡は、ほとんどが寺門政次郎宛である。そこで、寺門政次郎について若干の考察を加えておきたい。

寺門政次郎は会沢正志斎の甥に当たり、字を信卿、諱を謹、号を先行（のちに守拙）という。嘉永三（一八五〇）年に進仕し、安政二（一八五五）年には弘道館舎長から訓導となった人物である（前掲『會澤正志斎文稿』にある名越時正「序――解題に代へて――」等による）。廃藩置県直後の一八七二（明治五）年に水戸で私塾寺門塾を開いたが、茨城県から人材不足につき県政に協力するよう求められ、横山塾の横山高堅、皇華塾の長久保猷等とともに塾を閉じ、学区取締や学制にもとづき開校した新たな学校の教員に就仕した（『水戸市史』下巻（一）、水戸市役所、一九九三年、鈴木暎一『水戸藩学問・教育史の研究』、吉川弘文館、一九八七年）。水戸藩士の子で三越の経営者や茶人として著名な高橋義雄（箒庵、文久元年～昭和一二年）は、回想録『箒のあと』（秋豊園、一九三三年）において、少年時代に水戸で漢学者として知られていた人物として寺門謹・小原俊充・佐々木某・横山喜右衛門の名前を挙げ、なかでも寺門謹が「最も大家」であったと記している（同書三五頁）。

その後、明治十四年の政変で国会開設の勅諭が出されると、翌年、水戸でも茨城県士族佐々木勝や名越時孝等が水戸改進党の組織に向けて、著名な士に意見を聞いたり同志の説得に当たったりしたさいに、「水戸の名士寺門、関、小原、柳瀬、津村等は即答をさけ」たとされているが（前掲『水戸市史』下巻（一）二九一頁）、この「寺門」は寺門謹を指していると見てよい。同年五月に民権派の政党結成に対抗する勢力が形成され、茨城県警部長藤田健（藤田東湖の長男）等の肝煎りで「勤王党」が立ち上げられ、これが「自強会」となる。同年一〇月に「自強会中新聞社創立規則」が作成されたさいには、寺門謹はその主唱者に名前を連ねている（同前二九四頁）。

因みに、地方巡察使として茨城県内を視察した元老院議官関口隆吉は、水戸自強会について次のように報告している。

党員多クハ旧水戸藩士ニシテ皇室ノ大権ヲ保全シ国体ヲ維持スルコトヲ主義ト為ス、現ニ官ニ届出タルモノハ僅ニ六名ニ過キスト雖トモ内実同意ヲ表スルモノハ凡ソ二千人ニ及フヘシト云フ。該党ハ往昔天狗党タリシモノ及ヒ其子孫ノ発起シテ団結スルモノナリト云、但又一方ニ往昔ノ市川党アリ自由主義ヲ以テ自強会ヲ攻撃スルノ企アリト（我部政男編『明治十五年明治十六年地方巡察使復命書』下巻、三一書房、一九八一年、九〇三頁）

寺門謹は、民権派ではなく天狗党の系譜を引くという政府党である自強会を選んだのである。

一八九〇（明治二三）年一〇月二六日、明治天皇と皇后は茨城県に初めて行幸し、近衛諸隊による秋季小機動演習を親閲した。そのさいに水戸市民有志たちは、「徳川光圀・同斉昭其の他水戸諸名士の書画及び古器を陳し、以て勤王思想の淵源する所を占めんとし、行在所の一隅に陳列場を設け、之れを徳川侯爵家・常盤神社・彰考館其の他より蒐集し、併せて県下物産を陳列し、竊かに天覧の栄を得ん」ことを願い出た。その結果、翌日「皇后の旨に依りて、陳列場係員、弘道館記述義・常陸帯・回天詩史・新論・東湖遺稿・迪彝編・草偃和言等の書各二部を上」っている。また、寺門謹はこの機をとらえて会沢正志斎自筆の新論稿本二冊を皇后に献呈した（『明治天皇紀』第七、六六五頁）。

寺門謹は、明治維新後に会沢正志斎の伝記として「会沢先生行実」「会沢先生略譜」を編纂し、行幸から二年後の一八九二年には、会沢の著『閑道編』上下を編輯、出版している。寺門謹は会沢正志斎の顕彰に奔走していたのである。

寺門謹の息子誠も漢学者であった（武藤長蔵「日英交通史料（十四）」、『商業と経済』一五巻二号、一九三五年、三二二～三二三頁）。寺門誠は、会沢正志斎や藤田東湖等に学び一八七八（明治一一）年の水戸帰郷後『大日本史』の編纂に従事し、九二年には東京帝国大学文科大学教授となった栗田寛（天保六年～明治三二年／『茨城県大百科辞典』、一九八一年）の遺志をうけて、一九〇六年二月には『国郡司表』を、同年六月には『蔵人検非違使表』

をまとめている。同年一〇月には『大日本史』全巻の完成を見たので、一二月二六日に水戸徳川家第一三代当主徳川圀順が彰考館を訪ね、校合に従事した寺門誠・金沢直・郡司寛敬・大内秀男等の労をねぎらった（前掲『水戸市史』下巻（二）、一〇一六頁）。こうしたことから、寺門家に遺されていた会沢正志斎書簡は、おそらく誠の代までは寺門家にあったものと推測される。その後どういった経緯により渡辺得次郎の手に渡ったのか、これまでの調査では突き止めることができなかった。

会沢正志斎の政治思想と著作出版事情

奈良勝司

この小論では、本史料のもつ意義とそこからわかる多少の知見について、特に政治思想史の側面および会沢と書肆の関係性を軸に、いくつかの観点から述べていく。

一　史料の存在、あるいは構成そのものからわかる事実について

本史料は会沢正志斎が弟子で甥でもある寺門政次郎（初期は父喜太平）に対して宛てた、かなりの長期間にわたる書簡群であるが、これらは江戸に滞在していた寺門が水戸の会沢に対して定期的に府下の情報を送り続けた、その返答としての性格をもっている。逆にいえば、現時点でこれらに対応する会沢宛寺門書簡群の現物こそ見付かっていないものの、本書簡群を通して江戸から水戸への長期間にわたるシステマティックな情報活動の存在がうかがえるということである。そのため寺門書簡も完全に私的なものではなく、必要に応じた関係者への廻覧が行われている（安政五年八月一四日付書簡／八〇頁）。また会沢と寺門の疎通には国友善庵がかかわっており、国友は書簡に尽くせない会沢から寺門への意思伝達に関してもメッセンジャーの役割を果たしていたようである（文久元年二月一四日付書簡／一六六頁）。

水戸徳川家は定府制（当主が知行地に常駐せず江戸に定住状態にあること。他大名家と違い常に参勤交代をし

ているようなかたちになる）という独特の制度をとっていたため、自然と家臣団も二つに分かれ、慢性的な経費負担に加えて、思想形成や学校制度などの面でも齟齬や分裂が生じやすい環境にあった（鈴木暎一『水戸弘道館小史』、文真堂、二〇〇三年）。こうした江水の懸隔という構造的な問題を防ぐためにも、二～三日ごとの定期的な飛脚便が整備されていたが（山川菊栄『幕末の水戸藩』、岩波書店、一九七四年）、会沢と寺門の書簡の往復もこの制度を利用して行われていたようである（書簡群中では、時に会沢の書簡発送が多忙などを理由に予定の便に間に合わなかった事態がしばしば報じられている――嘉永四年一月一八日付書簡〈一七頁〉など）。その点で本書簡群は、親族間のやりとりという私的な側面と政治勢力の情報収集兼意思疎通の手段という、重層的な意義を有しており、完全な私信と情報探索書（風説留）の融合的な形態の片割れをなすものといえる。

かかる書簡往復活動の用例としては、豊田天功（水戸滞在）と鈴木大（江戸滞在）のあいだで行われた継続的な活動が存在するが（奈良勝司「幕末情報の編集と廻覧」、明治維新史学会編『明治維新と史料学』、吉川弘文館、二〇一〇年／同「幕末の情報活動と水戸『鎮派』ネットワーク」、『茨城県史研究』第九四号、二〇一〇年）、天功が行っていた筆写・製本や組織的な廻覧を同じレベルで会沢もしていたのか否か、あるいは二つの活動の関係性などについては、現時点では不明である。ただ、鈴木大が会沢の弟子であったことからも明らかなように、これらの人物は幕末水戸政争におけるいわゆる「鎮派」という共通の政治的立場にあり、またお互いの言及や情報のやりとりも散見されることから、近しい間柄のもとで何らかの関係性はあったのではないかと推察される。

二　政治勢力のカテゴライズの問題について

幕末の水戸が全国でもっとも激しい内部抗争を繰り広げたことはよく知られているが、会沢は改革派の中核的存在として門閥保守層と敵対関係にあった一方で、安政五年（一八五八）以降は改革派分裂のなかで穏健派（「鎮派」）に属して、高橋多一郎や金子孫二郎ら急進派（「激派」）とも激しく対立した経緯をもつ。つまり、三つ巴の藩内抗争におけるキーパーソンだったのであり、当世一流の学者の見解という意味からも、その派閥観（政治闘争における当事者の自他認識）は幕末に各地で発生した党派抗争の有り様を考える上で注目される。水戸の改革派が「天狗」という呼び名を有し、それが蔑称と自称（尊称）の両方の意味をもっていたことはすでに指摘されているが、弘化元年（月日不明）書簡は会沢自身によるその具体的な言及という意味で貴重であるのに加えて、より掘り下げた認識論の側面からも興味深い。

すなわち、会沢は「天狗」の呼称を「讒人共」による「名付」だと批判的にとらえた上で、「古より忠臣を讒候にハ、罪ニ可致事無之候へハ、黨と申名を付候事」「人ニ名を付候者ハ、古今讒人の所為ニ御座候」（四～五頁）と述べて、政治集団に名前をつけてカテゴライズする行為自体を弾劾している。これは何も門閥保守層（結城寅寿派）に対してだけでなく、のちに袂を分かった高橋多一郎ら「激派」から攻撃を受けた（ゆらゆら揺れ動くという意味をこめて「柳連」といわれた）さいにも、「妄徒ニ姦と被申候事ハ不足怪候、高橋の遺風ニて、己か氣不入候へハ直ニ姦と名付候事毎〻如此」と同様の反批判を浴びせており（文久元年七月二四日付書簡／一九一頁）、会沢の根本的な派閥観だったと見て間違いないだろう。ならば自分たちには後ろ暗いところはないのかといえば、これがその通りで、「正人」（鎮派）は他者の悪口はいわないと述べている（文久元年一一月九日付書簡／二〇六頁）。

しかしながら、一般に考えて時代に限らずそんなことは不可能だし、事実、会沢の発言には明確な矛盾があった。それは前の引用部分で自派のことを「忠臣」と呼んでいる点にすでに象徴的にあらわれている。確かに会沢は弘化元年の書簡で「一方聴の片道理と申候様ニ而ハ、御國中治り不申、此上万一争論ニも相成候而ハ御家中二分レ之姿ニて」「右一方験と雙方御聞届との二ツニて、國家安危の分り候所と奉存候」（三頁）と、たとえ両派が対立していても双方の考えを聞くべきだとして、いっけん公平な発言機会の付与によるセクショナリズムの解消を目指しているようにみえる。しかしこれは、当主斉昭が徳川政権の譴責を受けて一〇数年におよぶ改革派政権が瓦解した直後の書簡であることを踏まえねばならない。会沢は、あくまで自派が権力の座から引きずり落とされた直後という特定の状況のもとで非主流派の尊重を訴えているのであって、それは事実上、改革派の復権要求と同義であったからである。表面的な両者尊重の陰には、「忠志之者存意をも御聞届、雙方御勘考之上」（三頁）「天狗等之讒説御打破、是迄御善政を守り候者を御引返し、人材御揃へ被遊候様」（五頁）と、さりげない表現ながらも確かに自派への正のバイアスが存在している。

　だから、彼が同じ書簡中で門閥保守層を口を極めて罵倒していても驚くには足りない。ざっと目に着く表現を列記しても、「前執政之餘毒」「是迄之御善政を破度者共」「寅寿餘類」「慾心深く手前勝手計仕」「頗苛にして剛愎」「シチクドクウルサク面倒なる事限りなき、性質」「貴賤賢愚となく人皆厭ひ申」「家臣之扱も無理の事而已ニて、離心仕候ハ世之中誰も存知居」「衆人の厭ひ候人物」「旧弊ニ泥み、御善政を誹謗仕候者」（三〜四頁）といった具合である。対立勢力による自派へのレッテル貼りには拒絶反応を示す一方で、同時に自らを「忠臣」と名乗って恥じず、敵対派閥には露骨な負のバイアスがかかるのである。

　大事なのは、思想家会沢にこの矛盾についての自覚が全くうかがえないことである。なぜ自らは「忠臣」で相手は「毒」なのか、その基準は客観的に示せるのか、もしそうなら状況の推移次第によっては両者の立場が入れ替わることもあるのか。書簡群中からは会沢がこうした問いを自らにぶつけて知的格闘をした形跡は認められない。あるいはこれは当たり前のことかもしれない。学者としての深みと政治的好悪の有無は直接には別個の問題であり、前者は後者が存在しないことの十分条件ではないからである。しかしながら、そうだとしても、よりよい党派性を自覚的に希求する姿勢と、党派性自体を否定して自らをその度外に位置づける態度の違いは指摘できる。広義の意味での党派性はこれを政治性と言い換えても良いだろう。会沢は後者であり、政治性そのものの不可避性を受けとめ内面化した上で自己の立場を鍛えあげ刷新するのではなく、「政治的な敵と非政治的な自己」という構図のもと、政治＝悪という定義を付与することで敵を質的に一段下位に置くとともに、まさにそのことによって自己の政治性を無自覚的に覆い隠している。

こうした会沢の思考の構造は、この後の水戸藩政や近代日本の展開を考えた時にも興味深い。彼我に質的な優劣を設けなおかつそのことに無自覚ということは、原理的に対話や調整の回路が閉ざされるということであり、水戸が幕末政治の思想的起点でありながら血で血を洗う内訌に明け暮れた構造的要因の一端をうかがわせる。また、近代日本はたとえばナショナル・アイデンティティの問題にかかわって紆余曲折の末に神道を非宗教と位置づけ、しかしまさにそのことによって他の諸宗教への超越性を付与していく（何ものでもないことの価値、あるいは何ものかであることの瑕疵）が、これも会沢的な思考と構造的な共通性を有しているといえるだろう。幕末には水戸以外にも党派抗争にともなう敵対勢力へのレッテル貼りが日常化したが、そのことの政治性には少数の例外（家近良樹「長州藩正義派史観の根源」など、同編『もうひとつの明治維新』所収、有志舎、二〇〇六年）を除いて今日でも注意が払われておらず、ましてや無意識の領域にまで踏みこんだ分析は皆無といっていい。このことは、近代国家の権力構造が確立した後の具体的な作為の位相は精力的に検証されてきた研究状況と好対照をなしている。会沢の事例は、変革期における代表的な思想家を素材にその課題の一端に迫りうる有用な材料といえるだろう。

三　会沢の世界観と秩序観について

おおまかにいって、幕末維新期における後期水戸学の政治的な意義は、①尊王攘夷論を体系化して志士の活動を活性化させた、②他方で幕藩体制（封建秩序）維持を目的とした点に限界があり、幕末政局の後半では影響力を失った、点が指摘されてきた。そしてその中心にいたのは、「新論」を世に出した会沢正志斎であるといわれてきた。だが、かかる特徴が後期水戸学＝会沢思想のいかなる構造によっていたのかは、これまで必ずしも明確ではなかった。以下では書簡群を素材に、従来は個別的・断片的にとりあげられがちであった思想の有機連関（因果関係）を、世界観と秩序観の側面から検討する。

会沢書簡を読んでいると、「国家」と「天下」という言葉がよく対になって出てくる（安政五年五月二九日付書簡〈七四頁〉、同年六月二三日付書簡〈七六頁〉、文久元年五月二二日付書簡〈一七七頁〉など）。会沢は「国家」を水戸徳川家、「天下」を日本の意味で用いており、決して「国家」＝日本ではない。江戸時代におけるこうした概念分けについてはすでに指摘があるが（植手通有『日本近代思想の形成』、岩波書店、一九七四年／鹿野政直『近代日本思想案内』、岩波書店、一九九九年）、「天下」とは儒教概念でいうところの天のおよぶ範囲全てという意味なので、そこには全世界というニュアンスが少なからず含み込まれる。

したがって日本の外部にある国家は対等な存在ではなく、たとえばイギリスに対しては「英字美称ニていまく敷」という意識のもと、蔑称として「諳」の字が用いられる（嘉永五年一〇月一三日付書簡／二三頁）。また海禁体制を揺るがす西洋諸国の来航については、総体的に拒絶の意思が示される（嘉永七年三月四日付書簡（三六頁〉、文久元年四月二三日付書簡〈一七二頁〉など）。会沢の自国優越主義は「新論」冒頭のいわゆる東方君子国論に明らかだが、コスモロジーの次元ではそれは、古代律令制にもとづく国家領域とそれら諸国家を束ねる「天下」＝日本を中心とする自己完結的な世界観にもとづいていたといえる。彼が「新論」で提示したのは、天皇と将軍を媒介にかかる諸「国家」を結合し、「天下」を一つの強力な有機体として迫り来る外部（＝「夷狄」）に対置させることであった。

　では、それはどうやって実現されるのか。「拙書御求、慷慨之作御好に候所、愚意にハ慷慨よりハ國體を天下の大本と存候」とあるように、会沢は「國體」という概念を重視する（嘉永五年一〇月四日付書簡／三二一頁）。注意すべきは、諸人の「慷慨」すなわち日常性の範疇を越えた志の発露とそれにともなう行動は、会沢のなかではむしろ「国体」の対概念として否定的にとらえられている点である。「新論」は「夷狄」への敵愾心を原動力に身分制にとらわれない志士の活動を活性化させ、その意味で彼らのバイブルとなったが、著者自身はペリー来航以前の段階で、かかる状況を自らが重視する「國體」のあり方とは相容れないものとして苦々しく思っていたのである。だから彼は桜田門外の変もこれを手放しでは賞賛しない。脱藩浪士による大老の暗殺は身分秩序の倒錯の最たるものであったが、彼は「桜田囚狂人とか頑民とか可申歟、當人ハ天誅抔申候へ共、天吏之積りと見へ候へ共、其職ニ無之、賊名ヲ不免」「脇閣へ指出書返遣、書面ハ尤ニ候へ共天誅之事其身の職ニ非、大塩の湯武ニ成候、驕心と一轍也、義烈とも難称候歟」と述べて、襲撃犯を激しく批判するのである（万延元年閏三月二四日付書簡／一三六頁）。これらの点からみて、会沢が「國體」を幕藩体制下における秩序が理想的に守られている状態ととらえていたことがわかる。

　そもそも、当初からウェスタン・インパクトに対する列島地域の対応には、外圧を拒絶対象とみなす潮流の間でもその戦略如何で相当の振れ幅が存在した。近世海禁体制が現状では維持できないという情勢判断から一方では改革が要請されながら、他方ではその改革が守りたかったはずの秩序の根幹におよぶと本末転倒になるからである。この状況下では、全ての勢力が自覚の有無にかかわらず、現秩序を改変可能な枝葉と譲れない幹とに腑分けすることになり、その有り様によって同一の目的下に複数の党派が生まれ得る。

そして会沢にとっての譲れない幹とは、身分秩序の遵守であった。彼に身分制を越えた挙国一致的発想がなかったのは、「新論」がキリスト教に民衆が絡めとられることへの警戒感から執筆されたことに象徴的であろう。その根底には民衆への不信感があり、彼らはあくまでも為政者とは別枠の統治対象であった。もっともこれは武士階級による単なる支配の方便として片づけられるものではなく、あくまで一つの秩序観であり自分自身をも縛るものであった。そのことは、会沢が「心付候儀建論ハ館僚之職ニ候へ共、取捨ハ在上之職也、言責と申内、知て不言ハ辱職とも可申、言而不用ハ有司の責ニ候へハ、教職之責ニハ無之」と述べて（万延二年一月六日付書簡／一六一頁）、自らの行動にも立場に即した制限を課していたことに明らかである。会沢にとっては、現今の身分秩序のもと諸階層がそれぞれの領域で力を尽くすことが肝要なのであって、各々の「持分」（笠谷和比古『近世武家社会の政治構造』、吉川弘文館、一九九三年）が相互につながりあって一つの有機体を構築するという想像力の喚起こそが重要であった。出発点が、ナショナリズムではなく社会の階層秩序の方に向いていたのである。

四　「激派」と「鎮派」の分裂について

だから『新論』の著者会沢が、①水戸徳川家家臣としての意識を強固に保持し、②晩年には開国論に転じたとしても驚くには当たらない。「新論」＝ナショナリズムを喚起して諸外国を拒絶する聖典、というイメージからは矛盾しているようにみえても。そして一般にいわゆる戊午の密勅の廻達の是非をめぐって分裂したとされる

「鎮派」と「激派」の性格の違いについても、この観点からより思想的な分析が可能である。

すでにみたように、会沢は「天下」＝日本に対して「国家」＝水戸徳川家という概念も同時に多用し、こだわりをみせていた。何よりも「持分」を分有する諸集団・階層相互のつながりとそのことによる全体性の意識が大事なら、基礎単位となる既存の集団・階層の外郭はむしろ固守されねばならない。この点は「激派」が薩摩や長州などとの大名家を横断した活動に積極的で、しばしば脱藩も辞さなかった点とは対象的である。

したがって、会沢が志士を是認できたのは彼らの活動が水戸徳川家の利害と一致する限りにおいてであり、両者が齟齬をきたすと、その「共闘」には暗雲が立ちこめ始めることになる。戊午の密勅は徳川政権の施策を真っ向から否定するもので、それが水戸徳川家に下されるということは、同家が朝廷や志士の代弁者となって徳川政権との対立の矢面に立つということを意味した。安政五年九月二四日付書簡（八四頁）では「京師云々、本藩遠勅之責恐入候へ共、実ハ京師之御無理と被存候、委細國友ゟ御聞可被下候、薩長土等守京ハ其事易為本藩ハ至難不可言」と述べ、内外の勢力から戊午の密勅の廻達を迫られる状況に対して、「違勅」といわれようがそれは京都側の「無理」であると撥ねつけ、また薩摩・長州・土佐に対しても、水戸の払う犠牲に比べて負担が軽すぎると不満を示している。こうした姿勢は、その後も「京辺も御盛ニても頼ミニハ成不申、却て神州の衰を増候のみと存候間、自寛待時云々、御尤至極」（安政五年一一月一四日付書簡／八九頁）、「京の盛ハ水之患ニ成候事奇なる事也」（安政五年一一月二九日付書簡／九一頁）と継続し、朝廷や志士の活動を、日本や水戸徳川家を危機に陥れていると弾劾する。

注目すべきは、会沢がすでに安政五年八月一七日の書簡で「京師勃候ハ為天下可畏、搢紳諸公意見を見候而も、何レも浮躁浅薄ニて、虜と戦も容易ニ勝候様なる見込、深謀遠慮なき事可推知、左様之人ニて妄動候ハヽ、敗事必然ニて徒ニ天下の禍と成可申候　勅使御扣と申事何方之説ニ候哉、遊京師候者ハ誰ニ候哉承り度、左候ハヽ國家の禍も免候歟も知れす」（八〇頁）と述べていたことである。ここからわかるのは、①公家の無謀な攘夷論への嫌悪感、②密勅の降下中止への期待、である。大事なのはその日付で、これは戊午の密勅が水戸にまだ届いていない段階であった（密勅は八月八日に京都で出され、八月一六日の深夜に江戸小石川藩邸に到着、ついで八月一九日に水戸に届けられた）。

　つまり、会沢や寺門は密勅が実際に下される前から動きを察知しており、しかもそれを歓迎するのではなく、むしろできれば中止させたいと考えていたことがわかる。安政の大獄の直接の契機の一つは、大老井伊直弼が腹心の長野主膳の情報をもとに徳川斉昭ら水戸首脳部が密勅降下を主導したと疑った点にあったが（吉田常吉『安政の大獄』、吉川弘文館、一九九一年）、会沢ら周辺では、まさにそれとは正反対の認識と方針があらわれていたのである。別の言い方をすれば、水戸における「鎮派」と「激派」の分裂は、戊午の密勅が下されてから初めて事後的・偶発的に問題が展開したのではなく、その前から伏在していた考え方のズレが、密勅降下という出来事を契機に一気に顕在化した側面をもっていたといえよう（前掲「幕末の情報活動と水戸『鎮派』ネットワーク」も参照）。

　だから、密勅を廻達するか返納するかという意見の相違は、それなりに重要ではあっても問題の本質ではなかった。会沢は万延元年四月九日付書簡（一三九頁）で、「拒返納者大勢、捕ニも出来兼可申、何とか御掛合振ハ無之哉」「長岡の如き狂悖と遠、大抵義勇之士、万一之時公儀之御用ニも立候者ニ候へ者、輪工も御救済有之候而可然、如何」と述べている。返納拒否の姿勢自体は決定的な問題とはなっておらず、返納を途中で待ち構えて実力で阻止しようとした長岡屯集のような秩序破壊行為に嫌悪が向けられていることがわかる。

五　近世後期の学術出版をめぐる状況と会沢（書肆をめぐる事情）

以上、ここまでは主として政治思想史の観点から、会沢書簡から読みとることのできる新知見の一端を網羅的に紹介してきた。ところで、儒者が思想家として社会に影響力をもつのは、その人物が自身の思想を書物として形にし、それが読み伝えられて社会に広がっていくからである。そこでは、書肆（本屋）が非常に大きな役割を果たしていた。本書簡群がカバーしている会沢の最晩年の時期は、それまで基本的には写本の形で流布してきた彼の著作が書肆から刊行され、より表向きかつ広範に普及した時期にあたる。そして、実は本書簡群中には会沢著作の出版をめぐる書肆とのやりとりに関する記述が多く存在し、特に最晩年にはかなりの量を占める。このことは、書物出版史、書誌史の分野においても本史料が大きな価値をもっていることを意味する。当該期の水戸の出版事情に関しては、すでに秋山高志『〈日本書誌学大系〉近世常陸の出版』（青裳堂書店、一九九九年）という優れた成果が存在する。以下では同書の助けを借りながら、会沢とかかわった主な書肆と彼らとのやりとりからうかがえる事実のうち、いくつかを簡単に紹介する。

史料中に繰り返し登場するのは、「山城屋」「和泉屋」「須原屋」「竹内」である。このうち「竹内」は書肆ではなかったようで、現時点では詳細は不明である。会沢も最初に聞いた時は名前を思い出せずにいる（文久元年五月一二日付書簡／一七四頁）。ただ同六月二日付書簡（一七九頁）によれば、どうもかつて会沢を訪れたことのある他大名家家臣であるらしい（文久三年四月二九日付書簡〈二九五頁〉では「〇木藩士」と述べられている）。当時、会沢や藤田東湖・豊田天功・青山延光などの著名な後期水戸学者のもとには、全国から面会者が多く訪れていたから、彼もそうした一人であった可能性が高い。近世後期は個人が製本をしたり私家版を出すことも珍しくはなく、これもその一例であったのだろう。

「山城屋」は江戸日本橋二丁目に店を構えていた玉山堂のことで、主人は稲田佐兵衛である。文化年間から明治期にかけて地誌・医学系の書を扱った有力書肆で、安政四年に長らく写本で流布していた「新論」を出版したのはここである。慶応三年の出版目録によれば、会沢の著作ではこの他に「責難解」「正志斎稽古録」を出している。ただ、文久元年の代替わり後は、会沢は山城屋と距離を置こうとする（後述）。

「和泉屋」は江戸横山町三丁目に店を構えていた玉巌堂のことで、主人は太田金右衛門である。主に唐本を扱い、長門・平戸・津の各大名家とあわせて水戸徳川家の蔵版書を売り捌くとともに、東叡山の御用書肆でもあった。藤田東湖の幽囚中は経済援助をしたとされるから、御用達としてかねてより水戸とは密な関係にあったのだろう。事実、「玉巌堂製本頒行目録」（元治元年発行）によれば常陸関係の書物は全部で二三点あり、全体の約割を占めたという。別史料によれば、このうち会沢の著作は、「及門遺範」「豈好弁」「廸彝篇」「草偃和言」「孝経考」「正志会澤先生新論序」「同　文天祥衣帯賛」の七点が存在する（書誌研究会編『近世後期　書林蔵版書目集』上、ゆまに書房、一九八四年）。

「須原屋」は、水戸下町本三丁目に店を構えていた黎光堂（東壁楼）のことで、当時の主人は北沢安次郎である。江戸の代表的な書肆の一つである千鐘房須原屋伊兵衛の末家にあたり、千鐘房で奉公後に蘭学書翻訳で有名な青黎閣須原屋を開いた北沢伊八の三男が、伊八の出身地である水戸に戻って出店したのがその起こりである。最初は千鐘房や青黎閣の取次販売をしていたが、二代目の時に弘道館出入りとなるなど水戸徳川家との結びつきを強め（慶応二年には「資治通鑑」一八〇冊を弘道館に献納し、逆に弘道館からは「草偃和言」「廸彝篇」などの版木二一〇枚を借りだしている）、地方出版に乗りだしていく。ちなみに「東壁」とは文字を司《つかさど》る北斗七星の別名であるらしい。実学書を主に取り扱い、会沢の著作では「新論」「閑聖漫録」「稽古雑録」などが出版目録にみえる。

このように、「竹内」はともかくとしても、江戸を舞台とした山城屋・和泉屋や水戸を舞台として巨大グループの末端に連なっていた須原屋は、水戸という地で活動する知識人にとっては有力ないしは代表的な出版勢力であった。では、これら書肆と会沢は彼の「著述資産」の扱いをめぐっていかなる動きをみせていったのであろうか。

本稿では紙幅の関係からいくつかの要点を押さえるにとどめるが、長らく写本として流通してきた会沢著作の出版計画が晩年に進展した原因の一つは、彼の健康状態であった。当時、会沢はすでにかなりの高齢で、安政五年（一八五八）には老年を理由に弘道館総教（小姓頭兼弘道館教授頭取）を免ぜられている。また、文久元年六月九日付書簡（一八〇頁）では「老衰ニ而ハ麻上下ハ暑ニ堪兼候」と述べるなど、会沢は自身の体力低下を嘆く記述を多く残しており結局、文久三年（一八六三）に八二歳で死去している。要するに、当時の会沢は人生の最晩年にあり当人もそのことをよく自覚していた。かかる状況下で、彼がそれまで記してきた著作の数々を世に公にしようとしたとしても不思議ではないだろう。

もう一つは、幕末の社会情勢の中、書肆の側が会沢著作に商品としての価値を認めて積極的な働きかけを行ったことである。その一つの画期は、安政四年八月の玉山堂山城屋による「新論」出版であったようだ。「新論」出版がうまく進んだことで、商売として成り立つ算段が働いたのだろう。同年の七月から八月にかけて山城屋から会沢の著作をさらに出版する希望が伝えられており、「下学邇言」「豈好弁」などが検討の俎上にあがっている。会沢もこうした動きを歓迎し、「山城屋頗気槩之由感心」と評している（八月三日付書簡／六三頁）。ただし、特に「下学邇言」に関しては昌平黌の出版規制との兼ね合いや老衰による校正作業の困難がネックとなり計画は容易に進展せず、「邇言いそきにも無之由、承知」（八月八日付書簡／六四頁）との判断でいったんは沈静化したようである。

著作の出版計画が再び活発化するのは、万延元年（一八六〇）の末のことである。一二月二八日付書簡（一六〇頁）には「邇言和泉屋ニ而も誰ニ而も此方ハ宜候へ共、山城へ約束致置候事故、山城屋へ御話之上、挨拶次第ニて何レニなり共宜御頼申候」という記述があり、新たに和泉屋が「下学邇言」を出版したい意向を江戸の寺門に伝えたらしい。安政四年からの経緯を考えれば、水戸御用達の和泉屋が後から割り込んできたかたちになるが、実は山城屋側にも問題がないわけではなかった。万延二年三月に、「下学邇言」などの出版計画が進捗しないまま山城屋の主人が亡くなってしまうのである（三月一九日付書簡／一六九頁）。代替わりが行われるが、六月には新たな主人が「水戸之風不宜と申」していると情報が伝えられた（二日付書簡／一七九頁）ため、会沢は「何レニも山城ハいやニ成申候」（一四日付書簡／一八二頁）として、以後はいかに山城屋を露骨に怒らせることなく「下学邇言」の原本をとりもどすかに注力していくこととなる。また、山城屋と懇意の須原屋にも会沢は働きかけていく。「新論」を世に出した山城屋が他の著作をあまり出版せず、和泉屋や須原屋がこの年以降、会沢の著作を数多く出版していった背景には、以上のような事情が存在したのである。

他にも、会沢にとっては著作は一度書きあげて終わりではなく、その後も手を入れ続けて常に更新していくものであったことや、出版のさいはそのうちのどの段階のものを用いるのか、また語句の使い方や句読点の位置にいたるまで、最後まで細かい検討が重ねられていたことなどがわかる。思想的著作が社会に公表されるさいに、現実にいかなるプロセスやハードルが存在したのか、生々しい経緯が示されているといえるだろう。

◎編　者◎

大阪大学会沢正志斎書簡研究会

◎編集担当者紹介◎

(代表)飯塚　一幸（いいづか　かずゆき）　大阪大学大学院文学研究科教授
村田　路人（むらた　みちひと）　大阪大学大学院文学研究科教授
宇野田尚哉（うのだ　しょうや）　大阪大学大学院文学研究科准教授
奈良　勝司（なら　かつじ）　立命館大学文学部日本史研究学域助教

会沢《あいさわ》正志斎《せいしさい》書簡集《しょかんしゅう》

2016(平成28)年3月20日発行

定価：本体11,500円(税別)

編　者　大阪大学会沢正志斎書簡研究会(代表：飯塚一幸)
発行者　田中　大
発行所　株式会社　思文閣出版
〒605-0089 京都市東山区元町355
電話 075-533-6860(代表)

印　刷
製　本　株式会社 図書印刷 同朋舎

ISBN978 4 7842 1828 8 C0001